通识社会经典丛书

社会形态学

〔法〕莫里斯·哈布瓦赫 著

王 迪 译

学术指导和编委会
（以姓氏拼音为序）

学术指导

成伯清　冯仕政　渠敬东　王铭铭　肖　瑛
熊春文　应　星　赵丙祥　赵立玮　周飞舟

编委会

侯俊丹　李荣山　孟庆延
王　楠　闻　翔　杨清媚　张国旺

学术秘书

刘水展

总序

今天中国的每个人,都生活在社会之中。无论是否喜欢,社会都已和我们息息相关,成为每个人的生身情境。它时常作为保护者,令我们享受安逸,可也常常逼迫得人喘不过气。它时常允许我们自由行动、有所追求,但有时又会化身山呼海啸的汹涌人潮,或是开足马力的庞大机器,将我们裹挟其中,带向未知的终点。不过,再庞大的社会,也要由一个个微小的人组成。一个人能否做好自己的本职工作,有时会关系到千百万人的身家性命。我们早已在社会中血脉相连、无法分离。所以,理解社会,也是理解和面对自己以及当下身处的历史;了解它的源流,正视它的价值和局限,也才为驾驭或超越提供了可能;更何况在当下的中国,它早已和我们变化的传统扭结在一起,带来了更多的可能性和挑战。中国近代革命和人民共和国的建立,富强民主自由平等的社会主义核心价值,都离不开前辈学者和革命家建设与批判社会的不懈努力,以及呕心沥血的思考和奔走呼告。我们的这套"通识社会经典丛书",正是想要借这些有关社会的中外经典著述，寻找思考和领悟的线索。

时至今日，通识教育对于大学的重要性已毋庸质疑。不过要通达人的内心和灵魂，接近真正的"大学之道"，却不能走马观花地涉猎群书，或满足于应付考核，拿到课程学分。纠正专业教育和学术研究中某些虚假抽象与过于技术化的倾向，也不能靠扎不下根的浮泛知识以及沾沾自喜的夸夸其谈。只有耐心细致地阅读和体悟经典，唤醒自己与前人感同身受的共同经验，和有志于学的同道一起真诚交流，才有可能达到真正的理解和领悟，体会到在这些经典著述中，与自己一同活生生存在着的普遍生命和共同历史。所以，我们提供的不是教科书或小百科式的速读品，而是选择了那些经典作者的经典作品。为引导青年学子和感兴趣的读者入得门径，我们也没有考虑众所周知的大部头著作，而是从经典作者的著述中，选出一些篇幅较小但具有重要意义的作品，并在每本书正文之前，添加一篇对该书深有心得的学人撰写的导言，引领读者进一步深入地阅读。

本丛书分西学与中学两个系列。在西学方面，我们选择了自现代早期至 20 世纪中期这一时段，围绕社会这一主题做出过重要阐发的社会科学和人文学科的作品。17 世纪的自然法哲学家和 18 世纪的启蒙思想家，尝试在新的人性与自然观的基础上来构建现代社会，确立新的道德、经济、政治和信仰。而在工业革命和法国大革命之后,危机与失范伴随着社会的繁荣和秩序一同到来。19—20世纪,资本主义与现代国家在欧美各国确立起来,现代社会的内在张力与矛盾得以充分发展,并与西方文明的某些传统重新交会碰撞。这一时期社会思想的主题,正是在此基础上展开反思、批判与进一步的建设。在中学方面,我们侧重于选取自晚清至20世纪80年代之前这一时段的著名学人与思想家的作品。他们尝试将自身的经史传统与社会科学相结合,在中西潮流的融汇之中思考自己文明的来路与去向,体察民情,引导民众,继往开来地建设自己的社会与国家。

梁任公有云:"新民云者,非新者一人,而新之者又一人也,则在吾民之各自新而已。"今日社会的成立,不仅需要卓越的精英在紧要关头为众人指引前途,把握方向,也需要我们每一个人在日常的工作与生活中一点一滴的努力。这个庚子年初发生的一切,只不过是再次的证明而已。当然,点亮每一颗心,让每一个人都绽放生命,或许是困难的,或许终究是不可能的,但却不是不值得一做的事情。让我们的这套丛书,为此尽一点绵薄之力。

"通识社会经典丛书"编委会

2020年3月11日

目录

重返整合的社会学
——哈布瓦赫《社会形态学》导读　毕向阳　/001

前言 /130

引言 /132

第一部分　广义社会形态学

第一章　宗教形态学　/149
第二章　政治形态学　/162
第三章　经济形态学　/177

第二部分　狭义社会形态学，或人口科学
第一编　空间环境

第一章　地球上与大陆上的人口　/197
第二章　人口密度。大城市　/215

第三章 迁移运动 /232

第二编 人口的自然运动

第一章 性别和年龄 /247
第二章 出生率、结婚率和死亡率 /266
第三章 世代的更替。人口的繁殖和活力 /290
第四章 人口与资源 /304

结论 /330

参考书目 /357

人名对照表 /360

重返整合的社会学
——哈布瓦赫《社会形态学》导读

毕向阳

莫里斯·哈布瓦赫（Maurice Halbwachs，1877—1945年），法国社会学年鉴学派第二代中坚人物，涂尔干嫡传弟子，法兰西学院集体心理学院士，两次世界大战之间法国乃至欧洲社会学领军人物，在继承和发展涂尔干思想方面成就突出。[①] 不过说到哈布瓦赫，很多人最先想到的是他在集体记忆理论方面的开创性著作《论集体记忆》（哈布瓦赫，2002），对他在社会形态学（social morphology）方面的研究可能就不是那么熟悉了。在这方面，大家手里这本从法文直译的《社会形态学》对国内更

[①] 有关哈布瓦赫学术与生平，科瑟（2002）在英文版《论集体记忆》中从知识社会学角度写过一篇详尽的导言，读者可自行查阅。此外，英文资源也可参阅弗里德曼、米廖拉蒂、赫希（Friedmann, 1946; Migliorati, 2015; Hirsch, 2016）等人的介绍。克拉克（Clark, 1973）的著作中也有诸多地方提到哈布瓦赫。贝克尔写过一本较全面的哈布瓦赫传记，参见 Becker, Annette. (2003). *Maurice Halbwachs: un intellectuel en guerres mondiales, 1914-1945*. Paris: Agnès Viénot。

完整地了解和研究哈布瓦赫的学说无疑可起到重要推动作用。

哈布瓦赫尽管未被奉入古典社会学大师的殿堂,但他的作品却是"经典之后的经典"(Migliorati,2015)。实际上,哈布瓦赫是涂尔干学派中"著述最丰、最多面化且与时俱进"(Karady,1981:39)的成员。在涂尔干学派中,哈布瓦赫还是为数不多的统计学家,出版过概率论方面的专著①,人口学造诣也很深②。在《社会形态学》这部著作中,即可见他对人口现象的理解和数据分析的功力。在他的社会形态学研究中,哈布瓦赫将涂尔干学派研究范式与人口统计分析结合起来,进一步拓展了理论发展的空间。

社会形态学在哈布瓦赫学术思想中占据重要位置,贯穿其学术生涯的始终。哈布瓦赫青年时期拜会涂尔干从哲学转向社会学之后,一直对社会形态学深感兴趣。

---

① Halbwachs, Maurice. (1913); Fréchet, Maurice. and Maurice Halbwachs. (1924). *Le calcul des probabilités à la portée de tous*. Paris: Dunod.

② 默顿(Merton,1934)在1934年发表的《晚近法国社会学》一文中称,哈布瓦赫"也许是法国唯一具有统计学意识的杰出社会学家",在其有关自杀的研究中确实实现了"对社会现象的近似描述"。有关哈布瓦赫的统计学和人口学主张与贡献,可参见布瑞安和杰森(Brian, Jaisson, 2007)以及勒努瓦(Lenoir, Rémi. [2004]. "Halbwachs: démographie ou morphologie sociale?". *Revue européenne des sciences sociales*. [XLII-129]: 199-218)等学者的文献。

在这个方向上,早期他出版过研究19世纪巴黎不动产价格与征地问题、工人阶级生活水平及需求、巴黎人口与道路布局等的著作。① 鉴于他的兴趣和专长,涂尔干让他成为《社会学年鉴》(*L'Année Sociologique*)中负责"社会形态学"栏目的主要编辑之一。② 出版于1938年的《社会形态学》是他在这个领域的总结性著作。实际上,尽管表面来看哈布瓦赫在《社会形态学》和《论集体记忆》两本书中似乎是在讨论不同方面的问题,然而整体了解了哈布瓦赫的思想后就会发现二者实际上一脉承之。两本著作体现了涂尔干学派对社会形态学和集体意识(collective consciousness)各自的强调,以及哈布瓦赫整合两个思路进行研究的贡献。

因为20年前参与翻译《论集体记忆》的因缘,同时本人多少也做些量化和城市方面的研究,承蒙渠敬东教授

---

① Halbwachs, Maurice. (1908). *La politique foncière des municipalité*. Paris: Librairie du Parti socialiste; Halbwachs, Maurice. (1909). *Les expropriations et le prix des terrains à Paris, 1860-1900*. Paris: Edouard Cornely et Cie; Halbawchs, Maurice. (1913).*La classe ouvrière et les niveaux de vie, recherches sur la hiérarchie des besoins dans les sociétés industrielles contemporaines*. Paris: Félix Alcan; Halbwachs, Maurice. (1928). *La population et les tracés de voies à Paris depuis un siècle*. Paris: Presses universitaires de France.
② 《社会学年鉴》从第2卷开始(1899年出版),增设了"社会形态学"栏目,用以处理"社会的外部形式"(物质基质),涉及地理学、历史学和人口学等学科(Lukes,1973:292;杨堃,1997a)。

信任,邀约为哈布瓦赫的这部著作撰写导读。① 因篇幅所限,本次导读以《社会形态学》内容的梳理为主线,作为知识背景兼及介绍一下涂尔干和莫斯的社会形态学观点以及社会形态学的影响,希望对这方面尚不太熟悉的读者了解哈布瓦赫和这部经典著作有所助益。

一、涂尔干学派社会形态学的理论源流

(一)社会形态学的创生

社会形态学是社会学为研究社会的物质基础而从社会学角度阐述的第一种系统方法(Martínez, López, 2002)。民族学家、社会学家杨堃(2003)于1938年曾撰文指出:"社会形态学这个名称在中文内还很少见,就是在英文社会内亦是不常见的,然而它在法国社会学派之内却是很重要的一支。"其意义在于,社会形态学"不仅是社会学的一支,而且是全部社会学内很重要的一种研究方法。没有这样的方法,社会学就不能成为一门真正的科学。最低的限度,若不先将这一种研究弄清楚,法国学派的精神

---

① 不过由于自身理论功底浅薄、不通英文外的外语(不得不借助翻译引擎)、部分早期法文文献难以获得,加之患有严重的拖延症、近年来杂事缠身,耽搁了很长时间才勉力写成。在此也向出版社、译者王迪博士和各位读者致歉。同时感谢写作过程中给予鼓励、宽容或提出建议的赵丙祥、王楠、刘亚秋、孙龙、陈相宜、白中林、尹振宇、许卢峰等人。文责自负。

是不能完全了解的"。可见社会形态学对于理解社会学,尤其是法国社会学派的重要性。

简单来说,所谓社会形态学,就是"根据社会的外貌研究社会","把社会外在的物质形式作为研究的对象"(涂尔干,2006a),或者是"社会学中以构成和划分社会类型为任务的部分"(迪尔凯姆,1995:97—98)。涂尔干强调了这个概念与齐美尔"形式"(form)一词的区别,认为在齐美尔那里"形式"仅具有隐喻意义上的重要性,而在社会形态学中,则是在正常意义上使用(Durkheim,1960)。社会形态学不限于描述性的分析,而是寻求解释,"社会形态学必须解释人口为什么会集中于此地而非彼地,为什么主要集中于城市或乡村,促进或阻碍大城市发展的原因是什么,等等"(涂尔干,2006a)。其优势在于"有利于清晰地确定上述研究对象的统一性,即可以感知的社会物质形式,换言之,也就是社会基质的属性"(涂尔干,2006b)。[①]

在涂尔干的学科分类体系中,社会形态学和社会生理学(social physiology)是社会学的两大支柱

---

① 特纳指出,涂尔干的社会形态学来自孔德的社会静力学,并受到德国有机论者舍夫勒(Albert Schaeffle)等人的影响(Turner,2012:210)。实际上,社会形态学的思想在诸多理论家那里都存在,如孟德斯鸠、霍布斯等,但相关主张主要从人文地理学的角度描述物质的简单作用,涂尔干则通过强调其中的社会意涵,将之与其他学科区别开来。

(Durkheim,1960；涂尔干,2006a)。此外还有普通社会学,是对这两个分支学科发现的综合。在《社会学及其科学领域》(1900年)一文中,涂尔干指出:"社会的构成是由某种必然在空间中相连接的人和事实的特定组合构成的。然而,这种基质的分析不应该与建造它的社会生活相混淆……生理学寻求生活的规则……形态学调查活的事物的结构、它形成的方式和控制它的条件……我们建议将以其为目标的科学称为研究社会的物质形态的'社会形态学'。"(Durkheim,1960)社会生理受制于社会形态,但生理秩序的社会现象本身变化多端,"整体具有不同于其构成部分所具有的特性",因此社会生理学本身非常复杂,包括各样的个别学科,如宗教社会学、法律社会学、经济社会学等(涂尔干,2006a)。

涂尔干早期的许多作品可以说主要是基于社会形态学的研究。在方法上,他持有一种形态学决定论(morphological determinism)和机械论因果解释的立场(Lukes,1973:235；Lukes,2014:introduction),认为"一切比较重要的社会过程的最初起源,应该到社会内部环境的构成中去寻找"(迪尔凯姆,1995:127),"社会形态学事实在集体生活中,因而在社会学的解释当中起着重要作用"(迪尔凯姆,1995:127)。作为具体的测量指标,其中

"社会容量"和"动力密度"最为重要。① 在解释社会分工现象时,涂尔干假定社会容量和社会密度是分工变化的直接原因,"在社会发展的过程中,分工之所以能够不断进步,是因为社会密度的恒定增加和社会容量的普遍增大"(涂尔干,2000:219)。具体来说,"社会的成员越多,这些成员的关系就会更加密切,他们的竞争就越残酷,各种专门领域也会迅速而又完备地产生出来"(涂尔干,2000:226)。著名的"机械团结—有机团结"这对概念即属于社会形态学分类(morphological classification),涂尔干以此对现代社会演进过程提供了一个形态学的解释。在《自杀论》中,涂尔干区分了利他型自杀、利己型自杀、失范型自杀等不同类型。虽然涂尔干自己交代由于资料不完整,因此直接以形态学进行自杀分类不可行,但他依然希望在确定了分类范围后,用形态学分类完成和检验病因学分类(迪尔凯姆,2001:138)。有研究者指出,在对自杀的研究中,涂尔干将形态学置于严格的检验位置,他对自杀的病理学分类及经验分析体现出社会形态学解释的思路。由此,自杀行为不再只是个人的行为。从整体来讲,各个社会都有独特的、非随机的自杀的模式,可由

---

① 在涂尔干的社会学分类中,对社会形态学的研究分为两个物质组成部分:第一,与社会组织有关,对不同民族地理基础的研究;第二,人口研究,即体积、密度和空间分布(涂尔干,2006a)。

社会基质进行解释(Law,2010:191)。

依循涂尔干的方法论原则,要把社会事实作为物来考察,且社会事实只能由社会事实来解释(迪尔凯姆,1995)。安德鲁(Andrews,1993:111)认为,涂尔干的社会形态学解释有助于"处理社会物质方面的所有问题……扩展了经验研究的范围和深度"。然而在寻求一种机械论因果解释的链条中,涂尔干秉持形态学的原则,虽然排除了目的论解释存在的弊端,但同时相对忽视了主观方面的作用,导致很多现象难以得到充分解释。在后期研究中,他一改早期对社会形态学解释的倚重,转而更关注集体表现(collective representation)(Lukes,1973;Andrews,1993;Alexander,2005;Collins,2005;杨堃,1991a,2003;陈涛,2015)。[①]

在发表于1899年的一篇笔记中,涂尔干(Durkheim,1982:241;涂尔干,2006b)对社会形态学概念给出了一段最为完整、正式的定义:

---

① 根据涂尔干(Durkheim,1982:40;迪尔凯姆,1995:14),集体表现是集体意识的状态,表达了群体构想自身的方式。"神话、民间传说、各种宗教观念、道德信仰等,反映着不同于个人的实在的另外一种实在",都属于集体表现。涂尔干之所以提出集体表现的概念,是因为集体意识概念过于宽泛和静态(Lukes,1973:6)。这一概念的引入,有助于克服物质与意识的二元论,为社会思想提供更细节、更有组织的解释(Némedi,1995)。

> 社会生活是建立在一个大小和形式都确定的基质(substratum)之上的。它是由构成社会的大量个人、其地理分布方式以及影响集体关系的各种现象的性质和形构组成的。社会基础变化各异,取决于人口规模或密度、是否集中在城镇或分散在农村地区、城镇和房屋的布局、相关社会占用的空间是大是小、以什么样的边界为界、以什么样的交通运输往来穿梭其中等等。另一方面,这个基质的构成直接或间接地影响着所有的社会现象,就像所有的心理现象都与大脑的状态直接或间接相关一样。这些都是显然与社会学有关的问题,它们都涉及同一个对象,所以必定是一门科学的组成部分。这门科学我们建议称之为社会形态学。

不过,正如卢克斯(Lukes,1973:235)指出的,涂尔干此处立场有所弱化,社会形态原本处于主要的、决定论的地位,在这个定义中已经有些像前提条件了(precondition)。

(二)涂尔干的转向

在学术生涯后期,涂尔干全身心投入宗教的社会学研究中,重心从社会形态学转移到集体表现与观念因素领域,强调集体意识或集体表现相对于社会形态具有独立性。在涂尔干看来,"观念就是现实,就是力"(2006c:315)。在《个体表现与集体表现》(1898年)一文中,涂尔干称:"社会意识的基本物质与社会元素的数量及其组合和分配的方式等都密切相关……都具有基质的性质";然而,"一旦必不可少的表现由此产生出来,基于上述理由,它们会成为具有部分自主性的实在,具有自身的生活方式"。一方面,涂尔干未放弃社会形态学的解释,举例来说,"除非我们去考察城邦的构成、原始氏族逐渐融合的方式、父权制家庭的组织形式,否则,我们也许不可能理解希腊或罗马的神殿究竟是怎样形成的"①;然而另一方面,他又强调"宗教思想孕育而成的神话和传说、神谱和宇宙体系的繁荣,与社会形态的特性也不存在直接的关系"(涂尔干,2002:25—26,29)。

在涂尔干后期的作品中,外在地看,社会形态学分析相对淡化了。在《宗教生活的基本形式》(1912年)里面,正式使用形态学(morphology、morphological)概念的地方只有两处(Durkheim, 1995:15, 426)。此时涂尔干更

---

① 《乱伦禁忌及其起源》(1898年)是涂尔干中晚期社会思想发展的一个里程碑。在其中一处注释中,涂尔干指出,"新的状态之所以产生,在很大程度上是因为旧有的状态已经被分类、组合起来了"。然而,"新的状态也可以归因于在社会基础中发生的变化:如地域扩大、人口的增加和人口密度的加大等等"(涂尔干,2006b:261)。他称这些是"显而易见、备受关注"的因素,表明他并未完全放弃社会形态学。

强调集体意识的独立性:"我们说宗教本质上是社会的,并不意味着它只限于采用另一种语言来转述社会的物质形式及其迫切需要。的确,我们有理由认定,社会生活不仅是依赖于它的物质基础,而且还带有这种物质基础的标记……集体意识不仅仅是其形态基础的附带现象……为了使集体意识得以产生,还必须有一种对于各个特殊意识的自成一类的综合作用。这种综合能够从中分离出一个由概念、意象和情感组成的完整世界;这些概念、意象和情感一经形成,就会完全按照自己的规律行事。"(涂尔干,2006c:558)

实际上,即使不考虑涂尔干思想中一以贯之的道德内核,整体来看也能捕捉到一条前后相承的学术脉络。柯林斯(Collins,2005:112-133)对此的解读是,在自杀研究中,涂尔干比较了对个体来说何谓有意义的生活,因此自杀的构型是社会形态如何影响人们意识(包括集体和个体的形式)的证据。在社会分工研究中,以人口规模和密度为指标的社会形态学影响力也与可用法律的惩戒以及对个体自由考虑程度衡量的集体情感相关。柯林斯认为,涂尔干从来没有放弃社会形态学,他只是将之重新定义到群体互动的微观形态学水平。仪式展演生产出成员资格符号、道德信仰、集体欢腾和情感强化,社会形态学模式则决定着哪些符号、情感和成员资格边界被生成。① 而且,在涂尔干对宗教的研究中,蕴含着作者从宗教生活基本形态中解读社会形态的目标。在《宗教生活的基本形式》中,涂尔干指出:"范畴基本上是集体表现,那么它们最先展现的就是群体的心理状态;范畴应该取决于创建群体和组织群体的方式,取决于群体的形态,取决于它的宗教、道德和经济制度。"(涂尔干,2006c:16—17)在《社会学教程》中,这一点表述得更清楚:"借助宗教,我们可以追踪社会的结构,社会所达到的统一阶段,社会各部分之间的凝聚程度,以及社会所占据的区域范围,在社会中能够起到重要作用的宇宙力的性质,诸如此类。宗教是社会认识自身及其历史的原始途径。"(涂尔干,2001:166)只不过,这个问题只由社会事实难以解释,而要诉诸集体表征或意识。

尽管如此,涂尔干看似前后不一致的理论观照还是被视为理论层面的一种笛卡尔式的"心物二元论"(mind-

---

① 也有学者主张只是换了个形式,比如利普斯特(Liebst, 2016)称,在《宗教生活的基本形式》里,形态学密度的概念被代之以诸如集会(assemblies)、聚集(concentrations)等术语,社会密度被情感濡染(emotional contagion)所取代。这一取向实际上在涂尔干早期作品《社会分工论》中也有端倪,比如他提到"整个群体在身体方面的集中可以促使人们的心灵挨得更紧,有时也有利于人们协调一致的行动"(涂尔干,2000:66)。早年他也强调,"纯物质的凝结力不过是纯精神的凝结力的补充,但往往能帮助后者产生效果"(迪尔凯姆,1995:128)。在这个意义上,涂尔干早期和后期的研究实际上也是一以贯之的,所谓转向只是研究重点的变化,而非逻辑的改变。

body dualism)。正如叶启政(2004:109)所总结的,一方面是作为"物"的社会事实,如社会分工、人口规模等,社会作为社会事实的主要特质就表现在社会形态学上;另一方面是作为"心"的因素的集体信仰、价值规范等,构成另外一种社会事实。这种情况伴随着对后来社会学、人类学发展产生的重要影响,衍生出两种立场不同的社会结构观点,分别以拉德克利夫-布朗(Alfred Radcliffe-Brown)和列维-斯特劳斯(Claude Levi-Strauss)为代表。布朗沿着涂尔干的社会形态学将社会关系和由之构成的结构看作完全的真实存在;而对列维-斯特劳斯来说,社会结构属于符号表征(Evens,1995:7)。

(三)莫斯的经典范例

随着涂尔干研究重点的转向,探索社会形态学的任务落在了他的门徒身上。[①] 在涂尔干学派中,莫斯和哈布瓦赫是两位强调社会形态学概念并运用这一方法进行经验性研究的成员,他们面临着如何沟通在集体生活中看起来对立的物质论(materialism)和观念论(idealism)这两个维度(Law,2010:193),继续推进该领域研究的问

[①] 对此,杨堃(1991a,2003)曾做过文献计量分析。他发现,从《社会学年鉴》1899年第2卷到1904年第7卷的"社会形态学"栏目中,除了第7卷两篇莫斯的短评外,其他均出自涂尔干一人之手。然而,从1906年的第9卷至1913年的最末一卷,书评由包括哈布瓦赫及涂尔干在内的四人分任。涂尔干除了在最后一卷有一篇书评外,未有任何发表。

题。按莫斯(2008:109)的定义,社会形态学是一门不仅描述而且解释各种社会的物质实体即各种社会赖以建立的形式、人口总量、密度和分布方式以及作为集体生活本身的全部事物总和的学科。在著名的《礼物》一书中,莫斯(2002:203—204)强调所研究的全部事实都是总体的(total)或一般的(general)社会事实,有着"法律、经济、宗教、美学以及形态学"等不同的具体方面。在形态学维度上,"所有这些事实都发生在集会期间,发生在集市和市场上,至少也是举办宴会的时候。所有这些都意味着聚会,而聚会的持续性则能够促成社会集中的季节性,比如说夸扣特尔人冬季的夸富宴和美拉尼西亚人长达数周的航海远行"(莫斯,2002:205)。

杨堃(1997a)在写于1932年的《社会形态学是什么?》一文中,一方面认识到社会形态学在涂尔干那里十分重要,但同时也看到:"无奈在实际上,社会形态学之研究,并不十分发达。不仅在法国以外的社会学者,很少使用这个名称,就在涂尔干派的社会学以内,对于这门科学之研究,成绩也不甚多。……专门讨论这个问题的著作,并无多种。"然而话锋一转,杨堃提道,"在质上讲,却有一篇社会形态学的研究之实例,为一般公认为是这一类的研究之模式或榜样的"。这就是莫斯(2008)对因纽特人社会四季变化的分析。

莫斯这一经典研究考察了因纽特人的"双重社会形态学"。作为一般形态学的环境对群体的影响方式,严苛的环境对因纽特人定居点和人口规模、结构影响巨大。对因纽特人来说,不同的季节代表了两个不同的分类系统,社会基质组织化的方式存在差异。随着季节的变换,他们的居所类型会发生变化,与此相关的家庭、宗教、法律、财产体制等方面也明显不同。"夏天为狩猎和捕鱼展开了广阔的天地,而冬天正相反,把活动局限在最狭小的范围中。就是这种交替显示了集中与分散的节奏,这种形态组织正是经历了这样的节奏。"(莫斯,2003:159)但莫斯强调,物质基础、四季变换并非与之相关的各种现象的直接决定原因,而是通过作用于其所规范的社会密度而发生影响的。在他看来,"矿产资源并不是一个决定人类居住在某区域特定地点的充分条件,还要有一定阶段的工业技术来开发它们。要使人们聚集在一起,而不是分散地生活,仅仅断言气候或土地配置让他们走到一起是不充分的。他们的道德、法律和宗教组织也必须允许一种集中的生活方式。尽管地理状况是我们必须尽可能密切关注的一个重要因素,但它只构成人类群体的物质条件之一。多数情况下,它只是通过最初影响到的许多社会条件产生效果,而只有这些条件才能说明结果。简言之,土地因素必须纳入其与处于复杂总体性(complex totality)中的社会情境之关系予以考虑,而不能孤立地对待"(莫斯,2004:21)。社会生活及其所有形式(道德、宗教、司法等)的基础是各个人类群体的总量、密度、形式和构成,与这一基础一起变化。"在群体形式发生变化的确切时刻,可以看到宗教、法律、道德同时发生了转变。"(莫斯,2004:80)按王铭铭(2013)的概括,也就是"夏天个人主义,冬天集体主义;夏天资本主义,冬天社会主义"。在一个"总体性"(totality)的框架之中,莫斯的社会形态学分析如此完整而深入,给人的感觉是因纽特人社会生活的方方面面包括意识浑然一体,系统性变化节奏韵致十足。在《莫斯教授的社会学说与方法论》(杨堃,1991a;2003)一文(1938年)中,杨堃称"莫斯本不是一位社会形态学专家,因为他不是人口学家或人文地理学家",但"在法国现代社会学派之中,对社会形态学一科贡献最大的恐怕就是莫斯"。因为这一研究"将社会形态学之理论与方法,全部应用到一种具体的研究中,使我们从此一例不仅可以了解什么是社会形态学与什么是社会形态学的研究,而且有一榜样可以遵循、可以模仿"。

莫斯有关因纽特人社会形态学的研究最早发表于1904—1905年的《社会学年鉴》上,后结集出版于1910年。哈布瓦赫在《社会形态学》中对此研究进行了引用并加以延伸(哈布瓦赫,2020:141—144。注:以下凡引自本书的只标页码)。比如,他认为城乡之间在物质结构、城乡分布以及宗教信仰、公共生活参与各个方面都存在差异。"如果乡村只能为居民提供半年的资源,如果村民们不得不到工业聚集区度过余下的半年,他们经历的交替变迁就很像因纽特人经历的那样,在他们彼此更加紧密或更加疏远的同时,他们也将投入截然不同的社会文明中去。"(143—144)①如果说莫斯关于因纽特人社会形态学的考察属于"关键个案"研究(single decisive case study),哈布瓦赫《社会形态学》的相关研究则属于系统性论证。从内容来看,相比于涂尔干和莫斯,哈布瓦赫在这部著作里对社会形态学做出了更为集中和系统的阐释,并融入了自己的一些创新和特色。

---

① 此外,在葛兰言(2005:195)《古代中国的节庆与歌谣》的研究中,也可以看到莫斯社会形态学的影响:"中国古代节庆是盛大的集会,它们标志着社会生活的季节节律步调。它们是与短暂时期相对应的,在这些时期内,人们聚集到一起,社会生活也变得非常热烈。这些短暂时期与漫长时期相互交替,在这些漫长时期中人们分散生活,社会生活实际上也处于停滞状态。"总的来看,在涂尔干早期有关社会形态学的定义(Durkheim,1982:241;涂尔干,2006b)中,社会形态学更多地是从空间维度去界定的,而在涂尔干后期原始宗教研究中初民部落集体欢腾的节律、莫斯有关因纽特人的研究、葛兰言的古代中国研究、哈布瓦赫《社会形态学》以及有关圣地集体记忆的研究中,同时也突出了时间维度的地位,时间-空间格局及韵律变化构成社会形态学研究的起点。

二、哈布瓦赫社会形态学的基本主张与若干特点

(一)社会形态学的学科界定

哈布瓦赫的社会形态学是从涂尔干的理论出发的。在《社会形态学》的开始部分,他提到涂尔干在《社会学方法的准则》中,"建议将社会事实看作'事物'进行研究,也更加重视那些被借用到社会研究中的、本属于自然事物的特征,比如面积、数量、密度、运动以及其他所有可能被测量和计算的特征"(130—131)。哈布瓦赫强调,社会形态学研究"正是以上述定义为出发点,展开讨论"(131)。在此基础之上,哈布瓦赫为了明确社会形态学的学科定位,对一些关键问题进行了界定和区分。

为了树立社会形态学的学科合法性,哈布瓦赫首先区分了社会的物质基质与社会结构。哈布瓦赫的社会形态学关注的是"群体生活的物质性"(151),"所有的设想、所有的集体都具有其形态学的特征"(149)。然而如果仅停留于此,那只是人文地理学之类的地理决定论,将社会的物质基础与社会结构相混淆。在哈布瓦赫看来,纯粹物质环境因素只有诉诸社会学框架才能获得意义,这符合涂尔干一贯的主

张。① "人类社会不仅仅与物质相关联,它们本身就是有生命的物质"(133),"所有物质层面上的东西无不与社会关联着"(138),包括对人口的统计。与物理统计不同,"如果统计对象是人类现象,那么我们的思想除了把人类看作空间上相关联的组织外,还会寻找他们从属的集体环境"(138)。

因此,哈布瓦赫强调社会形态学的研究对象是群体层面。"我们的研究主要集中在集体生活这个层面,即处在机体世界中的、生物生命流向中的群体",对于群体自身的强调,可以让研究"仍停留在社会和集体思维的层面上"(334)。此外,他还区分社会形态和因对之进行测量操作而导致的对象化(Jaisson, 1999)。集体层面表现"只是来自社会对包括物质机体形态、结构、空间中的位置和移动以及机体要服从的生物力量的直接意识"(349)。"这些状态和变化丝毫不与纯物质数据相混淆,我们从我们成员以及自身运动中意识到的只是在空间内的器官与运动的整体。"(343)"要是不通过计算和统计,想触及和分析这些

---

① 涂尔干反对地理决定论,强调社会形态学不是地理学,"河流、山川及其类似的事物也是构成社会基质的因素,可是它们既不是唯一的也不是最根本的因素。……个体的数量、他们的结合方式、他们的居住方式根本不会构成地理学意义上的事实"(涂尔干,2006b:229)。在《宗教生活的基本形式》的一处注释中,涂尔干(2006c:315)批评了"想方设法要从(经济的或地域的)物质基础中推导出全部社会生活"的某些理论。

运动似乎显得很复杂。然而,人类群体、群体中的成员却模糊地意识到了这些状态和变化。"(348)社会形态学所做的,正是通过测量和统计,去检验蕴含于社会形态之中的理论。

(二)作为社会形态学的人口学

追随涂尔干的立场,哈布瓦赫对以群体和人口为对象的诸学科,包括人口学、地理学、经济学等学科分立的格局表示遗憾,他提出从社会形态学角度进行整合的思路。哈布瓦赫构建了以人口结构特征为基础的社会形态学,并且在对社会形态学的界定中,突出了人口学的地位。他认为人口学是社会学的一部分,但"人口现象如同一个自足的同质体,独立于其他所有社会现象之外"(131),"人口现象有其自身的性质,应该把它和其他因素分割开来,对其进行独立研究"(313),"只能通过其自身特有的性质加以阐述"(197)。所以可以看到,《社会形态学》整体上划分为广义社会形态学和狭义社会形态学两个部分。广义社会形态学对应于"社会机体重要功能器官、组织的方方面面",狭义社会形态学即人口学,"致力于从人口本身出发,是一般意义上的人口形态学"(193)。在哈布瓦赫看来,"人群的迁移、出生率的提高、死亡率的提高,或者是一方土地上人口聚集的方式等等……无论这些条件现在和先前的面貌如何,如此与之相连的人口状况和人口运动都会具有相同的性质和特点,这些都是人口现象"(192)。

分领域来说也是如此。比如对于宗教,其物质形态(如教堂位置、信徒数量)以及信徒可以视为一般人口群体。在讨论政治形态学时,他认为政治形态学面对的是政治体制科学的物质形态层面,也就是"关注在不断流动的人群中发挥作用的、确保迁移有序进行的各种制度"(175)。① 然而这些人类群体仍然可以从他们自己的角度加以考察,这就涉及这些群体简单纯粹的人口物质形态问题。阶级也是一种人口现象。谈到阶级形态问题,哈布瓦赫指出,"阶级并不仅仅是出生率不同、死亡率不同、结婚率不同的群体,它们还因组织方式、规模的扩展、所有成员的减少与分散、移动的频繁性等而各具特色。如此种种现实,都直接从属于人口学的研究范畴"(188)。②

---

① 此处哈布瓦赫把"制度"作为社会形态学要素,非常值得注意。同样他也从社会形态学的角度来理解"结构","生命的物质在不断流淌,但其形态仍保持不变,我们正是把机体中这个稳固的方面称为结构"(332)。
② 哈布瓦赫的研究主题尽管在不同时期有所变化,但对阶级的关注一以贯之。根据特鲁茨(Truc,2017)的说法,哈布瓦赫是涂尔干学派中第一位从社会阶级角度思考的人。1912 年他发表《工人阶级及其生活水平》,是作者对阶级问题关注的最早作品,后来又有《社会阶级的心理学》(Halbwachs, Maurice. [1958]. *The Psychology of Social Class*. Claire Delavenav [trans.] London: W. Heinemann)等作品。包括在《记忆的社会框架》中,最长的一章正是从阶级的角度进行的　　（转下页）

不过尽管如此,狭义的社会形态学并不能简化为纯粹的人口科学。人口现象本质上还是"一种社会现象"(313),"都与诸多条件有关联,诸如,地区的物质条件、宗教及道德环境、工业变革等等"(62)。所以人口学必须置于社会形态学的框架之内进行分析。"以人口结构的狭义概念为基础,强调'人口结构取决于年龄划分'原则,我们需要把研究提高到人口形态的高度,因为人口通过自己的方式表现社会条件和经济条件"(303)。"纯人口学意义上的数字是抽象的、极其有限的……关键在于它属于社会形态学的范畴,它很好地决定了人类群体的活动范围、规模、增长速度等"(203)。

在有关人口现象的诸指标中,哈布瓦赫对人口密度最为重视,"所有人口现象与人口密度之间总是存在着因果、果因关系"(216)。因为人口密度"为我们提供了简单地衡量亲缘关系以及亲近程度的方法,这种亲缘关系不是单纯地从生物学角度考察的有组织生物之间的关系,

---

(接上页)分析。科瑟(2002)等指出,哈布瓦赫的社会阶级的概念出自涂尔干学派传统,他所认为的阶级是社会分工的产物,因此更接近地位或职业群体的概念,从集体表征出发,他对阶级的关注除了生活水平之外,更关注社会心理、阶级认同。斯哥特(Scott,2006:61)则认为,哈布瓦赫的社会阶级研究融合了涂尔干、马克思和韦伯的要素。哈布瓦赫有关阶级与集体心理的分析启发了布迪厄的区隔(distinction)研究(Bourdieu,1984:250)。

而是指生活在社会中的人们之间的复杂关系"(216)。这与涂尔干早期强调的物质密度与道德密度之间的关系原则相一致。物质密度只有转变为道德或动力密度时,个体之间社会交往互动的频率才能更有效地促进劳动分工和有机团结的生成。

人口指标本质上是一种社会层面的宏观指标。正如涂尔干在《自杀论》(迪尔凯姆,2001:138)中所主张的,"如果我们想知道哪些不同情况的汇集会导致被看作集体现象的自杀,从一开始就应该从它的集体形式来考虑,即通过统计资料来考虑"。哈布瓦赫(Halbwachs, 1978)在《自杀的致因》(1930年)中,延续了涂尔干传统,使用统计方法解释自杀现象。① 他对数据充满敏感性和专业想象力,在《社会形态学》的狭义社会形态学部分,就有大量统计数据的分析和比较或基于数字进行的论证。哈布瓦赫倚重的人口统计,从多水平分析(multilevel

---

① 在这个研究中,哈布瓦赫(Halbwachs, 1978)也进行了一些创新。比如,从多角度细致比较自杀率的城乡差异,提出了社会疏离度(degree of social isolation)的指标,认为这既是自杀的结构原因也是自杀个体的动机因素。有评论者(Travis, 1990)提出,哈布瓦赫提出了一种自杀的社会心理学解释,其模型设定可以更清楚地研究缺乏社会整合导致自杀的条件。相比之下,涂尔干自杀模型体现的是笛卡尔式二元论,只考虑了可观察的一面。精神心理学研究验证了哈布瓦赫模型。孔多雷利(Condorelli, 2016)借助复杂系统非线性分析技术,探讨了社会复杂性、现代性和自杀的问题,指出需要把涂尔干与哈布瓦赫的自杀研究结合起来。

analysis)来看,正是所谓全局性指标。它们代表了整体层面的属性,因此可与其他宏观因素进行关系分析。这也符合社会形态学解释或社会事实概念的要求。

作为人口变化的重要内容,哈布瓦赫将人口自然运动的解释置于社会学解释框架之中,突出了社会形态因素,"不仅应从生理学角度理解,也应从社会学角度理解"(258)。人口"并不仅仅是生物学法则作用的结果,还有社会有机运行的结果。……出生率和死亡率在一定程度上是由社会生活状况决定的"(264—265)。对于出生性别比问题,他强调"两性间的差异是清楚明确的,这个特征就可能因社会影响而加强或者削弱。……放眼人类文明的历史,两性间差异总是在不断变化的,这也很好地证明了两性差异是由社会决定的这一论点"(250)。"社会在它的空间范围内,在大自然的帮助下,利用了一种与生物学规则相符的事实状态,通过它自己的习俗和机构进行调节,以此来维持两性数量比的平衡。"(258)①死亡现象也是如此。"死亡率不是一个纯粹的生理学事实。它在很大程度上可以反映社会生活,反映社会生活的条

---

① 布瑞安和杰森(Brian, Jaisson, 2007)以性别比为例对哈布瓦赫的统计思想进行了解读。他们认为,哈布瓦赫遵从了涂尔干客观主义认识论,也接受了孔多塞的随机概念,看到了社会现象的随机属性,认为人类或社会的集体行动不是直接而是通过概率发挥效应。

件。"(256)

整体来看,人口现象及其指标代表了人类群体特征的重要方面,既作为结果,也可能构成原因,在哈布瓦赫的社会形态学研究中占据枢纽性的位置。作为涂尔干意义上的典型的社会事实,人口现象一方面连接了空间物质条件以及广义的社会形态学要素,同时还与集体意识相关。因此,社会形态学分析从人口入手,自然就是一个再合适不过的选择。强调社会实践论的地理学家沙兹基(Schatzki, 2019)在《物质世界的社会变迁》中,大力介绍了涂尔干和哈布瓦赫的社会形态学主张,并解读说,人口的事实(包括其流动)构成了社会现象的基质,"超越"于特定集合或类型的社会现象。由于给定的人口参与多种社会现象,因此人口事实总是会影响许多这样的现象。其实除此之外,哈布瓦赫在这方面还有另外一层也许更重要的意思。在他的理解中,人口是关联物质条件和集体意识链条上的关键环节。面对群体如何应对变迁的问题,不管是诉诸群体的共同幻想,还是集体直觉本能,都是"超凡的睿智,是面对平衡条件出现的感觉",只有"立足于人口本身的视角、沿着人口自身的发展道路"(344),才可以从它自身获取这种感觉,习惯和传统就是一种保守的体现。

斯托特泽尔(Stoetzel, 2006)指出,在当代法国社会学家中,最了解基本人口统计数据可以对社会学研究做出何种贡献的人可能就是哈布瓦赫。在建立社会学与人口学之间的紧密联系和协调方面,他在法国所做的工作相比于其他任何国家的学者都多。如今,在"人口社会学"的词条下,会提到涂尔干把人口作为社会形态学的研究内容,哈布瓦赫进一步将人口科学确定为社会学的本质研究领域。因此某种意义上可以说,虽然现在社会形态学在美式实证主义传统中很少出现,但哈布瓦赫界定的社会形态学很大程度上以人口社会学的形式流传下来。

(三)空间性与社会空间

对社会事实的空间维度的强调是哈布瓦赫社会形态学的重要主题。哈布瓦赫区别了物质空间与社会空间。物质空间环境是基础,"所有集体功效都具有空间条件"(339),"社会生活的每一项功能都可以通过与之相关联的空间形态进行表达"(338)。比如,"每一个亲族,都会在空间上有一个聚集点,即我们通常所说的家庭住宅"(134)。各类机构也"必须与土地联系在一起,必须具有物质性"(136)。"每一个阶级都在空间上占有一部分,即他们的容身之地"(183),"任何社会都会在空间上描绘自己的方位"(149),"如果说这群人形成了稳定的经济群体,那是因为他们在空间上以某一种方式进行了分布"(211)。然而另一方面,"空间结构现象永远不能代表全部,它们只是作为这些共同体的物质基础和条件"(144)。社会形态学关注的是社会空间,也就是空间与社会的连接。正如特鲁茨(Truc,2011)指出,对哈布瓦赫来说,空间虽然是一个自然场景,但一直被社会所标记,被符号所改变。以家庭为例,"尽管一个家庭的空间位置不很确定,但人们仍然可以对这个……家庭结构进行分析。……通过嫡系的传承关系,用简明的图解来把握这个家族的各个分支和脉络"(134)。这是因为,"在家庭结构中肯定存在一个空间因素……一个核心、一个人口更为密集的区域,经历时间荏苒,大部分成员集结在这个核心周围,彼此的关系越来越紧密"(134)。巴黎大学(Sorbonne)教授,同时也隶属于哈布瓦赫中心(Centre Maurice Halbwachs, CMH)①的社会学家杰森(Jaisson, 1999;2014:266)提醒说,这里的关键在于哈布瓦赫对物理形态学和社会结构进行了区分,深化了涂尔干和莫斯

---

① 哈布瓦赫中心成立于 2006 年,现址位于巴黎高等师范学院校园内。由专门提供国民统计经济调查(INSEE)和从事纵向数据分析的次级分析与应用社会学方法实验室(LASMAS)与巴黎高师附属社会科学实验室(LSS)合并而成。受巴黎高师(ENS)、法国社会科学高等研究院(EHESS)、国家科研中心(CNRS)三重监管。中心的一个特点是基于大型数据库的纵向分析与民族志研究系统结合的混合方法,"不仅可以从分层的角度,而且可以从观念及其演变的角度理解社会关系"。目前主要开展社会不平等、社会正义与团结、跨界工作、政治与法律社会科学、性别、阶级、种族社会关系、写作实践与知识等主要方面的研究。参见 https://www.ens.psl.eu/laboratoire/centre-maurice-halbwachs。

社会形态学的空间观念。杰森（Jaisson, 1999; 2014: 263-264）认为，涂尔干并未从社会空间的角度来构想社会，涂尔干所唤起的空间是社会世界外部的牛顿空间。而对哈布瓦赫来说，社会空间决定了社会群体。正是通过对涂尔干和莫斯提出的社会形态学概念的深化，哈布瓦赫走向了一种越来越抽象空间观念。

进一步，社会空间连接到集体意识，这是哈布瓦赫空间理论的关键，"空间物质形态……无不假想了思维、情感状态以及冲动进程"(343)。以家庭为例，"从家庭传统和家族精神的角度看，血亲关系和空间上的彼此亲近尚不足以构成一个家庭。亲缘关系存在多样性，家族凝聚力的程度表现不平衡，这些都把我们引向了物质以外的表象世界和情感世界中"(135)。反之也成立，"社会位于物质世界之中，集体思想在面对空间环境表征时，找到了一个具有规律性和稳定性的原则"(145)。也就是说，空间作为物质条件构成社会基质，集体思想通过空间表达，二者互为条件。甚至群体物质形态本身构成集体表征，整合物质空间与社会空间，对于人口的分布和群体团结起着关键作用。另一方面，在哈布瓦赫看来，人口分布的稳定性，关键不在于空间、空间表现以及其他因素。归根结底，"只是因为另一种集体表征，是这种力量挽留住了人们"，而且，"人类群体越密集，人口数量越多，这种集体表征越强烈"(214)。对于各个群体来说,这种表征就是该群体的物质形态。

进一步,正如博布勒伊(Beaubreuil,2011)指出的,从社会形态学出发,哈布瓦赫建立了一种非常先进的社会空间理论,其基础是社会与物质之间的相互作用,这尤其体现在其有关集体记忆的研究中。比如,在《福音书中圣地的传奇地形学》中,哈布瓦赫提出,"耶路撒冷并不是孤悬在天堂和大地之间的圣城,而是一座用石头建造而成、由他们(留守耶路撒冷的基督教徒)所熟悉的房屋和街道构成的城市,正是由于这些东西的稳定性,他们的记忆才得以维续"(Halbwachs,1941:164;哈布瓦赫,2002:336)。在其遗著《集体记忆》(1950年)①一书中,哈布瓦赫总结说,"场所对于物质事物的稳定性起到部分作用,后者坐落于其中,将自己封闭在它们的范围内,并为适应它们的需要而改变态度,以致该信徒群体的集体思想最能变得固定和持久:这就是记忆的条件"(Halbwachs,1997:232)。其中涉及到空间场所、社会群体和集体观念等不同层面的关系,与其在《社会形态学》中确定群体与物质空间关系的主张一致。

---

① 英文版参见 Halbwachs, Maurice. (1980). *The Collective Memory*. Francis Ditter and Vida Ditter (trans.). New York: Harper & Row;此处译文参见特鲁茨(Truc,2011)。

(四) 立足整体的多角度解释

社会形态学是一种多学科角度的理论框架。莫斯在《社会学之分类与分类之比例》一文中称,"因为社会形态的各种现象它们彼此间的关系过于密切,好像是在社会的领域以内独自另成一个领域似的。……社会形态学是将平常所说的数种科学连接在一起,这些科学当然是不应该分开的"(转引自杨堃,1997a)。对哈布瓦赫而言,社会形态学概念在理论上本身意味着"社会的物质形态被重新放入具体的社会学中,并在这之中成为研究的对象,它们反映了各个方面、各个层次上的关注"(144—145)。因此,社会形态学类目下才有宗教形态学、政治形态学、经济形态学之分,哈布瓦赫将这些归为广义社会形态学的范畴。

这样,哈布瓦赫的社会形态学涵盖了多种学科角度,超越了任何单纯基于某个学科的简单解释。比如,哈布瓦赫在解释迁移现象时称,"这里绝对不涉及经济上的动力,因为经济动力已经被涵盖在了范围更广的集体表征中了。正如移民所追求的那样,寻找谋生手段不仅仅是占有,还是发掘新的人口环境。这也是为什么移民者总是对从一国涌向另一国、从一个大洲奔向另一个大洲的迁移运动充满幻想,并且在运动中,他们已经感受到了新世界文明深深的吸引力"(243)。也就是说,人口迁移的原因不仅仅是经济因素,更重要的是追求新的人口环境和文明,一种整体的社会形态和集体意识、文化认同。哈布瓦赫此处的卓见远远早于当代许多人口迁移理论,这一点得益于他的涂尔干主义立场。

哈布瓦赫认为,社会形态学可为人口统计学领域研究提供系统的观点。在人口与资源的问题上,哈布瓦赫批评马尔萨斯使用过于单一的物理学和生物词汇。他试图超越这一立场,用经济学及形态学词汇重新进行分析。"这种理论只从人口的物理性质或者说生理性质去考虑,完全建立在两种因素的联系之上,即人类的繁殖力和土地的产量"(308)。在哈布瓦赫看来,即使在一个土地上的食物无限增长的社会,也会存在"例如土地制度、婚姻的习俗和制度或者是社会所确立的谨慎的行为范式和思维方式"(308),人类社会本身存在"人类繁殖的本能和社会本身所产生的阻止这种本能发展的障碍"(308)的矛盾。哈布瓦赫指出,马尔萨斯假定了人们直接从土地获得食物,但实际上还有征服和掠夺、交换等其他方式,"在这样的情况下,繁殖的本能并不受限于土地的产量,而是受制于一定群体获得食物的能力",因此"最重要的是社会结构,是不同群体之间的关系"(310)。哈布瓦赫在这个问题上也讨论了城市化、科学技术和经济组织对人口发展的作用。

有关生育问题,哈布瓦赫提出了三种解释,其一是生态解释。"人口在不断增加,人口密度也在不断增大。……在人类的生活空间受到越来越多限制的情况下"(272),群体就会倾向于控制自身数量特别是家庭群体的数量。这与芝加哥社会学派人文生态学(human ecology)的原则一致。其二是社会对生育观念的影响,"社会有很多方法来把它的控制力,深入到社会成员的生活当中,甚至是最隐秘的部分。通过改变社会成员的动机来规范他们的行为"(272)。这导致有些国家生育意识下降的事实。其三是阶级的解释。社会的最高阶层首先开始对生育进行严格控制。因为"在人类社会里,这个阶层也是人口空间最有限、争夺最激烈的群体。……当这个阶层的人口过快增长时,会表现出比其他阶层更强烈的压迫感"(273)。阶层的解释中也涉及社会流动,"对于社会整体中最靠近较高阶层的那部分人来说,这一次,就该轮到他们来体会生活空间受到限制的感觉了"(273)。"通过限制后代数量的方式减轻人们的负担和羁绊,因为作为父母,他们的本能和预见能力尤其要求他们把全部的注意力集中在一小部分的儿童身上"(288)。在这一点上,哈布瓦赫从阶层和社会流动角度对生育率的下降进行的解释与杜蒙(Arsène Dumont)的"社会毛细管学说"(social capillarity theory)相近,早于诸多相关人口生育理论,如莱宾斯坦(Harvey Leibenstein)的"边际孩子合理选择理论"、贝克尔(Garys Becker)的"孩子数量质量替代理论"等。正像意大利学者米廖拉蒂(Migliorati, 2015)指出的,哈布瓦赫综合人口学、经济学和城市社会学等背景,让他可以观察到社会情境中人口的复杂动态,描述结构和演化。

(五)城市与个体-社会的复杂性分析

由人口聚集而成的城市,在哈布瓦赫的社会形态学中居于重要位置。"在城市中,特别是在大型现代化城市中,社会生活以其最复杂的形式出现。"① 涂尔干在《社会分工论》中指出,劳动分工并非出于经济利益的考虑,"社会容量和社会密度是分工变化的直接原因,在社会发展的过程中,分工之所以能够不断进步,是因为社会密度的恒定增加和社会容量的普遍扩大"(涂尔干,2000:219)。哈布瓦赫在《社会形态学》中将之与有关人口、需求、城市的研究相结合,继续推进了这一思路,"从整体上所说的生产,尤其是工业生产是建立在某种人口结构的基础之上的"(329)。哈布瓦赫对社会的理解,立足于从在一定空间范围和物质基础上个人与社会不同层面交互作用的角度。在近现代以来的人类社会中,城市正是这样一种

---

① 转引自马丁和罗培斯(Martinez, López, 2002),原出处 Halbwachs, Maurice. (1976). *Las clases sociales*. México: FCE. p.67。

复杂关系的容器和动态过程的载体。"在城市的框架内,人类这样一个广泛的群体仅仅是因为彼此生活空间十分接近而相互联系起来",这带来一系列的后果,比如"需求的演变,即工业发展条件,在城市结构和生活方式的影响下完成了"(324)。

米廖拉蒂(Migliorati,2015)敏锐地指出,哈布瓦赫的高明之处在于"把社会现实设想为社会与个人之间的一种辩证的、恒定的张力"。个体与社会复杂的相互作用涉及不同的方向和层面,在哈布瓦赫条分缕析、娓娓道来风格的论证中阐释得十分清楚。① 在这部分的论述中,他一方面强调社会整体的作用,"只有当城市不断地将自己的物质形态和生活方式强加给人类文明,只有在这个文明的摇篮中,工业才能突飞猛进地发展"(327),"只有在社会(这里是指在城市尤其是大城市框架内)本身也趋于同一化的压力下,一个有如此趋势和活力的工业才能逐步走向生产系列产品、大批销售的道路上"(325)。另

---

① 中世纪文学史学家、哲学家罗克斯(Roques,1945)在一篇纪念性文章中为哈布瓦赫画下了这样一幅肖像:"他喜欢哲学讨论,他用缓慢而持续的声音说话,将他的推理进行到底,而不允许自己偏离他想达到的结论。但是,更令他着迷的是准确和精确地进行研究;他以严谨的诚意,不厌其烦地探询,不掺杂激情,并且他总是从对事实的考察中得出符合他的道德态度和科学活动的结论。"读哈布瓦赫的文字,头脑中不禁就会浮现出这样一幅画面。

一方面他又强调个人的主动性和个体的价值，"社会的内容就是个人，个人既是社会的产物也是社会的形象……个人代表着重要的价值"（288）。"单单从人类来讲，他们不断在空间上增加着联系和接触。这样做的结果是每个人的个人意识逐渐增强，他们要求行动自由，要求维护以个人身份参加所有活动的能力，这些行为活动使城市生活的内容不停地更新和扩大。"（288）"人们应该更重视个体，重视个人生命的存在和延续"（286），"个体生存的价值也越来越受到重视"（288）。相对来说，哈布瓦赫给个体留出了更多的自由空间，而且个体活动和相互作用产生了集群层面的聚合效果。

哈布瓦赫这里的分析延续了《社会分工论》中涂尔干的思路。细读《社会形态学》中的一些表述，我们会发现在哈布瓦赫的头脑中，存在一幅动态、复杂的社会图景。比如，"多种多样的社会活动都对应着由它们自己产生的、特殊的、具体的结构，同时，这些结构还会反作用于它们，并且会改变它们的宗教、政治等层面的性质特点。……从这个意义上讲，群体的规模和密度、其形态的变化以及人口迁移与社会现象的某个层面相结合，并且彼此密不可分，它们用自己的方式表达着这种关系"（337）。这里不仅有结构与行动相互建构关系的认识，也有对社会整体中不同领域、不同层面之间复杂关系的思考。

城乡之间的差异是哈布瓦赫一向关注的主题。在《自杀的致因》(Halbwachs,1978)中,他认为自杀的一个重要原因是城乡文化的差异。城市由于社会疏离度高,自杀率也高。在《社会形态学》中,哈布瓦赫也多处提到相关形态城乡差别的问题,比如城乡死亡率差异(286—287),这不禁令人联想起沃斯(Louis Wirth)的主张。在写于1938年的《作为一种生活方式的都市生活》一文中,沃斯(2007)认为城市具有三种重要特征,即巨大的人口规模、社会异质性和高人口密度,正是这些特征使城市区别于乡村。这些在《社会形态学》中哈布瓦赫均有论及。在《社会形态学》中,哈布瓦赫从宗教、政治、经济形态角度对世界主要大城市的分析(230),也远远早于现代城市研究。比如,我们可以看到他对芝加哥城市的分析,包括与巴黎的比较。哈布瓦赫认为芝加哥最能体现城市"既是物质的又是人性的、既是机械的又是精神的表现体的混合"(229)。在这一点上,与齐美尔(1991)所描写的"大城市的精神生活"、芝加哥学派人文生态学把社区作为一种"自我意识"(Park,1926)也具有一致的逻辑。

哈布瓦赫在《社会形态学》中强调物质空间与社会的关系,构成城市社会学的一个重要理论依据。在这方面,马丁和罗培斯(Martínez, López, 2002)评价说,哈布瓦赫"推进了涂尔干社会形态学上仍然有些初级且犹豫的表述。他既忠实又创新,进一步从形态学的角度出发,扩大了理论解释范围并深化了内容。尤其是以形态学为基础推进有关城市的社会学研究,其才能已经得到充分证明"。

(六)社会形态学与集体心理学

在哈布瓦赫看来,社会整体上"是一个物质、社会、心理现实、思维和集体意向的整合",是"一个有机体","分享着物质世界的性质","具有自己的体积、可计算的组成部分","还可以不断地增长、缩小、划分、繁衍"(334)。这是一种整体观照下的社会形态学。遵从涂尔干后期的转变方向,哈布瓦赫已经抛弃了形态学的机械决定论,而强调集体心理的枢纽性作用。诸如出生率降低、人口聚居等一切现象都不能用"纯粹的机械或物理力量做解释",实际之中群体是"通过观念、习俗、形态和结构的变化,对自己进行规范和指导"(354)。因此,不考虑这些因素,大部分现象无法解释。"社会形态学,就像社会学一样,首先考察的是集体表征。我们对这些物质形态加以观照,其目的是透过这些物质形态,找到部分集体心理的因素。"(145)

在哈布瓦赫看来,居住格局、人口结构、群体流动,都是结构现象,"是以各种物质形态呈现于我们面前的社会"(134)。考虑物质形态与社会的关系,要诉诸集体意识。"社会的物质形态如何作用于社会本身,……并不是如同一个机体作用于另一个机体那样,局限于某个物质范围；而是借助我们（作为一个集体的成员）从中获取的意识，通过我们意识到的该集体的大小、物质结构、空间移动等。这里，涉及一种集体思维或者集体察觉的方式，人们称之为社会意识的直接前提条件"（352）。这就要求"不管怎样，在那些运动着的物质因素之上，社会学家更关注的是这种集体意识"（238）。实际上，"社会学家之所以对这些显而易见的运动感兴趣，那是因为在运动的组织形式、交换行为和话语背后隐藏着不可见的集体表现"（238）。然而问题在于，"由于各种原因，还没有得到社会学家足够的认识"（352）。

在结论部分，哈布瓦赫以家庭为例，阐明了集体意识与社会形态密不可分的关系。一方面，存在家庭制度观念以及与之相关的法规、风俗、家庭情感、家庭道德等；另一方面，可以从外部加以描绘和计算的空间里的家庭，也就是社会形态学研究的对象。两个方面不能割裂，缺少任何一个都不能自足，否则不能表达真实的现实（330）。父权、嫡亲、父系关系、母系关系等概念必须立足于家庭所处空间、成员数量等有形的现实；同时，"一个群体中表面的、显著的因素都向我们揭示了它的心理和道德生活"（331）。形态的变与不变，是规则作用的体现，关键在于对人们头脑中观念的塑造。"形态在空间中延续，没有变化，如果它发生了变化，那也是根据固定法则具有规律性

和反复性,其中的法则不断地在我们头脑中维持和建立一种处于平衡状态环境的观念。"(355)

因此在方法上,社会形态学不仅仅是外部形态的考察。在哈布瓦赫看来,"社会形态学从外部视角出发。但事实上,对于社会形态学来说,这也不过是个起始点而已"(139)。社会形态学的分析过程本身需要一系列的考察,并步步深入,直至深入集体意识的层面,"我们的考察就从表面上的物理形态、地理状态(诸如空间位置、大小、密度)过渡到了有机的、生物统计的层面上(性别、年龄),最终到达"一种"结构坚实且具有集体意识"(135)。哈布瓦赫社会形态学在分析思路上具有一种从外而内、层层递进的结构:物质空间形态——群体特征(突出地体现在人口因素和互动过程上)——集体意识(或集体心理学)。这符合涂尔干的传统。实际上,涂尔干在《社会学方法的准则》中强调过,"社会形态学只是朝向科学的真正解释部分迈出的第一步"(Durkheim,1982:119;迪尔凯姆,1995:106)。西班牙学者马丁和罗培斯概括说,社会形态学是一个起点,是从外部进行分析,因此有必要进入社会现实的核心,也就是集体表现(Martínez,López,2002)。

在整个链条中,集体意识居于最核心的位置,作用也更为持久。诸种可见的社会形态,只是集体意识的外在表现。把握这些东西,需要以社会形态学为基础。在哈布瓦赫看来,表面化的物质容易分散,更深层的观念则相对稳定持久。① 在对政治形态学问题的分析中,哈布瓦赫提出,"一个国家总是试图确保自己的边界,人们更依附于自己所在的地区,这些现象都说明,那里的民族感、地域感相当强烈"(171)。只有形成了集体的认同,一个群体才能持续下去,社会分工才能形成有机团结。"一个共同的思想情感就是一股巨大的力量,他们可以通过彼此间的紧缩、迁移或远离等方式,抵制形态上的变化。在某一地区,只有当组建的团体逐渐意识到要建立一个共同的人类群体时,工作的分工以及职业间的连带关系等方面才能体现团结的原则,才能持久地保存下去。"(212)读到此处,不禁令人想起安德森(Benedict Anderson)《想象的共同体》、汤普森(Edward Thompson)《英国工人阶级的形成》等作品。

哈布瓦赫回顾世界人口的历史变化,通过加入时间维度来阐释物质结构和集体意识的关系。他认为,基于物质形态方面,"一个人类群体久而久之就会意识到自己的结构与物质界的关系,同时也会认识到自己与相邻人

---

① 在讨论为什么罗马帝国和查理曼帝国不能长久的问题时,哈布瓦赫引用米舍莱(Jules Michelet)的说法,"那是因为它过于停留在物质层面,过于表面化……物质就意味着分散,而只有精神才代表着团结和统一。物质,通常都是看得见摸得着的,它总是让人联想到分散。争取所谓的物质性统一,是没有意义的"(166)。

类群体间的关系……渐渐地,每个群体都在其他群体中间形成了自己的位置,他们彼此联系,但又相互区别"(212)。哈布瓦赫这里的说法带有明显的建构论色彩,突出了集体认同和群体边界的重要性,这些在现代社会理论和经验研究中都是关键概念。

人口迁移典型地体现了这个过程。哈布瓦赫将迁移定义为"迁移的人被纳入某个空间的、社会的群体,以及渐渐融入其中的情况"(237—238),"事实上,代表着如此运动的、肉眼可见的、集结起来的物质因素彼此之间原本根本不相关联"(108)。也就是说,迁移是一个空间-社会现象,如果缺乏社会的维度,迁移运动只是一些互不相干的粒子。哈布瓦赫举了个非常贴切的历史案例,"人类群体的迁移,就像十字军东征一样,它取决于来自包括宗教、政治、国家以及经济等方面的动因"(339)。更重要的是,空间聚集只是将他们拢在一起,通过集体意识的建构,他们才真正成为移民,"在自然力的推动和诱惑下,它们被带入了同一个运动中。将它们联系在一起的,正是当它们真正融入移民运动之后,感受到同属一个群体,并参与自己所属整体的独特思维和思想感情的经历"(238)。此时,社会机制发挥作用,"由于我们加入了由很多其他人组成的集体环境中,与他们共同劳作、共同生活,尤其由于我们自己被封闭在这个整体中,那些具有强烈民族感、国家感和自然感的人的想法将我们与这个集体紧密地连在一起,那我们也就成了移民"(238)。也就是说,迁移是个复杂的现象,要有人、空间的基础,但关键还要有集体观念和认同。只有在上述社会-空间机制发挥作用下,建立了主观认同,移民的身份才得以确立,移民运动才成为现实。

在一篇也是唯一一篇正式发表于1939年《美国社会学杂志》(*American Journal of Sociology, AJS*)上的论文《个体意识与集体心灵》中,哈布瓦赫(Halbwachs, 1939)对社会形态学与集体意识之间的关系进行总结说:

> 存在一种人口形态学,初看起来似乎并不属于集体心理学领域,但仍是社会学的一部分。一群人的物理分布和聚集,一个城市中居民的数量及其集中度、迁徙活动、出生率和死亡率,难道不都是物理和自然事实吗?我们难道不应该从纯粹的物质方面,在其与土地、地理分布的关系中、在他们服从于生死规则的生活习惯中,考虑人类团体和单位吗?然而,我们会觉得这只是一个表面化的观点。人口不是惰性物质,像沙子颗粒甚至兽群一样被动地遵守物理定律。所有这些现象的发生,似乎就像他们

意识到其分布、聚集、形式、运动、成长和衰落等一样。统计学家试图基于数据重建的,其实正是集体意识的形态学或人口学的诸种状态。

显然,在哈布瓦赫这里,已经将涂尔干不同时期对社会形态学和集体意识各自的强调结合在一起,两方面在实践层面上呈现一种高度整合的关系。理论上"心"与"物"之间的二元论在分析的实践中近乎化之于无形。正如他所强调的,所谓形态学其实是"集体意识的形态学",并表现为人口学所研究的那些现象(Halbwachs,1939)。

在这一点上,哈布瓦赫对社会形态学的运用更大程度上与涂尔干的经典说法吻合,而与莫斯有所不同。杨堃(1991a;2003)发现,涂尔干虽是社会形态学的开创者,但理论上还面临着未决的问题。比如,涂尔干主张社会学家应该关注影响社会现象及其变迁的社会容量和动力密度,然而"动力密度理解为集合体的纯精神的凝结力,而不应当把它理解为集合体的纯物质的凝结力……纯物质的凝结力不过是纯精神的凝结力的补充"(迪尔凯姆,1995:127—128)。杨堃(1991a;2003)认为这等于用外界物质事实将精神因素包括在内,"实在是有点难以自圆其说"。但到了莫斯手里,社会形态学成为"物质的结构之研究",一切精神的因素让与社会生理学。在《社会学的具体分工》(1926年)一文中,莫斯在涂尔干的基础上进一步明确了社会形态学—社会生理学的区分并界定各自的学科范围,认为"社会形态学研究作为物质现象的群体",包括统计学、人口学、人文、人类或历史地理学、政治经济地理学等,也包括时间和空间中的人口运动研究、特定土地之上的社会群体等。社会生理学则面对的是"当行为是传统的并凭借传统而重复时的社会行为或社会实践或制度;支配或对应于这些行为的集体观念和情感,或至少是集体信仰的对象"。因此社会生理学可分为"实践的生理学"和"表现的生理学"(Mauss, 2005)。

正如莫斯(Mauss, 2005)提醒的那样,生理学概念其来自生物学的抽象,使用要小心,不要重新唤起社会有机体的隐喻。而且,莫斯也注意到这个概念并不能清楚地表达人类行为中存在的意识、情感、理念、志愿等因素。因此文中他也经常用社会心理学代替社会生理学的概念。同时,莫斯也强调了两个分支学科在实际中的密切关联。"以边境为例。人们可能会认为它们完全是形态学和地理学的。但它们不同时也是道德和军事现象吗?对于某些民族,特别是古代人来讲,不也是宗教现象吗?"在《社会形态学》中,哈布瓦赫保留了莫斯对社会形态学和社会生理学并置的做法,但放弃了使用带有象征意义的社会生理学的概念或者社会形态学—社会生理学的内外区分,而是代之以更具经验意味的所谓广义社会形态学,经典意义上的社会形态学则归为狭义社会形态学,在哈布瓦赫这里,也就是人口学。①《社会形态学》中几处使用生理学概念的地方涉及的是生育、死亡等人口自然变动,完全是在其本义角度上的使用。这体现出哈布瓦赫社会形态学研究朝向更经验化方向发展的取向。对哈布瓦赫来说,实际分析中很难区分社会形态学和社会生理学,他对具体机制的探讨并未冠以社会生理学之名。而且相比于莫斯理论上尽力在对社会生理学和社会形态学界定清楚的基础上将二者区分开来,哈布瓦赫更愿意在此基础上将社会形态和集体意识或心理要素放在一起讨论,结构与制度也被归入形态学的范畴。哈布瓦赫不提社会生理学也许基于回避涂尔干和莫斯对社会形态学的严格界定可能给经验分析带来挑战的考虑。从后期有关集体记忆的作品来看,哈布瓦赫纳入了更观念化、更注重集体意识动态的研究。

(七)异质性、不确定性与变迁

同样是继承涂尔干整体主义的思想,作为统计专家的哈布瓦赫则对异质性更为敏感。在《社会形态学》中,

---

① 尽管涂尔干强调有关形态概念的应用并非隐喻意义上的,但在评论者看来其社会形态学—社会生理学的区分仍带有生物有机体的类比和隐喻的色彩(Hirst,1973)。

哈布瓦赫关注到城市中的居住隔离问题。"现今社会的情况相仿,也有一些特点鲜明的地区、城市,比如富人集中的奢华城区、街道,贫苦人居住的城市、街区、道路……各阶层都试图在空间上彼此分离。"(183)"任何一个人穿过人口密集的城市社区时都会发现,每一个社区都会因其人口的社会水平而区别于其他社区。"(186)"事实上,正在发展中的任何一个城市都是由一个挨着一个的群体组成,而这些群体往往代表了不同的经济阶级。"(187)这与芝加哥社会学派人文生态学对城市居住隔离的关照十分一致。

按上文所述,集体观念的形成对于维持群体的形态稳定至关重要,但这一点在哈布瓦赫这里并不绝对。哈布瓦赫指出,"在人类行为中,根本不会有协调一致的可能,人类的思维、制度中也会有不稳定因素,除非他们采取某些确定的、持久的方法"(189)。这里所谓"确定的、持久的方法",与一般性社会活动普遍关联,正是广义社会形态学研究的对象。如此看来,人类的思维、制度相对于社会形态稳定性更为持久,但有时"一股新思潮、集体思潮(它的界线不是由工业或者商业确定的)把我们引向了同一个事物"(324)。哈布瓦赫反过来也强调了集体观念的形态学基础的重要性。"群体中的共同思想,如果它不以一种连续的方式回顾群体的体积、稳定的形象以及它在物质世界中有规律的运动的话,那么,它容易变成支离破碎的躁狂思想,它将被社会上流行的其他胡思乱想所淹没,在最迷幻的梦想中消散。"(225)正如赫希(Hirsch,2012)所指出的,在与社会形态学的关系上,涂尔干赋予集体表现相对自主性。哈布瓦赫在此基础上,通过在社会及其转型中寻找意识层面的决定性因素,将社会演化与理念演化关联起来。这与哈布瓦赫重新界定社会形态学的学科位置有关,同时也表明他力图超越于原始意义上的社会形态学,在一种更为复杂的综合视角下寻找社会演化的动力机制,也就是那些曾经被涂尔干和莫斯归为社会生理学范畴的东西。①

哈布瓦赫强调人类行为的不一致和制度、思维的不稳定性,这在逻辑上不难理解。否则的话他后来的集体记忆理论可能就难以立足。尽管哈布瓦赫也强调社会的压服作用,强调主流观念的决定性影响,但同时他也论证了集体记忆在不同群体、阶级之间存在差异,而且集体记忆本身按哈布瓦赫(2002:59)所说属于"立足现在对过去的重构",因此理论上必然对不同群体记忆的差异性和时

---

① 马塞尔(Marcel,2020)也对此进行了对比,认为涂尔干考虑集体表现一旦进入人们的意识,就会以自身的方式贮存,生成特定的心理状态。而在哈布瓦赫那里,精神与心理生活的显现更植根于社会形式之中,精神生活因此也来自形态学分析。

间维度上的变迁给予足够的观照。如果只是涂尔干描写的初民社会宗教仪式塑造的一体化观念存在或者力图排除各种失范行为的抽象社会有机体,只有莫斯笔下虽然存在时空变化但作为总体性而呈现的社会事实的话,那这个意义上的集体记忆概念可能就过于整体化。在这个逻辑基础上,哈布瓦赫的社会形态学和集体记忆理论分析足以解释社会变迁。后来人们从集体记忆研究中发展出批判性工具也在情理之中了。

三、社会形态学的传播及影响

（一）芝加哥的涂尔干主义者

自 1945 年在纳粹集中营不幸罹难①之后的很长一段时期,哈布瓦赫的著作长期被人所忽视(Hirsch,2016)。直到 20 世纪 80 年代,随着文化研究复兴,尤其是《论集体记忆》英文版出版(1992 年)之后,哈布瓦赫再次引起人们

---

① 有关哈布瓦赫生平可参见勒佩尼斯(2010:125—133)的著作,包括有关哈布瓦赫之死的细节性介绍。哈布瓦赫在纳粹集中营离世,构成社会学史上一个公共事件,常被提起。法国社会学家弗里德曼在《美国社会学杂志》上刊登过一篇纪念性文章(Friedmann,1946),布迪厄(Bourdieu,1987)专门写过一篇《谋杀哈布瓦赫》的文章,以示纪念。同狱囚犯、布痕瓦尔德集中营幸存者、西班牙作家森普伦多次提到哈布瓦赫,在其回忆录《邪恶与现代性》(Semprún, Jorge. [1995]. *Mal et modernité*. Paris: Climats)中,描述了他无奈地看着哈布瓦赫身患痢疾而痛苦死亡的过程:森普伦朗诵了一首波德莱尔的诗,这位社会学家淡然一笑。

的广泛关注。但大多数人更关注的是其集体记忆方面的研究,对其他方面包括社会形态学的成就还相对忽视(Migliorati,2015)。然而,哈布瓦赫被视为法国城市社会学的创始人,正是因为其运用社会形态学对城市的研究(Topalov,2015)。① 1909年,哈布瓦赫的博士学位论文出版,名为《巴黎的土地征用与价格(1860—1900)》,强调城市空间现象与城市经济和社会活动之间的关联,被视为法国城市社会学的开山之作(参见赵晔琴,2007)。

1932年,杨堃(1997a)《社会形态学是什么?》一文中指出,"在英美各国的社会学内,尚没有社会形态学这个名称,当然谈不到社会形态学之地位"。不过,在知识谱系上,正如施诺雷、邓肯等新一代芝加哥社会学派成员指出的,涂尔干学派形态学思想和芝加哥学派人文生态学之间存在惊人的平行关系(Schnore,1958;Duncan,Pfautz,1960)。尽管涂尔干社会事实的概念在美国被解释为量化、实证的社会学传统,但按照斯涅尔(Snell,2010)的总结,涂尔干和芝加哥学派(尤其是早期)存在很多共同点,如社会有机体的概念、社会具有不能还原为个

---

① 托帕洛夫(Topalov,2015)根据阿米奥特(Michel Amiot)的著作指出,1986年哈布瓦赫开始了其作为法国城市社会学创始人的生涯。参见Amiot, Michel. (1986). *Contre l'Etat, les sociologues: éléments pour une histoire de la sociologie urbaine en France (1900-1980)*. Paris: Recherches d'histoire et de sciences sociales。

体的突生性、对情境的强调、对突破学科建制的强调等方面。英国地理学家迪金森(Dickinson, 1947: Preface)在其《城市区域与区域主义：人文生态学的地理学贡献》一书序言中提到人类社会群体的结构有两个方面：空间或地理学的方面以及生态学或人口学的方面。这个领域的研究在美国被称为"人文生态学"，在大西洋另一边，更一般地叫作"社会形态学"。当时哈布瓦赫的《社会形态学》刚出版不到10年，因此迪金森说："这个领域最近由哈布瓦赫在《社会形态学》中进行了概括和讨论。"

仅就内容来看，哈布瓦赫的《社会形态学》中的一些具体表述，的确与芝加哥学派人文生态学有着相同的风格。1930年秋天，哈布瓦赫时年53岁，任斯特拉斯堡教授，受当时芝加哥大学社会学系主任法里斯(Ellsworth Faris)的邀请访问芝大并在秋季学期(为期3个月)教授课程(主讲"当代法国社会学"和"自杀"问题)，而《社会形态学》法文版于1938年出版，时间上的先后似乎也支持这样的判断。法国社会科学高等研究院、哈布瓦赫中心社会学教授托帕洛夫总结说，在以人类学、互动论重构城市社会学的潮流中，格拉夫梅耶(Yves Grafmeyer)、约瑟夫(Isaac Joseph)、隆卡洛(Marcel Roncayolo)等人把哈布瓦赫作为将人文生态学带到法国的社会学家(Topalov, 2008)。然而事实并非这么简单。实际上，尽管《社会形态学》法文版成书较晚,但很多思想早在1909年巴黎不动产价格以及有关巴黎人口和道路网络等研究中已有充分体现,《社会形态学》这部著作只不过是他在这个领域所有之前研究成果的系统性总结。更重要的是,哈布瓦赫继承的涂尔干学派社会形态学和芝加哥学派人文生态学在理论和方法旨趣上存在本质性区别。

在美国的访问过程中,哈布瓦赫见到了帕克(Robert Park)、伯吉斯(Ernest Burgess)等芝加哥社会学派的代表人物,不过和他交往最多的还是老相识统计学家、技术社会学家奥格本(William Ogburn)。在芝加哥期间,哈布瓦赫漫步这座陌生而新鲜的城市,阅读了芝加哥社会学派1925年的宣言书《城市》[①]等作品,同时还写了多篇文字,包括给家人和同事的信件、专栏文章等。哈布瓦赫从美国回去后发表了三篇相关的论文,其中一篇名为《芝加哥:种族经验》(Halbwachs, 1932),1932年在布洛赫(Marc Bloch)和费弗尔(Lucien Febvre)主持的《经济社会史年鉴》上发表。文中,他回顾了芝加哥的城市发展史,刻画了芝加哥的空间、人口、社会、经济等方面的特点。并将芝加哥与巴黎进行了对比:一个是"人造的、自发的并且近乎残酷的创造";另一个是"缓慢发展的老城区,人口

[①] 此书中文版见帕克等(2016)。其中哈布瓦赫强调的前两章除了帕克同书名的文章外,还有伯吉斯的《城市的发展——一项研究计划的导言》。

众多,单一化"(Halbwachs,1932),这一比较在1938年出版的《社会形态学》中也有体现,其中对芝加哥的理解与其旅美期间对这座城市的直观印象大有关系。由此来看,哈布瓦赫应该是最早进行全球城市比较研究的学者之一。

哈布瓦赫对芝加哥的快速发展和芝加哥社会学派有关城市和工业组织研究及经验资料收集工作的印象深刻,婉转地表达了他对芝加哥社会学同行们的羡慕之情,"如果芝加哥大学出现一个原创性的社会学派(sociologie originale),那与他们不必走多远就可以找到研究的主题不无关系"(Halbwachs,1932)。哈布瓦赫也是最早使用学派来称呼这个学术共同体的人之一。不过同时,他也发表了一些看法,觉得芝加哥学派窄化了社会学的定义,缺乏对其他学科的关注。虽然调查生动、深入,发现了大量事实,有的出乎意料,很有价值,但只是描述,整体看参差不齐,有些地方令人失望。所谓"科学的方法"并不科学。如果所使用的方法缺乏目的性,研究对象只是被发现,信息累积再多,没有明确的问题引导,缺乏将不同现象联系在一起的一致假设,对结果的描述也不具意义。不过,他也认为由于这是新领域,没有基础,缺少科学研究传统的指导,所以采取好奇的态度比批评更合适。在哈布瓦赫看来,当时德国社会学家从未离开理论,然而美国同行却没有做到,可能因为他们对先进思想和观点关注不够（Halbwachs, 1932）。在 12 月 18 日给妻子（Yvonne Halbwachs）的信中，这一点表露得更为直白。虽然他表示对这些人"真的很喜欢他们，有点佩服"，但认为"他们完全是原创的（pleinement originaux），沉浸在生活中。他们与各类人群密切接触，似乎完全无视我们的所有理论。在这方面，他们跟我们的关系就像探险家和传教士与涂尔干的关系一样"（转自 Topalov, 2008; Becker, 2012）。在哈布瓦赫看来，芝加哥学派在帕克"城市是人类行为研究实验室"主张下开展的一系列工作，只是"应用社会学"（applied sociology），属于"真正社会学"（real sociology）更概化的理论表述的素材而已。

在伯吉斯同心圆模型基础上，哈布瓦赫借助地图和统计工具，对芝加哥空间结构进行了再分析。该研究近似可以看作哈布瓦赫运用社会形态学进行经验性分析的案例。他认为对移民社区"如画风格"（picturesque）式的观察以及人口种族分布图都存在误导性，在哈布瓦赫看来这只是社会形态研究起步的描述阶段。因此，必须用有别于生态学家的另一种方法也就是社会形态学来观察和进行研究。在这篇文章中，他观察到移民空间分异和集聚形成的马赛克结构，甚至基于人口统计数据创造了测量城市空间移民群体集中度的指标，这远远早于不久之前才出现的测度社会空间分异的各类指数。然而在解释上，他颠倒了芝加哥学派的人文生态学方法,认为这一过程和结构不能用种族、文化等因素来解释,而是由于不同移民群体所处的从属地位、社会分工因素的差异,因此应该从移民相对于其他人群所占据的职业地位和社会阶层出发。比如,他发现希伯来移民存在两个形态学阶段:一开始是因为宗教传统,移民人口居住在典型的贫民窟中;但第二代和第三代人逐渐摆脱了这种束缚,远离贫民窟,更多地与其他社会阶层和移民团体融合在一起。"当人们在各个地区写下种族或民族的名字时,芝加哥确实看起来像是一块马赛克。让我们删除这些名称,只说这里有很多劳工,隶属于大行业,那里有工匠、熟练工人、店主、店员、员工等,我们就不会再看到一系列并列的邻里,而是会看到一系列叠加的社会阶层。"(Halbwachs, 1932)芝加哥不仅是一个种族差异化的城市,更重要的是它是社会分层的,"种族不能充分解释阶级"(Halbwachs, 1932)。[①]哈布瓦赫这里突出了始终如一关心的社会阶级的因素,种族只是作为阶级因素的代理。这在旨趣上与芝加哥学派人文生态学存在明显不同。后者将人种学原因置于首位,城市

---

① 1939年,哈布瓦赫向第十四届国际社会学会议提交了一篇名为《大城市的形态结构》(La structure morphologique des grandes villes)的论文,继续了这一主题。他强调"不是一系列并列的社区,我们看到了一系列重叠的社会阶层"(转引自 Martinez, López, 2002)。

空间分布的社会经济条件尽管重要但处于第二位。①

除此之外,这次芝加哥大学之行似乎也给哈布瓦赫带来其他方面的冲击,甚至超过学术方面似有还无的影响。大概因为看到了《美国社会学杂志》之类受到刺激或者感到亟需向美国同行传递社会学正确的理论导向,宣示法国社会学的存在,从美国回国后,哈布瓦赫向莫斯提议恢复受一战冲击而在1921年后不再出版的《社会学年鉴》。后来虽然复刊,但没有用原刊名,相当于创建了一本新的年鉴(Annales Sociologiques)。新期刊由洛克菲勒基金会资助设立,布格莱(Celestin Bouglé)和西米昂(François Simiand)共同编辑。② 新年鉴于1934年开始出版,1942年因战争再次中断,二战后复刊并恢复原名。在此期间,哈布瓦赫作为中坚力量,一直保持活跃,特别是1935年获得巴黎教职之后。涂尔干去世后社会学年

---

① 有意思的是,帕洛马尔斯(Palomares, 2013)指出,法国城市社会学传统中对种族问题保持"无思"(unthought)状态,涂尔干对种族问题保持沉默是个原因。

② 莫斯此前主持了1923年《社会学年鉴新编》,1925年、1927年有卷册出版。新年鉴许多以前的合作者不再介入,莫斯也减少了参与(参见杨堃,1991a,2003;Heilbron, 2015),尽管1934年第1卷A系列上也有莫斯的论文。参见 Heilbron. (2015);以及 Farfán, Rafeal. (2004). "Presentación: Un Durkheimiano en Chicago: Maurice Halbwachs". *Revista Española de Investigaciones Sociológicas*. 108: 201-213; Valade, Bernard. (2012). "Durkheim and Durkheimian Sociology in France". *L'Année sociologique*, 62(2): 535-544。

鉴学派在究竟是"忠诚还是创新"的问题上分为两个不同阵营。其中一派以研究人员为主,由莫斯、于贝尔(Henri Hubert)、葛兰言(Marcel Granet)等人构成,主要从事宗教社会学、史前史、汉学等研究;另一派以大学教师或教育部门管理者为主,包括布格莱、拉皮耶(Paul Lapie)和福孔内(Paul Fauconnet)等人,主要从事普通社会学研究。哈布瓦赫和西米昂,长于统计和经济分析,本属于研究者阵营,但作为第三派可为各方所接受。他们的统计分析也为各种形式的跨学科交流与合作创造了条件(Heilbron,2015)。形式上,新年鉴不再是整合的期刊,而是分为普通社会学、宗教社会学、经济社会学、法律社会学和社会形态学五个独立的出版系列(从 A 到 E),哈布瓦赫是总秘书(general secretary),主要负责社会形态学。他在社会形态学研究上花了大量精力,甚至集体记忆方面的研究也要让路。

(二)社会形态学与人文生态学之两岸交映

涂尔干学派和芝加哥学派可以说是世界社会学史上两个最活跃、影响也最大的学术团体。在大西洋两岸社会形态学和人文生态学并立发展的格局下,作为帕克、伯吉斯等人的第一批法国读者,哈布瓦赫正是以这样一种别样的方式向法国引介了芝加哥学派人文生态学的方法。托帕洛夫后来将哈布瓦赫访美期间的书信、从美国回国后发表的相关论文(除了《芝加哥:种族经验》外,还有两篇研究工人家庭预算问题的论文)及一篇演讲编辑成册,于2012年出版,名为《旅美信札》。① 致力于介绍芝加哥社会学派、写过《芝加哥的社会学传统(1892—1961)》(2001年)一书②的法国社会学家查普利(Chapoulie, 2013)写了一篇评论,名为《哈布瓦赫与芝加哥:错过的约会》,文中称哈布瓦赫此行是法国知识分子传统与美国城市民族志之间的会面,但两种不同理论之间却失之交臂,为此深感惋惜。原因在于哈布瓦赫没接触到帕克散见于不同文献的对种族关系的分析,以及对城市民族志的发展、自传的使用等成果,而且作为第一代社会学家难以与工人阶级直接接触,过于依赖统计学,这与新闻记者出身的帕克形成鲜明对照。如果说查普利的评论还算委婉,大洋彼岸的美国社会学家、第二代芝加哥学派代表霍华德·贝克尔

---

① 参见 Halbwachs, Maurice. (2012). *Écrits d'Amérique*. par Christian Topalov. Paris: Éditions de l'EHESS。部分信札见于 Topalov, Christian. (2005). "Un savant voyage: les 'Lettres des États-Unis' de Maurice Halbwachs (septembre-décembre 1930)". *Genèses*, 58: 131-150,可从如下地址获得: https://www.cairn.info/revue-geneses-2005-1-page-132.htm; https://www.cairn.info/revue-geneses-2005-2-page-131.htm。此外,还有一个类似的西班牙语文献: Halbwachs, Maurice. (2008). *Chicago. Morfologia sociale e migrazioni*. a cura di *Maurizio Bergamaschi*. Roma: Armando Editore。

② 英文版参见 Chapoulie, Jean-Michel. (2020). *Chicago Sociology*. Caroline Wazer (trans.). New York: Columbia University Press。

(Becker,2012)的评论就不那么客气了。针对《旅美信札》,他也写了篇题为《不做田野的艺术》的评论,定性哈布瓦赫与芝加哥学派的这次遭遇是"失败"的。这位美国社会学家对那个时期摇椅上的社会学或人类学家不亲自做田野调查、深入各类群体生活的做法同样也感到惊奇。①

---

① 实际上,在马林诺夫斯基首倡并力行系统的人类学田野工作之前,欧洲传统中的科学研究基本上就是这样的风格,探险者、殖民官员、外交使团、旅行者等非专业人员负责搜集材料,社会学家、人类学家等专业人士负责组织、分类、比较这些材料并形成一般化的理论表述,涂尔干学派也不例外。杨堃、张雪慧(1997)在《法国社会学派民族学史略》(1981年)一文中介绍说,涂尔干本人并没有做过任何民族学调查,他一再力主把社会学搞成一种纯理论的学科,不要与实践应用相关。莫斯知识面广,对语言学、考古学、宗教学都有研究,懂得十几种语言,但他也未曾亲自到初民部落考察过。葛兰言虽然曾两次到中国,前后住过两年多的时间,但他的大多数著作是根据史料与档案、通过各种社会文物制度的比较研究而写成的。不过莫斯本人虽然是个书斋学者,但他却注意培养学生参加实地考察。"他虽说利用别人的资料却能绝不为别人的成见所蔽,反会指出别人的错误以显出他自家的解释之高明。有时,他还能在批评时给别人指出一个新的方向因而更能促成新的研究与发现。"(杨堃,1991a)正如虽然未做实地考察,但通过对库拉涉及的各项礼物关系的分析,莫斯将库拉作为一种"竞争性的总体呈献体系",指出马林诺夫斯基没有意识到的问题(莫斯,2002:54)。20世纪40年代中期以后,法国社会学的传统已让位给经验主义的研究方法(杨堃、张雪慧,1997)。在这一方面,莫斯和哈布瓦赫被认为是法国社会学通向经验主义的关键人物,这不能不说与他们共同对社会形态学的发展有关。在《礼物》英译本导言中,埃文斯-普里查德(2002:219)称,莫斯的分析远比涂尔干更具经验色彩:"正是因为有了莫斯,法国社会学才最终达到了它的经验阶段。"对哈布瓦赫来说,其贡献除了他开始自己有关圣地集体记忆的经验性研究之外,从后续学术影响来看,他对芝加哥学派人文生态学的介绍和对芝加哥城市的再分析案例也属于其中一部分。

虽然相关评论已是在哈布瓦赫芝加哥之旅80多年后,但还是能从中看到当时美法社会学传统存在的隔阂以及遗留下来的影响。当然,相比于哈布瓦赫访问芝加哥的20世纪30年代,二战后大西洋两岸的社会学融合的趋势开始变得明显。1947年沃斯的作品被翻译为法文。1979年,格拉夫梅耶与约瑟夫在法国出版《芝加哥学派:城市生态学的诞生》①,翻译引进了芝加哥学派人文生态学几篇重要的文章,书中还收录了哈布瓦赫1933年的《芝加哥:种族经验》和齐美尔写于1903年的《大城市与精神生活》②。

从后来的发展看,由于延续了将物质空间环境、社会结构特征等归为社会形态学的传统,社会形态学概念在人类学中仍然保持较高的出现频率,甚至在不少学术作品中保留了整体的建制。比如,深受莫斯、葛兰言影响的列维-斯特劳斯(2006a:310—311)的《结构人类学》中有一节讨论了"社会形态学或群体结构"问题。他强调,在空间配置与社会结构之间只存在某种可能模糊的关系,

---

① Grafmeyer, Yves, and Isaac Joseph (eds.). (1979). *L'école de Chicago. Naissance de l'écologie urbaine*. Paris: Champ Urbain.
② 沃斯对齐美尔赞誉有加,在所列的"城市社区研究书目"中,称齐美尔的这篇文章是"城市社会学研究中最重要的一篇文章"(帕克等,2016:276)。实际上沃思的《作为一种生活方式的都市生活》一文中,处处可见齐美尔的影子。

村落平面图不一定反映真正的社会结构,而是存在于当地人意识里的虚幻的模型。这与哈布瓦赫描述的宗教群体为了保证神话的统一性,在圣地地形上大做文章逻辑一致(Halbwachs,1941;哈布瓦赫,2002)。

相比之下,在当代社会学文献中,社会形态学已不是一个高频词汇。这应该是与以美式量化分析为主流的方法范式偏好有关,尤其是人口学变成一门严重依赖数量模型的专门学科,而且社会形态学包含不同学科的综合角度在当前专门化的学科建制下已经被肢解,散落到诸多学科或具体分支领域之中。当然,如果把涂尔干早期著作连同晚期作品中的部分成分看作社会形态学解释,谁敢说自己的社会研究中完全没有受到过涂尔干学派理论的影响呢?因此,要广泛地总结社会形态学的影响几乎不可能。出于实际考虑,这里先简单就典型运用哈布瓦赫相关研究或涂尔干学派社会形态学的研究举几个例子。

哈布瓦赫的社会形态学对城市研究影响深远,尤其在法国更为突出。某种意义上,城市社会学中后来空间政治经济学的兴起,其对芝加哥人文生态学的批评,恰恰是哈布瓦赫早已指出的问题所在,或者社会形态学所主张的那些方面。新城市社会学代表人物卡斯特对芝加哥人文生态学派批评的理论资源来自欧洲大陆,深受阿尔都塞(Louis Althusser)的影响,有法国求学和任教的经历。卡斯特认为城市空间是社会结构的表现,而社会结构由经济、政治和意识形态系统等组成(Castells, 1977)。他批评沃思在城市空间与城市性之间制造了一种"伪相关",指出所谓"城市生活方式"并非由城市环境所塑造,而是更广泛的经济与社会结构的反映。这与涂尔干学派社会形态学在某些方面立场相当接近。此外,他还引介了经典社会学家包括涂尔干的理论,同时也介绍了法国社会学对城市社会学的贡献(Castells, 1976a; 1976b)。在卡斯特的空间政治经济学理论中,虽然并未直接从涂尔干、哈布瓦赫的社会形态学脉络上展开论述,但社会形态学的概念多次出现。卡斯特在《网络社会的兴起》一书中,若干次用到社会形态学概念,比如称网络构成我们社会的"新的社会形态(social morphology)",网络社会的特征在于"社会形态胜于社会行动的优越性"(Castells, 2000:500)。

另一位空间社会理论代表人物列斐伏尔与哈布瓦赫有一定的渊源关系。根据斯坦内克(Stanek, 2011:5-7)所述,列斐伏尔1943—1946年德据时期曾在巴黎当局为失业知识分子设立的某个知识工作所(chantiers intellectuelles)就职,从事有关物质与人文地理学和经济社会史的研究,每月提交一些档案研究报告。当时他就在哈布瓦赫的指导之下,将这个研究转成学位论文。战后,1948年列斐伏尔进入社会研究中心(Centre d'etudes sociologiques,CES),并于1954年在巴黎大学(Sorbonne)获得博士学位。其博士论文改由古尔维奇(Georges Gurvitch)指导,因为最初安排的导师哈布瓦赫已于1945年惨死在纳粹集中营中。这一段时期,也正是列斐伏尔从有关坎潘谷(Campan Valley)的农村研究转向城市研究的关键阶段。正如斯坦内克(Stanek,2011:16)指出的,当列斐伏尔通过有关农村地租的研究检讨土地经济与社会关系的问题时,下一步便是放弃像在法国农村史、人文地理学等学科中运用的领土或环境的概念,通过深化对社会空间的讨论发展出空间的社会生产概念,而前者正是由哈布瓦赫为了回应涂尔干和莫斯而提出来的。后来列斐伏尔在其最著名的《空间的生产》一书中,虽然没有提涂尔干或哈布瓦赫的名字,但也是多次用到了社会形态学的概念,称空间不只是"框架",也不是中性的形式或被动的容器,"空间是社会形态(social morphology)"(Lefebvre,1991:93-94)。

战后法国城市社会学的代表人物、规划专家雄巴德劳维(Chombart de Lauwe)也是社会研究中心的重要成员,其知识背景中哈布瓦赫、莫斯占据重要位置。他是哈布瓦赫的学生,也曾在莫斯和格里奥列(Marcel Griaule)

的指导下进行民族研究（Marcel,1999；Newsome,2008）。雄巴德劳维深受哈布瓦赫关于巴黎工人阶级研究和社会形态学的影响，同时也读过他对芝加哥学派的介绍，对人文生态学印象深刻。雄巴德劳维采纳芝加哥学派的研究方法，使用调查、访谈、参与观察、航拍照片等多种方法，对巴黎开展经验调查，分析了巴黎工人阶级需求、空间与社会组织结构等主题（参见 Newsome,2008；Cupers,2016）。他确认了哈布瓦赫指出的人们的需求并非固定而是随着经济周期而变、空间结构受到集体表现的决定等观点，也发现了与芝加哥的空间模式和动力机制相同或差异之处。尽管雄巴德劳维在许多方面不同于帕克和伯吉斯，从哈布瓦赫城市形态学吸收的东西和芝加哥学派人文生态学一样多，但当时人们认定他是芝加哥学派的法国代表。他本人拒绝这个标签，称自己也不属于单一的学派，而是寻求第三条道路（Newsome,2009：122）。穆思尔（Musil,2004：273）在《城市社会学50年》一文中，称雄巴德劳维关于巴黎聚居区的研究是将社会形态学与人文生态学相结合的最好的示例。勃朗（Maurice Blanc）则认为，所有现在的法国城市社会学，作为一项事业都是由雄巴德劳维结合哈布瓦赫社会形态学和芝加哥学派开创的（转引自 Palomares,2013）。

阿尔多·罗西（Aldo Rossi）是意大利理性主义建筑运

动的代表人物。在他著名的《城市建筑学》(罗西,2006)一书中,除了根据哈布瓦赫(译为阿尔布瓦什)集体记忆理论将城市视为集体记忆的场所,认为想象力和集体记忆是城市建筑物的典型特征,也对哈布瓦赫社会形态学进行了借鉴,提到了哈布瓦赫有关巴黎土地征用、工人阶级需求等不同的作品,由此解释霍斯曼(Georges-Eugène Haussmann)巴黎改造、城墙规划等历史事件对城市结构和建筑形态的影响。哈布瓦赫的《社会形态学》几乎成了《城市建筑学》的理论模本。作者从建筑与规划师的实践角度出发,对哈布瓦赫推崇备至,称"在基于这些前提之上的城市研究中,几乎没有一个能像他的研究那样,具有如此的严密性……具有明晰性并且与城市现实相对应……可以为人们理解城市构成体的性质提供有价值的见解"(罗西,2006:141)。《城市建筑学》中的一些说法,比如"城市演变体现了复杂的社会秩序"(罗西,2006:144)、"某种反映集体需要的意识一旦成形并明确表现出来,整体作用就可能发生"(罗西,2006:143)等,属于典型的哈布瓦赫式表述。

在《巴黎社会学》(*Sociologie de paris*)中,潘松夫妇(Pinçon and Pinçon-Charlot)继承哈布瓦赫的社会形态学经典传统,并融合了新马克思主义空间政治经济学以及芝加哥人文生态学,对巴黎的城市空间进行分析(参见杨辰,2014)。地理学家隆卡洛受哈布瓦赫社会形态学的启发,对马赛的城市结构起源和霍斯曼巴黎改造进行了研究。他加入时间维度,注意到作为开放系统,城市的各个方面并不同步(参见 Borsay, Mohrmann, Hirschfelder, 2000:154; Brun, Fijalkow, 2019)。此外,社会形态学将物质性作为社会功能性的表达,城市空间是社会在空间中的表达,这种观点在法国和欧洲仍然统治着地理学界,甚至在考古学中也非常流行①,以至于戈蒂埃(Gauthiez, 2020:3)在其著作中疾呼,是时候把社会形态学搁置一边了。在当代社会学及相关学科的"空间转向"中,哈布瓦赫的社会形态学及记忆-空间分析也是重要渊源(Beaubreuil, 2011)。实际中大量带有或不带文化色彩的城市研究作品只利用了哈布瓦赫的集体记忆理论讨论城市记忆、空间认同之类的问题,却不知存在可能与之更相关的社会形态学。

在相反的方向上,1938 年《社会形态学》法文版出版(1946 年再版)的时候,引起美国人口学家汤普森的关注,他写了篇短评,发在《美国社会学评论》(*American Sociological Review*, *ASR*)上,介绍说哈布瓦赫以简洁清晰的风格表达了复杂的理念,如果能接触一下的话有助于那些不读法文的人更好地理解人口研究(Thompson,

---

① 当然,哈布瓦赫在历史考古学中的影响,更主要地体现在集体记忆理论方面(参见 Van Dyke, 2019)。

1938)。不过这部著作当时在美国影响不大,用英文版译者邓肯和普福茨(Duncan, Pfautz, 1960)的话说,在美国并没有被广泛阅读。直到 1960 年也就是哈布瓦赫去世 15 年后,汤普森委婉表达的翻译提议才由邓肯和普福茨实现。译者之中的邓肯是美国著名社会学家,以对职业结构的量化研究著称,也研究城乡社区和人口问题,博士毕业于芝加哥大学社会学系并长期在那里任教(1951—1962 年),致力于改造和拓展人文生态学研究。另一位译者普福茨也是博士毕业于芝大社会学系。《社会形态学》英文版标题被改为《人口与社会:社会形态学导论》,足见美国社会学界对此书的定位。① 英文版出版后,《社会力量》(*Social Force*)(1961 年)、《科学与社会》(*Science & Society*)(1962 年)、《美国社会学杂志》(1963 年)等英语世界社会学主流期刊陆续发表了此书的书讯。两位英文版的译者在译序中强调,哈布瓦赫以及布斯(Charles Booth)独立发现了城市分布和扩张的规律,《社会形态学》英文版的出版就是美国人文生态学和法国社会形态学两个传统存在联系的明确证据,尽管帕克仅是在只言片语中提及人文生态学与涂尔干学派的关系(Duncan, Pfautz, 1960:7-30)。

---

① 学界也有人以哈布瓦赫的社会形态学来论证人口学与社会学的关系(Nam,1982;Stoetzel,2006)。

邓肯和普福茨此处所指的应该是帕克(Park,1926)在《作为空间模式和道德秩序的城市社区》一文首页提到的人文生态学的首要问题就是"涂尔干及其学派称之为社会形态学方面的那些东西"。这是目前所见文献中唯一一处芝加哥学派明确论及人文生态学与社会形态学关系的文章。另外一处地方,在《社会学、社区与社会》一文(1929年)中,帕克(Park,1952)依据《社会学年鉴》上的文章,只是提到了涂尔干学派在社会形态学名目下将人口研究置于社会学的突出位置。实际上,尽管在帕克和伯吉斯1921年编著的有"绿色圣经"之称的标准教材读本《社会学科学引论》(Park, Burgess,1933)中,以《集体表现与智识生活》和《劳动分工与社会团结》为题收录了涂尔干《宗教生活的基本形式》和《社会分工论》中的章节片段,但其中并未提到社会形态学概念。在作为芝加哥学派宣言书的《城市》全书中,甚至在沃斯所列长长的"城市社区研究书目"(帕克等,2016:182—289)中,作者们对涂尔干理论甚至名字都只字未提。这也难怪哈布瓦赫在芝加哥看了《城市》之后会有抱怨。

整体来看,在美式城市社会学的教材和研究文献中,从理论渊源上说芝加哥学派人文生态学占据主导位置,一般很难见到涂尔干学派社会形态学的有关介绍,甚至在新城市社会学兴起、芝加哥人文生态学走向衰落之后也是如此。在《社会形态学》英译本序言中,两位译者提到,当有人(Schnore,1958)指出社会形态学和人文生态学两个传统存在相似性,对当代社会学发展有一样的意义的时候,社会形态学当时吸引了美国人文生态学学生的特殊兴趣。两位译者称,"许多专题研究"将社会形态学应用于人口学研究,他们在书后推荐文献中列举了两本当时较新的著作(Duncan,Pfautz,1960:204)。其中一本,邓肯也是作者之一,他在序言中提到了哈布瓦赫的社会形态学,与人文生态学并置,共同作为学科基础。另一本是基于美国人口普查对人口结构各个方面的介绍,不过正文并未明确提到哈布瓦赫或社会形态学。[①] 其实这种情况实际上更为普遍。

致力于提出新正统生态学的邓肯、施诺雷也正是向英语世界推介社会形态学的学者。当这些新一代学者们试图反驳并修正芝加哥学派片面偏向生物性看法、改造古典人文生态学、提升其理论化程度时,大洋彼岸的社会形态学提供了有力的工具。施诺雷进一步肯定了人文生态学和社会形态学之间的渊源关系。他认为人文生态学

---

① 参见 Duncan, Otis. and Albert Reiss. (1956). *Social Characteristics of Urban and Rural Communities*, 1950. New York: John Wiley & Sons; Taeuber, Conrad. and Iren Taeuber. (1958). *The Changing Population of the United States, 1790 to 1955*. New York: John Wiley & Sons。

不是伯吉斯所讲属于社会学的边缘、附属甚至独立于社会学的学科，而是作为在他看来的宏观社会学而出现的代表一种处理社会学核心问题的努力。为此他给出的首要理由，就是认为涂尔干提出的社会形态学是人文生态学的法定祖先，前者要比将一些基本生物学概念应用于社会现象的简单尝试复杂。涂尔干学派对人文生态学自其起源就有影响，从涂尔干的思想到现代人文生态学的脉络是清楚的，其分析模式与人文生态学也高度相似。人文生态学处理的就是涂尔干社会形态学的问题，只不过人文生态学家讨论的是社区结构，而不是涂尔干那样停留在宽泛的社会层面（Schnore, 1958；1961），不过这一点恰恰是二者的关键区别。

进一步，邓肯、施诺雷等（Duncan, Schnore, Rossi, 1959；Duncan, 1959）1959年提出，将人口、环境、技术和组织四个要素纳入人文生态框架，称为"生态复合体"（ecological complex）。生态复合体的范围可大可小，大到全球，小到社区。这超出了霍利（Amos Hawley）力图将人文生态学建构成为一种"社区结构理论"的意图①，

---

① 正如桑德斯（2018：65）指出的，从邓肯的研究中可以清楚地看出，生态学视角在城市问题中的应用存在问题。霍利认为社区是一个缩影，可作为最小的不可再分割的生态学单元进行研究。邓肯令人信服地反对这一观点，指出生态综合体的四个元素之间相互依赖的范围远远超出了社区，到达了"超地方性"。

而与社会形态学对复杂性的强调一致。按照邓肯的解读,帕克和早期人文生态学者否认建立理论的意图。因此,当城市研究进入常规阶段,生态学充其量只是一个次要的理论角色,实际上只被当作一门分析城市空间分布的基本应用技术(Duncan, 1959)。在方法方面,邓肯(Duncan, Duncan, 1955a;1955b)将生态学方法与分层研究结合起来,从空间分布角度对职业、阶层分化进行分析,并创制了测量隔离用的指数。这也符合哈布瓦赫当年评价芝加哥社会学派研究的文章的基本思路。后期在脱离人文生态学、转向基于个体调查的职业结构与社会分层问题研究之前,邓肯也进行过城市结构的研究(参见Winsborough, Lieberson, 2007)。在此方面,哈布瓦赫与邓肯等人确有许多共同语言,比如对城市、阶层和职业的强调,不仅是都做统计分析。邓肯早期有关人文生态学的研究就集中于人口与社会的问题(Duncan, 1959),他参与翻译《社会形态学》尽管表面上看也可归结为他对哈布瓦赫人口研究的兴趣,但深层次应该是他改造和拓展古典人文生态学努力的一部分。[1]

邓肯等人是为数不多的明确宣称社会形态学作为自

---

[1] 按温斯伯勒和利伯森(Winsborough, Lieberson, 2007)的说法,"追寻涂尔干学派根源,或者也许是人文生态学在法国传统中平行发展的版本,邓肯和普福茨承担了哈尔布瓦赫《社会形态学》的翻译工作"。

己研究理论基础的美国主流社会学家,虽然从英语学界整体来看,邓肯和普福茨苦心译介的《社会形态学》英文版也影响甚微。① 不过晚近倒是有个为数不多的例外。比如出生于芝加哥的克里纳伯格(Klinenberg, 2015)在其出色的研究《热浪:芝加哥灾难的社会剖析》中,开始切入问题时对不同社区的死亡率、种族构成、老年人口比例以及温度等指标的分析,就带有明显的社会形态学特征。作者将城市视为一个复杂系统,认为这场灾难事件整合并激活了一套广泛的社会制度,创造出一系列反映城市内部运转状况的社会过程,构成莫斯所谓"总体性社会事实"的典型案例(Klinenberg, 2015:32)。在具体分析中,作者称自己综合运用了人文生态学和社会形态学的思路,对两个社区进行了比较,发现二者在生态特征上不同,在社会形态学上也存在差异。城区不仅可以通过当地居民的特征来区别,而且可以在社会、自然环境的结构上来寻找不同。"北朗代尔的社会形态削弱了这个地区集体生活的基础,而在小村,繁忙的街道、密集的人流、毗邻而居的家户以及兴盛的商业,这些物质基质强化了当

---

① 实事求是地说,在实证取向尤其是量化方法占主导地位的英语学界,该书影响不大。截至2020年8月31日,谷歌学术频道引用次数只有56次。哈布瓦赫发表于 *AJS* 上的那篇文章引用量也只有61次。相比之下,《论集体记忆》(英文版)引用量达12 424次。

地居民的公共活动和非正式社会支持。"(Klinenberg, 2015:109)在对其他地区的观察中,作者也发现了"在高温导致大量死亡的地区生态衰落的形式,以及有着更好存活率的地方相对坚固的社会形态"(Klinenberg, 2015:125)。① 周雪光(2006)在评论中敏锐地捕捉到该研究与涂尔干学派研究方法上的关联,认为这一研究直接承续涂尔干《自杀论》的经典分析路径,也就是社会事实应该从社会群体层次进行研究解释这一社会学基本思路。这方面《热浪》可以说是一个社会形态学和人文生态学相结合的典范。事实表明,当注重理论解释的社会形态学和长于实地研究的人文生态学相结合,并以一种深入剖析社会机制的经验方式呈现时,其解释力是异常强大的。

---

① 虽然引用了莫斯有关因纽特人的形态学研究,作者也强调了社会形态学的思路,但作者应该没看过哈布瓦赫的社会形态学分析。比如文中提到"高死亡率水平地区也有显著的构成与生态特点。……这个分析增加了几个与地方有关的风险因素,其中一些因素,比如公共空间的质量、街道水平、商业活动的繁荣以及支持网络和机构的集中度,事关区域的社会形态;另外一些因素,像居民的流失、老人独居的盛行,事关人口总体水平的条件"(Klinenberg, 2015:127)。作者显然把区域人口指标作为另外的因素,似乎隐含着作为生态因素的取向。而按哈布瓦赫的界定,人口指标属于典型的狭义社会形态学范畴,商业水平、机构密度等则在广义的社会形态学范围内。另外,书中运用的核心概念之一"社会疏离"在哈布瓦赫的自杀研究中也提到过。

(三)社会形态学在中国

深受人文生态学和功能主义人类学影响的中国社区研究传统一定程度上也与涂尔干学派社会形态学存在渊源关系。1925年、1935年,商务印书馆先后出版了涂尔干的《社会学方法论》与《社会分工论》,在当时影响广泛。陈坚节翻译了哈布瓦赫(译为阿尔布瓦什)阐释涂尔干《宗教生活的基本形式》的通俗小册子《宗教感情的起源》,改名为《信仰心理》,由商务印书馆于1945年出版。30年代,从美国留学归国的燕京大学社会学系主任吴文藻为了推动"社会学中国化",先后邀请帕克、拉德克利夫-布朗来华讲学。按照吴文藻(2010a)的理解,从社会思想史角度来看,人文生态学并不是一种新学问,可追溯至孟德斯鸠、涂尔干、霍布斯等人的社会形态学。从芝加哥大学和密歇根大学社会学系留学归国的赵承信(2002)在《社会调查与社区研究》(1936年)中也指出,人文生态学的成立大部分仍是得力于一般社会学家的努力和当时社会学思潮的动向的,其中包括涂尔干及其门人的社会形态学。人文区位学的"自然区域的丛合体"(constellation of natural areas)即是涂尔干派社会形态学的一部分。然而非常明显,从学科史的角度来看,社会学燕京学派所倡导的作为社会学中国化之路径更多的是沿着人文生态学和功能主义人类学的英美传统方向,而非涂尔干学派的社会形态学,尤其在方法方面,对涂尔干学派基本持排斥的态度。

不过,有关中国主题的社会形态学研究,第三代社会学年鉴学派代表人物葛兰言倒是出版了一系列经典著作,包括《古代中国的节庆与歌谣》《古代中国的舞蹈与传说》《中国人的宗教》《中国的文明》等。其中《古代中国的节庆与歌谣》(1919年)译为英、日文后,引起中国学者的关注。在这部著作中,通过对《诗经》程式化套语运用等形式及内容的分析,葛兰言认为这种最早的中国文学形式具有集体性特征,来自仪式活动神圣的集体情感。葛兰言由此考证了阴阳、天人合一等观念的社会起源,并结合其他一些文献描述了随着人口聚居、城市形成等社会形态学的变化,上古民间习俗向封建贵族仪礼的演变过程。他指出,"在中国人的思维中,那些制约着世界进程的原则都起源于社会的结构,或者说得更确切一些,起源于这种结构的表现,而这种表现是由古代节庆的行为提供的"(葛兰言,2005:199)。整体来看,这部著作的本意在于以涂尔干式的社会形态学,从古代中国的仪式、歌谣中探究中国人宇宙观与社会形态及行为逻辑的对应关系(杨堃,1991b;赵丙祥,2005;杨渝东,2020)。这一思路也体现在《古代中国的舞蹈与传说》(1926年)中。面对残缺、多样的文献,葛兰言称,"让这些被歪曲的传说接受社会学的分析就够了……它们来源于祭祀仪式和宗教舞蹈的编造……我们可以猜测诸侯国成立的社会、技术和人种学条件"(Granet, 1926:1)。在《中国人的思维》(1929年)中,葛兰言明确指出,"中国人的思维似乎完全被秩序、整体和节奏的联合思维所控制……中国人赋予范畴功能的观念,根本上取决于他们社会组织所依据的原则:它们代表了中国思想的一种制度背景,对它们的分析(例如我们将看到的时间、空间乃至数的观念)与社会形态学的研究融为一体"(Granet, 1934:17-18)。这典型体现着正统涂尔干学派社会形态学的立场。

哈布瓦赫的《信仰心理》虽未见什么波澜,但葛兰言的作品当时在国内引起正反两个方面较大的反响,毁誉褒贬参半。① 批评多来自史学和国学界,以兼通体质人类学、考古学等多领域的地质学家、近代史上著名的科学主义者丁文江最为激烈。1931年,丁文江发表对葛兰言《中国文明》一书的评论,在指出了一系列事实错误之后,

---

① 哈布瓦赫本人与中国的渊源关系是通过葛兰言体现的。哈布瓦赫1926年曾撰写书评(Halbwachs, 1926),高度评价葛兰言《古代中国的舞蹈和传说》,称基于缺乏时间刻度、匮乏的材料难以重建整体,但问题还是得到深入探讨,"这些掩盖、取代或歪曲历史事实的主题和规则(或葛兰言所说的模式)本身就是非常有趣的事实"。葛兰言一方面发挥"不受逻辑限制、超越口头理性主义"的想象力,一方面运用"严格的、批判的、超批判的"方法,"以似乎矛盾的品质完成了一个无限微妙的任务"。

不无挖苦地说:葛兰言是一个很有事业心的人,听说他还要写有关中国的两本书,"能不能拜托这两本书多点儿科学成果,少点儿武断的概化(dogmatic generalisation)?"(丁文江,2008)①社会学、人类学界的许烺光、李安宅等也持批评态度(参见李孝迁,2010;桑兵,1999:6—15)。针对《古代中国的节庆与歌谣》,李安宅在发表于《美国民俗学杂志》的评论中指出,葛兰言"更钟情于社会学理论,而不是事实。……是用科学术语伪装的理论预设"(Li,1938)。吴文藻对葛兰言的研究风格显然也不认同。1935年拉德克利夫-布朗来华讲学时,吴文藻(2010b)介绍布朗的文章的一处注释里说:"布朗教授对于中国传统文明,富有同情的了解……近来他很关心阅看法国葛兰言研究中国古代文明和思想的著作,因为葛氏是应用杜尔干派的社会学方法以考察中国古代社会的第一人。不过葛氏大都是根据历史文献,来作比较研究,其方法尚欠谨严。"②布朗原本属于涂尔干主义社会人类学家,但吴

---

① 参见 Ting, V. K. (1931). "Prof. Granet's 'La civilisation chinoise'". *Chinese Social and Political Science Review* (Peiping), 15(2): 265-290,收于丁文江(2008)。

② 显然批评者执念的所谓事实,正如杨堃所讲,实际上是对涂尔干学派社会事实概念的误解。在《古代中国的舞蹈与传说》中,葛兰言明确指出,"我们只能在条件很差的文献中收集一些定型的佚事……我们必须从不同年代、价值不等、历史不确定、出处不同、流派相反的作者那 (转下页)

文藻这么一定位,基本上也就堵住了布朗宣扬涂尔干学派主张的口子。所以布朗来华演讲主题是"对于中国乡村生活社会学调查的建议"(布朗,2002),提出建议称"在中国研究,最适宜于开始的单位是乡村"。布朗的演讲由吴文藻亲自捉刀编译,当时另外还选择了他的其他三篇相关作品翻译出版。

实际上,为推进社会学中国化选择相应理论资源时,吴文藻结合中国情况对西方学术思想进行了一番细致审慎的梳理,其中包括法国社会学。在《现代法国社会学》一文(1932年)中,孔德-涂尔干学派属于一脉。他承认涂尔干是法国正统派社会学的代表者,以及对于社会学学科的贡献,也提到涂尔干学派对社会学分支的划分中包括社会形态学,"有所谓社会形态学,专门分析社会团体的结构,乃是从人文地理学、人口学及历史学得到研究的资料"(吴文藻,2010c),并称年鉴学派社会

(接上页)里获取材料。如果为每一个事实、日期或地点寻求确定和准确的信息,那是徒劳无果的"(Granet,1926:40)。杨堃在为葛兰言作品辩护时说,葛兰言是用社会学分析法超越文字训诂而去分析社会事实。"若能从事实之观点下手,则一切真伪之争,就全成为多余。因为其书纵伪,然其作伪之态度总是真的。就从此态度中,就可看出许多意义来,就可透露出许多真的事实来。"另一中国弟子李璜(1933:108—109)译述葛兰言的《古代中国的节庆与歌谣》时也解释说:"这件故事未必存在,而用笔写这件事的人的心理是确定存在的。"也正如哈布瓦赫指出的,"集体记忆不同于历史"(Halbwachs,1941:188;哈布瓦赫,2002:381)。

重返整合的社会学　077

形态学"都用民族学上的比较法来研究民族的交通与文明的接触,虽其内容不免有牵强附会之处,要其观点在史学界实别开生面。这不能不归功于社会学家提倡科学方法之力"。不过,在脚注中又补充说,葛兰言的《中国文明》内容错误甚多,丁文江的批评"颇为精到"(吴文藻,2010c)。在《功能派社会人类学的由来与现状》一文(1935年)中,吴文藻评价涂尔干学派时称,"大都只根据史料与档案,来做各种社会文物制度的比较研究。例如,格拉纳的《中国文明》一书,即以这种方法写成,其缺点是很明显的"。显然,此处对于社会形态学的理解较为简单化,因之方法上不符合英美社会学的实证风格而遭舍弃。所以他介绍年鉴学派主要成员及代表作品,主要是布格莱和布留尔(Lucien Lévy-Bruhl),莫斯、葛兰言(译为格拉纳)和哈布瓦赫(译为赫尔巴赤)等则一笔带过。对于哈布瓦赫,介绍的是其利用统计学进行的自杀研究。整体上他也指出,涂尔干学派"在国外没有多大势力,便是在国内,如理性主义派、经济学家以及'道德家'都反对他们甚力。并且他们也不能概括了现代法国的社会学学派"。由于将涂尔干学派经典理论排斥在外,正如有评论(刘雪婷,2007)指出的,布朗虽然表层化了涂尔干,但依然保留了涂尔干社会概念中的整体性含义,而吴文藻则悬置了有关社会整体性或抽象性的问题,由人文生态学出发,将社会视为零散社区的集合。社区研究长期继承的是马林诺夫斯基式的割裂性研究。这一问题对于人文生态学对中国社区研究的影响而言则更为明显。

杨堃曾留法十年,1928年进入巴黎民族学研究所进修,师从葛兰言,也听过莫斯讲课,回国后不遗余力地推介涂尔干学派尤其是莫斯和葛兰言的思想。尽管不能确定杨堃在留法期间是否与哈布瓦赫有过直接的互动,但他肯定了解哈布瓦赫的作品。在《莫斯教授的社会学说与方法论》(杨堃,1991a;2003)一文中,虽然他解释说受篇幅所限不能展开论述,但多处提到过哈布瓦赫(译为韩瓦持),称对社会形态学有所贡献的包括西米昂、韩瓦持等四人,"特别是韩瓦持教授,从现在来看,他实是此派之中唯一的社会形态学专家"。杨堃介绍了涂尔干和莫斯对社会学进行的生理学和形态学分类。他看到这一点上莫斯完全照搬涂尔干而未详细发挥,但哈布瓦赫在《社会形态学》一书内已经解释得十分透彻。对于社会形态学的广义和狭义之分,他给予高度评价,称"这样的说法,显然是一方面仍系本着从涂尔干到莫斯之一贯的学说与精神,而另一方面却已使社会形态学另进入一个新的境界"。

在写于1943年的《葛兰言研究导论》中,杨堃除了对中国学界针对葛兰言的批评进行系统性的辩护外,也对吴文藻对功能学派、社区研究的倡导和实践称赞有加。他称燕京大学社会学系在吴文藻带领下成为"全国社会学建设运动的一个中心","将实验与理论打成一气,实验乃真成为理论的实验",并认为吴文藻的《中国社区研究计划的商榷》一文有很多地方与葛兰言的主张不谋而合(杨堃,1997b;1991c)。不过,在近代中国社会学界,杨堃以对同行客观、犀利的批评闻名(岳永逸,2018a)。在《莫斯教授的社会学学说与方法论》一文中,杨堃(1991a,2003)除了详细介绍社会形态学,也基于此立场,强调地理学、人口学和统计学等学科研究的人口政策、移民问题、优生问题,城乡关系、交通运输等现实重要问题,以及社会学中的都市社会学、乡村社会学、人文生态学、社区研究等"全是社会形态学的部分。全应该接受社会形态学的观点与方法,那才能由杂乱而系统化走上真正的科学途径"。如果说这里的批评还算含蓄,在其他地方则直接指名道姓了。比如在《社会形态学是什么?》一文中,他也以社会形态学的角度对英美留学背景的几位学者的相关研究进行了批评,以黄国璋编的《社会的地理基础》、吴景超的《都市社会学》、杨开道的《农村社会学》为例,他认为这些著作"或者仅是一些叙述的工作,或者仅是一些表面的或局部的说明,而未能站在社会形态学的立场,将此种社会的本体的真正的原因,一一告诉我们"(杨堃,1997a)。杨堃独特的风格也体现在学生培养方面,在燕京大学指导学生做关于礼俗与宗教的论文时,他虽然鼓励采用社区研究法,也对于拉德克利夫-布朗在燕京大学所做的演讲十分赞赏,但他不主张把学生严格限于一个社区之内,而是要采取一种历史的框架,一种"散在的眼光和笔法"(赵丙祥,2008)。

杨堃(1997a)甚至追本溯源,剑锋直指人文生态学,"余如在美国,有所谓'人类地位学'派者……认为一切人类行为及社会制度,均于无形中为地位(position)关系所限制。……殊不知根据法国现代社会学派之社会形态学的各种研究,即能充分证明,这些气候或地位之变迁,对于社会本体乃仅有一种机缘的和偶合的关系。其真正的原因,正与此种表面现象相反,实际上乃是社会的、宗教的"。杨堃概括出七个"专门的学科",包括社会生活之地理的基础、人口社会学、移民运动、都市社会学、乡村社会学、经济心理学和住宅社会学,可归为社会形态学。"故以上所指的七类,虽均属些特殊的学科而值得专门研究的,然而站在社会形态学的立场而言,它们就成了极其幼稚的学科,尚未达到成熟的时期。"结合前文所述,可以看到,杨堃对社会形态学的理解是基于涂尔干学派的整体,而不仅限于莫斯或葛兰言偏民族学、人类学的风格。由此也就可以理解，他对人文生态学的评价为什么与哈布瓦赫极其相似，而且其理解的社会形态学的领域与哈布瓦赫的社会学研究领域也十分接近。

量化的社会调查也是20世纪30年代中国社会学重要的分支领域，典型代表是具有留美背景的李景汉（2005）的《定县社会概况调查》（1933年）。杨堃（1991b）对这一著作的看法也极具代表性。首先他肯定了其对中国文化背景下被访者年龄相关礼俗知识的关注，称其为"中国社会学界数年来较好的收获""划时代的大著作"，但对其中未提有关理论家的著述深感遗憾。尤其是其中表格过多，占了七成篇幅，但未提供数据使用说明。书的附录"社会调查参考书目"中，除了小部分调查原理与方法书目，大部分所列英文书目与全书无关，而一些有关中国研究的书目却未出现。因此他更主张不能只用调查表格，而要使用广义的社会调查，也就是使用民族学方法的社会调查。这一点倒是与社区研究派站在一个立场上（参见朱浒、赵丽，2008；吕文浩，2008）。在后来的补记附言中，杨堃解释存在的分歧除了学科角度不同，还有重要的原因就是当时彼此都是自国外学成归来，不同的学派对学术观点的影响。显然他是站在法国人类学和涂尔干学派社会形态学的角度。①

令人遗憾的是,因为与英美主流社会科学和国内学术风格殊异,葛兰言的追随者寥寥(王铭铭,2010),虽然往往被当作汉学家,但除了民国时期的影响,国人知其名者不多,甚至经常被初闻者误与葛兰西(Antonio Gramsci)混淆。在本土社会学、民族学研究中,燕京学派的人文生态学和功能主义社区研究范式长期居于主导地位,相比之下葛兰言的中国主题研究长期受到误解和攻击,甚至被遗忘(李孝迁,2010)。与主流相比,除了民俗

---

① 尽管芝加哥社会学派和涂尔干学派彼此之间很少相互引用,但英国社会学家桑德斯(2018:38—66)在对人文生态学的相关评论中,毫不犹豫地将涂尔干和帕克的理论并置在一起讨论。他所依据文献主要是帕克《人类社区:城市与人文生态学》(Park,1952)的文集,其中在前述提到的两篇文章中出现过涂尔干的名字。然而在他看来,涂尔干是影响帕克的两大思想家之一,帕克从涂尔干那里发展出方法论框架,理论则来自达尔文。桑德斯对此的某些看法与哈布瓦赫有很大的一致性。他看到,帕克对社区和社会的区分,将人文生态学研究的对象定位于具体可见的社区,与涂尔干抽象的社会存在不同。由于在社区概念界定上,大部分尤其早期人文生态学家选择了保留其在实证主义方法中的基础,只对人类社区可观察的外部特征进行研究,拒绝对人类组织模式潜在决定性力量的理论化尝试,导致脱离了严格的理论框架,走向米尔斯(Wright Mills)所说的"抽象经验主义":城市人口统计分析仅仅积累了数字和趋势;文化形式的描述性研究只提供了一系列个别地区的案例研究,彼此之间无法比较。在桑德斯看来,"实际上它们不再能被称为'生态学',因为第一类已经瓦解为最具描述性的人口学,第二类则与文化人类学没有什么不同。"这几乎与杨堃对中国社区研究和调查传统的批评完全一致。也可以说明为什么中国社区研究传统中可以很容易地将人文生态学和人类学民族志结合在一起。

重返整合的社会学　083

学方面的一些影响,其弟子杨堃的学术经历基本上也属于边缘和异类(赵丙祥,2008;岳永逸,2018a)。燕大社会学的民俗学传统更多受到来自美国社会学家孙末楠(William Sumner)及帕克的影响(岳永逸,2018b),属于"社区民俗学"。由葛兰言作品及杨堃的遭遇,我们可以睹见社会形态学和人文生态学之间研究旨趣的分歧在中国情境中的具体展现,由此也就可以理解当时社会形态学为什么在中国以及其他地方相对缺少承继者和代表性研究,乃至很长时期内中国社会学实际上对涂尔干整体主义并非直接接受,而是以残缺或迂回的方式进行的。

当然,仅就社区研究来说,随着传统研究范式的批判性发展,包括利奇(Leach, 1982: 124-127)、弗里德曼(2017)等人的质疑①及费孝通等人(1985,1990,1996;费

---

① 在批评中国社区研究存在的问题之后,弗里德曼(2017)给出的建议是,从事中国研究要想有所突破,必须放弃以前的社区研究方法。研究者要掌握大量的数据,也要把握庞大复杂社会的特点和发展水平,加入一些与自己研究相关的反映整体社会的资料。所谓着眼于整体社会,实际上是在这个有限的意义上。为此,研究者要开阔自己的视野,同其他学者一道开展研究,自身需要具备历史学和社会学的知识,学习有助于研究复杂社会的社会学方法,尽管无论原始社会还是复杂社会都不可能对整体社会进行研究。实际上,弗里德曼正是葛兰言《中国人的宗教》英文版的译者,他还在此书中为葛兰言撰写了一个详细的介绍作为导言(Freedman, 1975),称他是一位"社会学家"(相对于惯常人们所称的"汉学家"或"历史学家",此书乃天才之作)。在另一篇题为《论中国宗教的社会学研究》(弗里德曼,2014)的重要文章中,也对葛兰言的研究方法赞誉有加,称葛兰言的研究"为那些对中国本身不感兴趣的社会学者都提供了模型"。

孝通、张之毅，2006）的回应和反思，尤其是中国大陆社会学恢复与重建以来，国内也涌现出不少观照总体性、跨越社区边界、关注村庄与国家关系，强调历史维度和事件过程、立足本土实践的优秀作品。虽然未见冠以社会形态学的名目，但在某些方面的思路和原则上是相通的。在一定程度上，这大概也算作社会形态学和人文生态学跨越一个世纪之后在中国情境中的合流吧。

四、社会形态学的遗产

（一）社会形态学与集体记忆研究

作为结语部分，这里强调两点。其一是如何理解哈布瓦赫的社会形态学和集体记忆研究的关系。一战令涂尔干学派遭受重创，涂尔干本人也于1917年去世。作为战后涂尔干学派的重要成员，除了社会形态学，哈布瓦赫的研究视野中增加了集体记忆的研究，开创了集体记忆研究的先河。不过，哈布瓦赫研究重点转向并没有涂尔干那么明显，这一点不单从理论主张的具体内容，仅从相关著作的出版时间交错参差即可看出来。社会形态学和集体记忆研究并行的关系本身就能表明在哈布瓦赫那里这两个领域实际上逻辑一致的关系。

有关集体记忆研究,在科瑟为《论集体记忆》英文版①撰写的导论中有详细介绍,然而尽管细致,但科瑟在介绍理论影响时对记忆的现在中心观(presentist)②或施瓦茨(Barry Schwartz)那里强调的历史连续性问题着墨过多,实际上有些跑偏。相比之下,国内学者刘亚秋(2016;2017)对哈布瓦赫集体记忆二重性的理论评析抓住了问题的要害。当年翻译《论集体记忆》的时候,就对其中"意象"与"观念"两个概念的反复出现深刻印象。用《福音书中圣地的传奇地形学》(1941年)中的说法,集体记忆"一方面是物质现实,一幅图像、一座纪念碑或空间中的一处地点;另一方面,又是一个符号,即在一个群体的头脑中附着并叠加于这个现实之上的精神意义"(Halbwachs,1941:164;哈布

---

① 科瑟在《论集体记忆》英文版(哈布瓦赫,2002)中,选译了《记忆的社会框架》(Halbwachs, Maurice. [1925]. *Les cadres sociaux de la mémoire*. Paris: Librairie Félix Alcan)的主体部分和《福音书中圣地的传奇地形学:集体记忆研究》(Halbwachs,1941)的结论部分。后者是哈布瓦赫去世前出版的最后一本著作,为此他曾于1927年和1939年两次赴巴勒斯坦进行实地考察,并与考古学家对话。1971年、2008年该书再版。这部著作被认为是"经验性"的社会科学著作,影响甚大。但也招致不少人尤其是历史、考古学家的批评(晚近如Iogna-Prat,2011),包括材料真实性、历史扁平化等问题。在这一点上,与涂尔干的《宗教生活的基本形式》、葛兰言的《古代中国的节庆与歌谣》的遭遇有类似性,批评者的理由角度也基本一致。三者主题和方法均相近,带有典型的涂尔干学派色彩。
② 也就是哈布瓦赫强调的"集体记忆本质上是对过去的重建,它使古代事实的形象适应了现在的信仰和精神需求"(Halbwachs,1941:9)。

瓦赫,2002:335)。二者分别代表了具体化的个体意像与主导性的集体观念,在一定的社会框架下,体现的是一种二重性,而不是二元化。正如哈布瓦赫所强调的,"符号性反思的结果使这些地方与物质环境相脱离,而将它们与群体信仰联系起来,而且只是那些信仰"(Halbwachs, 1941:165;哈布瓦赫,2002:336)。正如巴斯蒂德(Bastide, 1970)指出的,《福音书中圣地的传奇地形学》的重要性在于,"让我们从生态过渡到象征,从作为实物的地方空间过渡到作为集体意象的结构或整合系统"。这才是理解哈布瓦赫集体记忆理论的关键或者说出发点。①现在中心观以及进一步所谓历史连续性其实是在此基础上的衍生问题。

与涂尔干有所不同,哈布瓦赫学术研究的转变从外部来看似乎更多体现在方法上。马塞尔(Marcel, 1999)指出,在《自杀的致因》之后,哈布瓦赫转向记忆社会学,他的著作分为两部分:一方面是关于集体心理学的著作,其中没有一个数字出现;另一方面,则是专门使用统计的文本。实际上可以看到,在广义和狭义社会形态学之间,

---

① 在《社会形态学》中,这种关系仍然是把握哈布瓦赫理论的关键。比如,"如果我们不从空间上想象生灵的存在,不考虑家庭成员的数量,我们怎能对诸如父权、嫡亲、父系关系、母系关系等形成概念呢?……当一个人出现在舞台上,我们所看到的是:她是一个女性、她的特征和身形,但我们只能通过她的动作和声音体会她对费德尔的嫉妒和爱慕之情"(331)。

也存在这样的方法上的差异,乃至于马塞尔称之为"智识上的双重人格"。布瑞安和杰森(Brian,Jaisson,2007:129)也认为,哈布瓦赫的研究分为有关阶级和城市的社会形态学以及社会心理和集体记忆的研究两个看似无关的部分。他/她们觉得从这个角度来看,《社会形态学》是一本非常令人诧异的书。实际上这种情况也仅仅是就方法而言,在理论上并不存在这样的分裂。也有学者(Clark,1973:231)惊讶于哈布瓦赫作为一个对社会心理学和量化方法感兴趣的人却没有真正将两者结合起来。哈布瓦赫一方面兴趣广泛,理论功底深厚,另一方面掌握的方法也多样化,他应该不会没有思考过这些问题。为了充分展现所面对的社会复杂性,他提出了横跨社会形态与集体心理的潜在整合理论框架,在社会形态学的框架下充分利用了统计数据,然而面对集体心理问题包括与社会形态之间的关联,则主要诉诸历史、文献、逻辑推理和长于说理的哈氏表述。也许哈布瓦赫应该是认识到手中掌握的可资利用的数字方法对于处理此类复杂问题还远远不够。他首先要遵从涂尔干主义范式和经验事实,方法问题位居其次。

理解这一点需要关注一下哈布瓦赫的概率论思想。他批评戈特莱(Adolphe Quetelet)"平均人"理论只注意到简单情况下的规律性,并试图用机械的规律来解释。

对于集体事实,"诉诸个别的特别是生理性质的方法",结果"要么导致我们不得不忽视原因,要么如果我们想找到原因就得致力于无限复杂的计算"(Halbwachs, 1913: 174-175)。按科瑟(2002)的介绍,在哈布瓦赫看来,概率论适合处理两个或更多的独立事件,比如掷骰子,而人与人之间是相互作用的,并且受到共享的规则和信念以及共同的过去的影响。同时他认为,涂尔干的社会学并不是从个体的决策或行为开始的;其基本的分析元素是群体、制度或者信念系统。[①] 虽然像科瑟(2002)所讲的,如今随机模型被广泛用于计算人类事务,哈布瓦赫在概率论方面的主张被认为已经过时,但从今天来看100多年前的有些说法却直接切中其中的要害问题,因为一般模型都会以个体之间的独立分布为假定条件,忽视了内生互动和整体认知过程,对涌现过程缺乏有效的经验测量手段。而宏观层面的观测指标,在宏观测层面仍然成立。这与哈耶克(2014)的有关"有机的复杂现象"只能进行模

---

① 不过布瑞安和杰森认为,哈布瓦赫设想了一种社会现象随机过程,超越了涂尔干的描述性统计,与涂尔干学派另一位统计学家西米昂提倡的新实证主义"现象学"(phenomenoscopy)相近。两位作者试图在随机过程基础上弥合哈布瓦赫研究的二元化格局,认为这种格局反映的是同一个社会现象随机构念或建立在概率计算上的社会学方法的两个方面(Brian, Jaisson, 2007:129)。他/她们看到了统一立场的可能性,但方法层面所给出方案还不成熟,尤其是集体心理的动态和与社会事实的链接上。

式识别而不能进行具体预测的主张不谋而合。

实际上,从社会形态学到集体记忆研究,如果不考虑具体方法层面,哈布瓦赫的主张和理论脉络逻辑上一致,既非转折更非矛盾,而是具有前后延承的关系,或者是作为一个整体而存在。《记忆的社会框架》强调了社会的作用,论证了记忆与家庭、阶级、宗教等框架的密不可分。对这些维度的强调,在《社会形态学》一书中也有充分体现,二者在组织架构上面表现出惊人的同构性。社会形态学的时空维度在集体记忆理论中继续被强调。《论集体记忆》和《社会形态学》,尽管重点不同,但均在阐释集体意识与社会形态之间关系的主题。尤其是《福音书中圣地的传奇地形学》,从哈布瓦赫的理论角度,甚至可以看成集体记忆的社会形态学。

在这一点上,马丁和罗培斯(Martínez, López, 2002)的概括十分到位。他们称,社会形态涉及结构、运动、位置等物质因素,除此之外还有其他与空间和生物力没有直接关系的东西之间的共同作用。这些因素相互重叠,以克服时空的物质障碍。从这个意义上讲,社会意识保证了群体凝聚力,因此也要关注其内部结构和社会形式的持续时间,这导致一种形态学与时间维度融合的哈布瓦赫式(Halbwachsian)社会学,涉及永久性与可变性、连续性与间断性之间的博弈,也就是倾向于维持现状、反对改变的群体惯性和对既定结构施加必要适应性的进化力的两股趋向之间对抗的问题。在他们看来,哈布瓦赫的社会形态学与社会时间和记忆一起,均属于社会对象化(objetivación de lo social)的表现。

(二)从复杂性理解社会形态学

这就牵出了这里需要强调的第二个问题,也就是如何看待哈布瓦赫社会形态学研究的学术地位和作为经典文献对后世的启发。与《社会形态学》的理论地位相比,尤其在英语世界,对此文献的关注显然还远远不够。从涂尔干至今,即使不考虑前述杨堃述及社会形态学影响所说的那个时代,尤其是在主流社会学中,明确表示自己使用社会形态学方法进行研究的也并不多见。不过这一局面当前有所改观,社会形态学正在重新显现出自己的潜力。除了前面介绍过的相关研究,也有一些新的探索出现。比如,地理学家格拉斯兰(Grasland, 2010)追溯了布劳对涂尔干社会形态学和齐美尔社会生活几何学的延承关系,并将之与地理学第一定律相结合进行空间的多水平分析。作者建议在空间分析中重现涂尔干社会形态学,并呼吁以社会形态学为中心进行多学科的研究。格里菲斯和吕能(Griffiths, Lünen, 2016)最近编纂了一本书,提出构建"新社会形态学"的主张。在最新的一篇论文中,利普斯特和格里菲斯(Liebst, Griffiths, 2020)重点探讨了空间句法和社会形态学的关系。他们认为,空间句法可以让社会学家测量空间作为社会事实的非话语规则,从而填补社会理论与空间实践之间的鸿沟,为涂尔干学派提供了发挥社会形态学空间理论潜力的方法工具。

为什么会出现这种情况?前面已介绍的相关成果不再赘述,不揣浅陋,这里结合学科一些新的发展谈一点认识。社会世界是一个复杂的系统,涌现是社会科学的核心现象(Sawyer,2005:189)。量化研究依赖的传统统计模型的目标只是检验研究者关注的自变量与因变量之间的关系,实际上存在很大局限:一方面抽样过程将个体从具体的情境中剥离了出来并确保个体之间没有互动,调查变成了一个社会学的"绞肉机"(Barton,1968);另一方面假定个体之间的独立性,社会互动被无视,"变量间统计相关很大程度上替代了事件之间有意义的关联"(Coleman,1986)。涂尔干学派在这一点上则不存在问题。斯涅尔(Snell,2010)通过比较总结涂尔干与芝加哥两个学派的共同性,发现关键的一点就是二者的"反变量社会学"特征。在这一点上,与对传统"变量导向"(variable-oriented)模型的批评逻辑上一致(赫斯特洛姆,2010:118)。尤其从涂尔干后期研究来看,归为反对简单因果关系也许更为合适。

为了解决这个问题,现在的分析社会学、计算社会科学等前沿性实证研究方法往往依赖基于主体仿真建模（agent-based simulation）、微分方程或复杂网络分析的方法，然而计算机仿真模型本质上还是类比的方式或者理论实验，微分方程或随机过程模型往往过多依赖不切实际的假设或简化，目前考虑涌现的复杂网络分析仍不免要借助仿真技术或须以博弈论作为基础（如伊斯利、克莱因伯格，2011；Sotomayor, Perez-Castrillo, Castiglione, 2020），高度形式化的模型目前也难以用经验的方式再现依赖于仪式等具体社会过程或存在复杂认知的社会现象。[1]实际上即使复杂系统科学本身对于整体论目前基本也仍然停留在"术语大战"阶段，如何处理具体问题尚缺乏可操作的方法。面对这样的局面，计算社会科学领军人物邓肯·瓦茨（Watts, 2017）最近评论说，在过去的 100 年里社会科学产生了大量的关于人类个体和集体的行为理论，然而在调和无数的不一致和矛盾方面却不那么成功。在这些相互竞争的解释中，计算社会科学的最新进展也没有解决这个问题，对此他提出了方法驱动的技术和组织路线。然而除非有重大突破，否则难免又会重蹈前面遇到的陷阱。

---

[1] 举个反例，形式上与网络分析较像的拉图尔（Latour, 2005）等开创的行动者网络理论（ANT），整合微观和宏观分析，关注人与非人行动者之间相互作用并形成的异质性网络，由于方法上突破了追求代表性或严格量化检验的形式约束，一定程度上有助于解释像技术创新这样的复杂演进过程。

分析社会学以揭示微观至宏观的涌现机制为目标，代表人物赫斯特洛姆（2010：153）曾慨叹，社会理论和研究方法之间缺乏整合。很大程度上，社会学理论远远走在方法前面，但由于分析技术局限，导致某些理论缺乏足够证据。这就是当前社会学乃至整个社会科学共同面对的现实格局。在社会空间分析问题上，席勒和拉福德（Hillier, Raford, 2010）认为："社会理论与空间设计之间存在鸿沟，不是因为二者缺乏联系，而是由于我们缺乏适当测量它们从而建立基于证据的理论和可检验假设的能力。换句话说，空间与社会之间的鸿沟，首要的挑战就是测量。"因此，他们主张使用空间句法扩展社会空间分析的手段。

涂尔干学派成员其实重视作为集体层面社会事实及统计测量的重要性。哈布瓦赫和西米昂都是统计学家。涂尔干和莫斯本人也不反对而且提倡量化分析。莫斯（Mauss, 2005：69-70）(1927年)就指出过，"指向物质和社会结构以及这些结构的运动，就是指向可以衡量的事物。……基本上，每个社会问题都是统计问题"。尽管他慨叹"即使在《社会学年鉴》中，我们离着理想也相去甚远"，但他显然对此持乐观的态度，畅想了未来的状态："假之以审慎和智能的管理，统计程序不仅是测量的手段，而且还是分析每个社会事实的手段。……后代的历史学家和社会学家将比我们拥有更好的武装。现在，在像美国或印度人口普查这样的庞大工作中,人们就已经可以通过汇总的统计数据来观察社会事物的欢腾状态。"列维-斯特劳斯一方面指出包括涂尔干学派在内的经典社会学,很多伟大的作品也是与民族志和历史学等相结合的产物(列维-斯特劳斯,2006b:513—518),同时作为人类学家,他也十分看重社会人口学和量化研究,关注人口规模、近亲结婚频率等指标,认为定量研究可以从历时和共时两个方面澄清社会形态学的一些基本问题(列维-斯特劳斯,2006a:311—312、338)。这一立场与哈布瓦赫的相应主张也十分接近。

面对社会的复杂性,数量化方法目前的局限和未来美好的前景并不构成阻碍人们进行质性分析的理由,反之亦然。推崇质性方法的学者提出社会研究的关键是通过事件、个案等分析揭示社会生活的复杂性(应星,2018)。纷繁复杂的理论或案例分析虽然不如统计模型看起来明了或者总被量化研究者质疑缺乏样本代表性,但却能够很好地再现社会机制的复杂性。某种意义上,后者诉诸长时段中卷入因素的解释充分性而非追求样本的代表性,更像一个复杂系统通用模型的特殊解(particular solution),在规律或机制具有普遍性的情况下不失典型意义。用莫斯(2002:204)的概念讲,也就是可以牵出社会及制度的总体或多种制度的某个总体社会事实,比如像自杀、礼物之类的社会现象。甚至一个个案、一个人的生命史,都蕴含着透视整体结构、运行机制的线索,反映社会历史变迁的宏大主题(孙立平,2000;渠敬东,2019;赵丙祥,2019)。正如莫斯(2008:192;Mauss,2004:80)在因纽特人社会形态学研究的结论中所称,"一个确切案例的分析足以证明一个极为普遍性的规律,要比观察的堆砌或没完没了的推理更好"。而且,同样很重要的是,高度形式化的抽象模型构建的基础往往也需要以具体解释作为思考的基础进行理论假设和推演。

正像莫斯所设想的那样,当前人们正在进入数据科学时代,这无疑极大扩展了测量和分析的手段,尤其在利用数字脚印(digital footprint)捕捉互动的潜力上。也许仿真、大数据支撑的网络分析、人工智能等技术,可以开辟有关社会复杂性研究的未来前景,然而这并不意味着数据本身可以替代理论框架,数据分析技术只是手段。大数据不可能包纳一切,计算社会科学也不是计算一切。在目前研究方法和技术的限制下,似乎也只有总体性理论框架下结合实践过程、历史事件的质性分析才能更充分呈现社会生活或历史中不同层面、不同主体之间的互动过程,充分挖掘事件之间有意义的关联,生产出深刻厚重的研究产品。所以在此也就不难理解李猛(1998)概括的那种情况,在过去的半个世纪里,社会科学领域最有成果的研究是结合社会科学的洞察力进行的历史研究,这些研究超越了传统的叙事史学,提供了一种历时性的社会科学的可能性。

尽管有以上种种尝试和努力,已经触及问题的核心,但从方法上来讲,目前的各种手段还都存在各自的缺陷或仍处于不成熟的阶段。当然理论上来讲要清楚些,实际上从社会学整体思考,不管是涂尔干或者韦伯的理论、分析社会学或者质性研究,包括侧重理论导向的社会形态学,以及强调经验性具体研究的人文生态学等,虽然不同流派之间在社会本体论和研究方式方面有种种分歧,但面对的核心问题是一样的:微观行为通过什么样的机制涌现为宏观结构,宏观结构又是如何作用于微观行动?以及与此相关,社会形态与集体意识,或者社会行动与价值观念之间是什么关系?体现在社会理论中,也就是布迪厄、吉登斯、拉图尔等所致力于弥合行动与结构、主观与客观、微观与宏观之间二元化对立,构建新的理论综合或新的研究范式的问题。①

---

① 个人之见,在哈布瓦赫的具体分析中,社会框架与集体意识的关系形式上近似可以对应于布迪厄的场域、信念之类概念的关系去理解。布迪厄正是基于这类概念力图破除社会理论与方法中的种种二元论,揭示心智结构与社会结构之间的对应关系。在埃利亚斯《文明的进程》上下册不同的主题中,也能找到这种对应关系。在这方面,葛兰言《古代中国的节庆与歌谣》中古代乡间节庆演变为礼仪的过程与此有着异曲同工之妙。

在涂尔干那里,社会现象的基础是所有个人意识的联合。尽管每个人都有自己的人格和个性,但个体被超越自身的道德现实也就是集体现实所支配(迪尔凯姆,2001:5,344—345),"个体的各种意识通过它们之间稳定的联系,通过它们之间的相互关系,也能表现出完全不同于它们结合之前所具有的生活;这就是社会生活"(涂尔干,2006a)。所谓社会事实正是社会的独特属性或社会层次上的突生性质,只存在于社会整体之中,不能简单还原为个体。"社会并不是个人相加的简单总和,而是由个人的结合而形成的体系,而这个体系则是一种具有自身属性的独特的实在"(迪尔凯姆,1995:119)。这正是 20 世纪 80 年代兴起的现代复杂性科学所强调的反还原论或突生性(emergent properties)。按索耶(Sawyer,2002;2005:100-124)的说法,集体表现就是涌现的社会事实,一种为社会成员共享的精神实体。突生性是贯穿涂尔干理论和经验研究的主线,对当代研究影响深远,但为人们所误解,尤其在美国社会学中。[1]切尔考伊(Cherkaoui,2008:9)专门写了本有关涂尔干与社会复杂性的著作,强

---

[1] 根据卡斯特拉尼与哈佛提(Castellani, Hafferty, 2009)等人的说法,涂尔干是复杂性社会理论的重要来源。在技术层面,涂尔干学派社会形态学某些主张的确和复杂性科学有相似之处,比如对整体、规模、突生性等的强调。在芝加哥学派人文生态学派作为理论源流之一的城市形态学中,已经广泛运用分形理论进行空间形态的分析。

调"涂尔干非常关注社会系统的涌现及其发生方式,而在某种程度上,这些问题通过他对团结或互赖的概念的使用得以解决。这种概念在当代复杂系统理论中起着至关重要的作用"①。实际上,除了对突生性的强调,涂尔干(Durkheim, 1960)也在《社会学及其科学领域》一文中基于形态学和生理学的分类从复杂性角度概括了社会学的任务:"对于形态学,社会学必须寻求产生了更多复合分组(compound grouping)的基本分组(elementary group);对于生理学,社会学必须追溯基本功能现象,它们彼此结合,逐渐形成在进化过程中发展得越来越复杂的现象。"

挪威规划学家葛饶宁(Grønning, 2019)在"空间意识与方法自觉"主题发言时,把涂尔干和哈布瓦赫列为城市形态学经典人物。他认为哈布瓦赫将物质和心理学因素与社会学相整合,其学说的特点在于主张某一层的现象刻写在框架或其他现象之中,现实的表征层叠在一起,产生了多重相关和因果关系,可以说抓住了哈布瓦赫理论的关键特点。当代也有一些学者试图从数据分析的角度

---

① 追随布东(Raymond Boudon),切尔考伊力图基于复杂性科学视角揭示涂尔干如何解决个体与社会相互作用的问题。他批评以科尔曼为代表的理性选择主义的微-宏观过渡的机制解释,突出涂尔干宗教研究中强调的巫术信仰等因素,创造性地以互动论(interactionist theory)阐释涂尔干思想,分析其中现象生产模式(modes of production of phenomena)或生成性机制(generative mechanisms)(Cherkaoui, 2008)。

重新解读哈布瓦赫理论的复杂性。杰森与布瑞安编了一本名为《数字观点：1936年》（Halbwachs, Sauvy, 2005：169）的书，收录了哈布瓦赫和当时的官方统计学家索维等人的作品。在编者看来，数字观点构成哈布瓦赫著作中一个重要的"科学时刻"，是"重新设计涂尔干所说的重构统计与社会学之间的关系的尝试。……社会形态的定义是，研究各群体与其地形、空间之间的关系，表现和记忆现象的范围"，构成"几种分析方法的交汇点"。他/她们（Brian, Jaisson, 2007：130）还在另一本研究出生性别的著作中以随机过程探讨了涂尔干和哈布瓦赫的相关理论，认为对涂尔干来说，社会事实来自个体间互动的聚合，在群体层面表达，相关的计算属于频率立场。在哈布瓦赫这里，概率计算不可避免，概率事实（chance facts）与社会事实存在差异。作者也提道："在集体记忆中，个体共享深度的表现直觉系统，代表了存在于个体服从的影响力的复杂性。我们应该将几率看作主观过程的规则，个别学者已经意识到这种难以辨认的复杂性和集体记忆事实之间的差异。"这体现出他/她们想在方法上打通哈布瓦赫的社会形态学和集体记忆研究的两个领域的努力。

杨堃（1997a）对涂尔干学派社会学的特点给出了一个十分精到的概括，称涂尔干学派"将社会事实当作自然的与客观的而且是活动的，极其复杂，而各部互相联系、彼此息息相关之一全体的事实。仅有这样的看法，才能把握住社会事实之具体性与全体性。亦仅有这样的社会学才真是科学的'全部的与具体的社会学'"。从涂尔干后期以及莫斯、哈布瓦赫、葛兰言等人相关研究中可以看到，社会形态学不能简单地等同于社会的物质基质的外在分析，其意义在于面对社会复杂性，从多种角度，如综合结构、互动、观念等因素，在整体中把握具体社会现象，或者说通过具体现象去把握整体。①

整体来看，在哈布瓦赫的社会形态学中，更加强调了个体拥有自由，异质性也受到重视。群体结果来自个体行为的汇聚，以集体意识的形成为标志。集体意识来自特定社会形态（比如宗教仪式或城市）下个体之间的社会互动和情绪濡染、认知融合的过程，并可作为社会演化的动力。社会形态学侧重社会整体层面的解释，而同时对这一方面的强调有助于吸收还原论或个体主义视角对于机制性分析的优势，推进对社会复杂性的实质理解。由此，可以理解为什么有人称哈布瓦赫是"社会复杂性的社

---

① 正如罗西（2006:143）对哈布瓦赫巴黎土地征用研究进行的概括那样，哈布瓦赫"不认为土地征用是反常或超常的现象，而是把它们作为城市演变中最典型的现象来研究。因为正是通过土地征用及其直接的影响，可以用于分析城市土地演变的经济趋势才以一种适当浓缩和综合的形式表现出来；就考察极为复杂的现象整体而言，对土地征用的研究是最明确而可靠的着眼点之一"。

会学家"①。正如米廖拉蒂(Migliorati, 2015)所概括的,"哈布瓦赫拒绝接受教条和简化,总是给我们一幅关于社会行动复杂性但又只能从经验数据中观察到的图景"。尽管也存在各种批评和有待解决的问题,但可以看到,哈布瓦赫以及更广泛意义上的涂尔干学派社会形态学构成城市社会学、地理学、人类学等学科的一个重要理论来源,并在出现将近一个世纪之后,随着追求复杂性、跨学科分析的时代到来,还会激发当代不同领域前沿性研究的理论灵感。

此处,请允许以哈布瓦赫中心官网上一段介绍文字从上述角度对他的研究进行一个整体性的概括:

> 莫里斯·哈布瓦赫的方法结合了从柏格森那里学到的批判方法和涂尔干的社会学方法。在他众多的、多样化的作品中,社会现象的复杂性表现在其时间和空间维度的多重性上,表现在物质基质和表征之间的关系上,表现在我们今天所观察的各种尺度的交织上:个人、家庭、地方、国家和全球。哈布瓦赫

---

① 格兰德和米廖拉蒂等近年就此主题编过一个学术性纪念文集,参见 Grande, Teresa. and Lorenzo Migliorati. (eds.). (2016). *Maurice Halbwachs: un sociologo della complessità sociale*. Perugia: Morlacchi Editore U.P.。

很早就明白,必须打破平均人的理论,超越阿道夫·戈特莱提出、后经涂尔干修正的统计框架。他认为,通过社会事实的规律性所提供的与万物随机性的偏差来把握社会事实,更符合现实。就形态学而言,这些规律性"在群体中实现,并且由社会团体(人与人之间的相互作用的结合)所遵循,可以计算"。概率计算则提供了适当的工具来衡量偶然性与社会事实之间的差距。对于记忆来说,规律性是由个人共享的表征系统产生的,并紧密地固定在他身上。这个系统通过在复杂的影响中做出的选择,追踪着一条揭示其个人的行程。在哈布瓦赫看来,集体心理学和社会形态学因此成为社会时间和空间对象化的两种变体。①

显然,在这个意义上,从方法角度来说,哈布瓦赫开创的是一个至今来看也远远未竟的事业。

(三)当哈布瓦赫成为集体记忆

大家之所以伟大,不仅是看到的问题超出寻常,而且往往因为其作品和自身的复杂性,人们总是能从中读出

---

① 参见 https://www.cmh.ens.fr/Maurice-Halbwachs。这段文字部分改写自马塞尔和杰森在《数字观点:1936 年》中的段落(Halbwachs, Sauvy, 2005:110)。

不同的、新的东西,而这根本上又来源于他们对复杂世界敏锐的洞悉与把握。哈布瓦赫的生命历程富有传奇色彩,谨慎而充满激情,在学问方面也是一位颇具争议性的人物。他身为社会学家,却对其他多学科(心理学、人口学、统计学、经济学等)感兴趣。他是涂尔干衣钵的传承者,同时保持着开放性,最早将芝加哥人文生态学和韦伯的理论引入法国,也是最早在法国评论和介绍经济学家凯恩斯思想的人之一。[①]他研究兴趣十分广泛(消费与阶级、自杀、集体记忆、社会形态学、宗教、情感等),理论、数据分析都很擅长。他曾追随柏格森的直觉主义哲学,后来成为涂尔干主义集体心理学的创建者,在看似难以调和的理论之间探索出一条整合性的道路。这让他成为"吸收了学科历史上各种理论主张、背负多重张力的英雄",在经过20年的动员和辩护终成经典人物之后广受关注(Hirsch,2016)。哈布瓦赫身上的多样性和矛盾性,

---

① 同时代的大师之间尽量互相回避并不稀奇。在韦伯的著作中很少看到他引用同时代的涂尔干的成果,会德语、在德国学习过一年的涂尔干也几乎从未提到过韦伯。然而,作为"文化使者"的哈布瓦赫早在1925年就向法国读者介绍了韦伯的《新教伦理与资本主义精神》,后来又介绍了其生平(多甘,2006:141—194;勒佩尼斯,2010:122—143)。参见 Halbwachs, Maurice. (1925). "Les origines puritaines du capitalisme d'après Weber M". *Revue d'histoire et de philosophie religieuses*, 5: 132-157;Halbwachs, Maurice. (1929). "Max Weber: un homme, une oeuvre". *Annales d'histoire économique et sociale*, 1: 81-88。

实际上是对复杂现实世界不同流派理论方法之张力的具体体现,其中庸致和的学术性格决定了这一点。

哈布瓦赫是一位"被重新发现的社会学家"(rediscovered sociologist)①,其著作被不断地重新出版,思想被各种学术流派进行不同的诠释。在不同人眼中,哈布瓦赫是一位"循规蹈矩的(de stricte obédience)涂尔干主义者","在使用社会形态学方面存在一种极端主义",同时又是"旁门左道的(hétérodoxe)涂尔干主义者","原创性的思想家,打开了法国社会学通向经验主义甚至现象学方法的大门"(Hirsch,2016)。这些足以表明哈布瓦赫思想的复杂性。哈布瓦赫著作中表达的丰富思想,为社会学开辟了新的领域,并具有科学严谨性。哈布瓦赫提出基于勒布莱(Frédéric Le Play)提出的"预算法",自 20 世纪 50 年代起被法国统计与经济研究所(INSEE)所使用(Urteaga,2011)。哈布瓦赫的社会学成为"我们时代的社会学"(Baudelo, Establet, 1994:121),被重新发现和引用。用米廖拉蒂(Migliorati, 2015)的概括就是,哈布瓦赫"对当代世界来讲是一位蕴蓄深厚的宝藏(great depth

---

① 杰森和博德洛写过一本书,名字就叫作《莫里斯·哈布瓦赫:社会学家的复兴》,参见 Jaisson, Marie. and Christian Baudelot. (2007). *Maurice Halbwachs, sociologue retrouvé*. Paris: Éditions rue d'Ulm. 杰森、米廖拉蒂等学者于 2014 年秋季在意大利维罗纳大学召集了"莫里斯·哈布瓦赫:社会学家的复兴"国际学术会议。

and pregnancy)学者",因此他呼吁社会学应该从理论和实证研究两个方面重新发现哈布瓦赫。①

哈布瓦赫本身成了集体记忆。如果不想为众说纷纭的各种定调和上述有关介绍所遮蔽的话,还是让我们回归本源去对哈布瓦赫的社会形态学说一探究竟。需要强调一下的是,相比于集体记忆研究,对他在其他方面包括社会形态学的挖掘显然还不够充分。这种情况反过来说似乎更能体现出作为经典哈布瓦赫社会形态学理论与方法的多元化价值仍有待于人们重新认识和认真挖掘。比如,布代(Boudes, 2011)就从哈布瓦赫以人口、技术和环境因素解释社会组织的角度切入,确定他是环境社会学的先驱。勒巴隆(Lebaron, 2001)认为哈布瓦赫是法国经济社会学的奠基人之一,他在这方面的贡献被低估。施泰纳(Steiner, 1999)也提出,哈布瓦赫吸收了韦伯和帕累托的理论,与西米昂一致,发展出经济社会学的行动主义方法,以统计方法为基础,为经济知识社会学(sociologie

---

① 这种努力也有另外一层意义,正如布迪厄(Bourdieu, 1987)在《谋杀哈布瓦赫》一文中沉重写下的:"由像莫里斯·哈布瓦赫这样的知识分子的死亡而中断的科学事业正在等待继续。这不是庆祝死去的英雄的问题,就像在所有哀悼仪式中一样,这等同于接受他们消失的事实,使他们第二次消失。这是一个恢复他们停下来的斗争的问题。不要忘记他们身上遭受的暴力,我们必须努力理解这一点。在这方面,莫里斯·哈布瓦赫仍可以为我们提供帮助。"

de la connaissance économique)开辟了道路。正如李猛（1998）所言，面对社会学理论的危机，需要通过对经典的重读来重建社会学的理论想象力和经验感受性。哈布瓦赫的这本《社会形态学》从各方面来说，作为这样一个可以考虑的选择都当之无愧。

各位亲爱的读者，行文至此，虽然拉拉杂杂说了不少，但相比于《社会形态学》的复杂性，相关介绍还是远远不足或不够深入，因而只能算作导引。接下来就让我们一起亲手开启挖掘这本经典著作的宝藏之旅吧！

参考文献

埃文斯-普里查德，2002，《〈礼物〉英译本导言》，载莫斯，《礼物》，汲喆译，上海人民出版社，第216—222页。

布朗，2002，《对于中国乡村生活社会学调查的建议》，载北京大学社会学人类学研究所编，《社区与功能：派克、布朗社会学文集及学记》，北京大学出版社，第302—310页。

陈涛，2015，《道德的起源与变迁——涂尔干宗教研究的意图》，《社会学研究》第3期，第69—95页。

迪尔凯姆（涂尔干），1995，《社会学方法的准则》，狄玉明译，商务印书馆。

迪尔凯姆（涂尔干），2001，《自杀论》，冯韵文译，商务印书馆。

丁文江,2008,"Prof. Granet's 'La civilisation chinoise'",载《丁文江文集》第1卷,欧阳哲生主编,湖南教育出版社,第418—438页。

多甘,2006,《政治科学与其他社会科学》,载古丁、克林格曼编,《政治科学新手册》,钟开斌等译,生活·读书·新知三联书店,第141—194页。

费孝通,1985,《社会调查自白》,知识出版社。

费孝通,1990,《缺席的对话:人的研究在中国——个人的经历》,《读书》第10期,第5—13页。

费孝通,1996,《重读〈江村经济·序言〉》,《北京大学学报(哲学社会科学版)》第4期,第4—18页。

费孝通、张之毅,2006,《云南三村》,社会科学文献出版社。

弗里德曼,2014,《论中国宗教的社会学研究》,载武雅士编,《中国社会中的宗教与仪式》,彭泽安、邵铁峰译,江苏人民出版社,第19—46页。

弗里德曼,2017,《社会人类学的中国时代》,郭永平、宁夏楠译,《青海民族大学学报(社会科学版)》第3期,第63—73页。

葛兰言,2005,《古代中国的节庆与歌谣》,赵丙祥、张宏明译,广西师范大学出版社。

哈布瓦赫,2002,《论集体记忆》,毕然、郭金华译,上海人民出版社。

哈布瓦赫,2020,《社会形态学》,王迪译,商务印书馆。

哈耶克,2014,《知识的僭妄:哈耶克哲学社会科学论文集》,邓正来译,首都经济贸易大学出版社。

赫斯特洛姆,2010,《解析社会:分析社会学原理》,陈云松等译,南京大学出版社。

科瑟,2002,《导论:莫里斯·哈布瓦赫》,载哈布瓦赫,《论集体记忆》,毕然、郭金华译,上海人民出版社,第1—63页。

勒佩尼斯,2010,《德国历史中的文化诱惑》,刘春芳、高新华译,译林出版社。

李璜,1933,"导言",载格拉勒(葛兰言),《古中国的跳舞与神秘故事》,李璜译述,中华书局。

李景汉,2005,《定县社会概况调查》,上海人民出版社。

李猛,1998,《观念史与社会学:经典重读与社会学研究传统的重建》,北京大学社会学系《社会理论论坛》第5期。

李孝迁,2010,《葛兰言在民国学界的反响》,《华东师范大学学报(哲学社会科学版)》第4期,第37—43页。

列维-斯特劳斯,2006a,《结构人类学》(上),张祖建译,中国人民大学出版社。

列维-斯特劳斯,2006b,《结构人类学》(下),张祖建译,中国人民大学出版社。

刘雪婷,2007,《拉德克利夫-布朗在中国(1935—1936)》,《社会学研究》第1期,第161—174页。

刘亚秋,2016,《哈布瓦赫集体记忆理论中的社会观》,《学术研究》第1期,第77—84页。

刘亚秋,2017,《记忆二重性和社会本体论——哈布瓦赫集体记忆的社会理论传统》,《社会学研究》第1期,第148—170页。

罗西,2006,《城市建筑学》,黄士钧译,中国建筑工业出版社。

吕文浩,2008,《民国社会学家视野中的"社会调查派"》,载黄兴涛、夏铭方编,《清末民国社会调查与现代社会科学兴起》,福建教育出版社,第132—190页。

莫斯,2002,《礼物》,汲喆译,上海人民出版社。

帕克等,2016,《城市:有关城市环境中人类行为研究的建议》,杭苏红译,商务印书馆。

齐美尔,1991,《大城市与精神生活》,载《桥与门:齐美尔随笔集》,涯鸿、宇声等译,上海三联书店,第258—279页。

渠敬东,2019,《迈向社会全体的个案研究》,《社会》第1期,第1—36页。

桑兵,1999,《国学与汉学:近代中外学界交往录》,浙江人民出版社。

桑德斯,2018,《社会理论和城市问题》,江苏凤凰教育出版社。

孙立平,2000,《"过程—事件分析"与当代中国国家—农民关系的实践形态》,《清华社会学评论(特辑)》,第1—20页。

涂尔干,2000,《社会分工论》,渠东译,上海三联书店。

涂尔干,2001,《职业伦理与公民道德》,渠东、付德根译,上海人民出版社。

涂尔干,2002,《社会学与哲学》,梁栋译,上海人民出版社。

涂尔干,2006a,《社会学与社会科学》,载《乱伦禁忌及其起源》,汲喆、付德根译,上海人民出版社,第214—227页。

涂尔干,2006b,《笔记:社会形态学》,载《乱伦禁忌及其起源》,汲喆、付德根译,上海人民出版社,第228—229页。

涂尔干,2006c,《宗教生活的基本形式》,渠东、汲喆译,上海人民出版社。

王铭铭,2010,《葛兰言何故少有追随者?》,《民族学刊》第1期,第11—17页。

王铭铭,2013,《莫斯民族学的"社会论"》,《西北民族研究》第3期,第119—124页。

沃斯,2007,《作为一种生活方式的都市生活》,赵宝海、魏霞译,《都市文化研究》第1期,第2—18页。

吴文藻,2010a,《〈派克社会学论文集〉导言》,载《论社会学中国化》,商务印书馆,第189—199页。

吴文藻,2010b,《布朗教授的思想背景与其在学术上的贡献》,载《论社会学中国化》,商务印书馆,第234—268页。

吴文藻,2010c,《现代法国社会学》,载《论社会学中国化》,商务印书馆,第54—97页。

杨辰,2014,《阅读城市的社会学视角——评〈巴黎社会学〉》,《国际城市规划》第2期,第118—122页。

杨堃,1991a,《莫斯教授的社会学学说与方法论》,载《民族研究文集》,民族出版社,第102—161页。

杨堃,1991b,《评李景汉著〈实地社会调查方法〉》,载《民族研究文集》,民族出版社,第29—37页。

杨堃,1991c,《我国民俗学运动史略》,载《民族研究文集》,民族出版社,第210—237页。

杨堃,1997a,《社会形态学是什么?》,载《社会学与民俗学》,四川民族出版社,第26—43页。

杨堃,1997b,《葛兰言研究导论》,载《社会学与民俗学》,四川民族出版社,第107—141页。

杨堃,2003,《莫斯与法国社会学派》,载王铭铭编选,《西方与非西方:文化人类学述评选集》,华夏出版社,第149—192页。

杨堃、张雪慧,1997,《法国社会学派民族学史略》,载杨堃,《社会学与民俗学》,四川民族出版社,第142—159页。

杨渝东,2020,《葛兰言之苗族研究与当代意义》,《原生态民族文化学刊》第5期,第49—57页。

叶启政,2004,《进出"结构-行动"的困境:与当代西方社会学理论论述对话》,三民书局。

伊斯利、克莱因伯格,2011,《网络、群体与市场:揭示高度互联世界的行为原理与效应机制》,清华大学出版社。

应星,2018,《"田野工作的想象力":在科学与艺术之间——以〈大河移民上访的故事〉为例》,《社会》第1期,第37—

60页。

岳永逸,2018a,《学术"同工"杨堃的批评》,《读书》第6期,第23—30页。

岳永逸,2018b,《孙末楠的folkways与燕大民俗学研究》,《民俗研究》第2期,第5—14页。

赵丙祥,2005,"译序",载葛兰言,《古代中国的节庆与歌谣》,赵丙祥、张宏明译,广西师范大学出版社。

赵丙祥,2008,《曾经沧海难为水——重读杨堃〈葛兰言研究导论〉》,《中国农业大学学报(社会科学版)》第3期,第171—177页。

赵丙祥,2019,《将生命还给社会——传记法作为一种总体叙事方式》,《社会》第1期,第37—70页。

赵承信,2002,《社会调查与社区研究》,载北京大学社会学人类学研究所编,《社区与功能:派克、布朗社会学文集及学记》,北京大学出版社,第364—411页。

赵晔琴,2007,《法国城市社会学的演变和发展历程——1945—2000年法国城市社会学发展演变综述》,《中国城市研究》第1期,第31—41页。

周雪光,2006,《芝加哥"热浪"的社会学启迪——〈热浪:芝加哥灾难的社会解剖〉读后感》,《社会学研究》第4期,第214—224页。

朱浒、赵丽,2008,《燕大社会调查与中国早期社会学本土化实践》,载黄兴涛、夏铭方编,《清末民国社会调查吕文浩与现代社会科学兴起》,福建教育出版社,第 47—91 页。

Alexander, Jeffrey. (2005). "The Inner Development of Durkheim's Sociological Theory: from Early Writings to Maturity". in Jeffrey Alexander and Philip Smith (eds.). *The Cambridge Companion to Durkheim.* Cambridge: Cambridge University Press. pp. 136 – 159.

Andrews, Howard. (1993). "Durkheim and Social Morphology". in Stephen Turner (ed.). *Emile Durkheim: Sociologist and Moralist.* London and New York: Routledge. pp. 107 – 132.

Barton, Allen. (1968). "Survey Research and Macromethodology". *American Behavioral Scientist*, 12(2): 1 – 9.

Bastide, Roger. (1970). "Mémoire collective et sociologie du bricolage". *L'Année sociologique*, 21: 65 – 108.

Baudelo, Christian. and Roger Establet. (1994). *Maurice Halbwachs. Consommation et société.* Paris: Presses Universitaires de France.

Beaubreuil, Thomas. (2011). "Space in Maurice Halbwachs's Later Work". *Espaces et societes*, (1): 157 – 171. Avaiable at: https://www.cairn-int.info/revue-espaces-et-societes-2011-1-page-157.htm.

Becker, Howard. (2012). "The Art of Not Doing Fieldwork, Maurice Halbwachs' Failed Encounter with the Chicago

School". Available at: https://booksandideas.net/The-Art-of-Not-Doing-Fieldwork.html.

Borsay, Peter. Ruth-Elisabeth Mohrmann and Gunther Hirschfelder. (2000). in *New Directions in Urban History: Aspects of European Art, Health, Tourism and Keisure since the Enlightenment*. Miinster and New York and Munchen and Berlin: Waxmann.

Boudes, Philippe. (2011). "Social Morphology and Environmental Sociology: Halbwachs's Contribution to the Study of the Nature/Society Relationship". *L'Année sociologique*, 61(1): 201 – 224. Available at: https://www.cairn-int.info/article-E_ANSO_111_0201—social-morphology-and-environmental-soci.htm.

Bourdieu, Pierre. (1984). *Distinction: A Social Critique of the Judgement of Taste*. Richard Nice (trans.). Cambridge: Harvard University Press.

Bourdieu, Pierre. (1987). "L'assassinat de Maurice Halbwachs". *La liberté de l'esprit*, '*Visages de la resistance*', 16: 164 – 170.

Brian, Éric. and Jaisson Marie. (2007). *The Descent of Human Sex Ratio at Birth: A Dialogue between Mathematics, Biology and Sociology*. Dordrecht: Springer Netherlands.

Brun, Jacques and Yankel Fijalkow. (2019). "Marcel

Roncayolo". in *Les Cahiers de la recherche architecturale et urbaine et paysagère*. Available at: http://journals.openedition.org/craup/1460.

Castellani, Brian. and Frederic Hafferty. (2009). *Sociology and Complexity Science: A New Field of Inquiry*. Berlin and Heidelberg: Springer.

Castells, Manuel. (1976a). "Is There an Urban Sociology?", in Chris Pickvance (ed.). *Urban Sociology, Critical Essays*. London: Tavistock. pp. 33 – 59.

Castells, Manuel. (1976b). "Theory and Ideology in Urban Sociology". in Chris Pickvance (ed.). *Urban Sociology, Critical Essays*. London: Tavistock. pp. 60 – 84.

Castells, Manuel. (1977). *The Urban Question: A Marxist Approach*. London: Mathew Arnold.

Castells, Manuel. (2000). *The Rise of The Network Society*. New Jersey: John Wiley & Sons, Ltd.

Chapoulie, Jean-Michel. (2013). "Halbwachs et chicago: un rendez-vous manqué". *Métropolitiques*, 8 March. Retrieved on 10 September 2013. Available at: https://metropolitiques.eu/Halbwachs-et-Chicago-un-rendez.html.

Cherkaoui, Mohamed. (2008). *Durkheim and the Puzzle of Social Complexity*. Peter Hamilton and Toby Matthews (trans.). Oxford: Bardwell Press.

Clark, Terry. (1973). *Prophets and Patrons: The French University and the Emergence of the Social Sciences*. Cambridge: Harvard University Press.

Coleman, James. (1986). "Social Theory, Social Research, and a Theory of Action". *American Journal of Sociology*, 91(6): 1309–1335.

Collins, Randall. (2005). "The Durkheimian Movement in France and in World Sociology". in Jeffrey Alexander and Philip Smith (eds.). *The Cambridge Companion to Durkheim*. Cambridge: Cambridge University Press. pp. 101–135.

Condorelli, Rosalia. (2016). "Social Complexity, Modernity and Suicide: An Assessment of Durkheim's Suicide from the Perspective of a Non-Linear Analysis of Complex Social Systems". *SpringerPlus*, 5(1): 374.

Cupers, Kenny. (2016). "Mapping and Making Community in the Postwar European City". *Journal of Urban History*, 42(6): 1009–1028.

Dickinson, Robert. (1947). *City, Region and Regionalism: A Geographical Contribution to Human Ecology*. London: Kegan Paul and Co., Ltd.

Duncan, Otis. and Harold Pfautz. (1960). "Translators' Preface". in Maurice Halbwachs. *Population and Society: In-*

troduction to Social Morphology. Otis Duncan and Harold Pfautz (trans.). Glencoe, Illinois: Free Press. pp. 7 – 30.

Duncan, Otis. (1959). "Human Ecology and Population Studies". in Otis Duncan and Philip Hauser (eds.). *The Study of Population*. Chicago: University of Chicago Press. pp. 678 – 716.

Duncan, Otis. and Beverly Duncan. (1955a). "A Methodological Analysis of Segregation Indexes". *American Sociological Review*, 20(2): 210 – 217.

Duncan, Otis. and Beverly Duncan. (1955b). "Residential Distribution and Occupational Stratification". *American Journal of Sociology*, 60(5): 493 – 503.

Duncan, Otis. Leo Schnore and Peter Rossi. (1959). "Cultural, Behavioral, and Ecological Perspectives in the Study of Social Organization". *American Journal of Sociology*, 65(2): 132 – 153.

Durkheim, Émile. (1960). "Sociology and its Scientific Field". in *Émile Durkheim, 1858 – 1917: A Collection of Essays, with Translations and a Bibliography*, Kurt Wolff (ed.). Columbus, OH.: Ohio State University Press. pp. 354 – 375.

Durkheim, Émile. (1982). *The Rules of Sociological Method: And Selected Texts on Sociology and Its Method*. Steven Lukes (ed. and intro.). W. Simon and Schuster (trans.). New York: Free Press.

Durkheim, Émile. (1995). *The Elementary Forms of Religious Life.* Karen Fields (trans.). New York: Free Press.

Evens, Terence. (1995). *Two Kinds of Rationality: Kibbutz Democracy and Generational Conflict*. Minneapolis: University of Minnesota Press.

Freedman, Maurice. 1975. "Introductory Essay: Marcel Granet, *1884 – 1940*, Sociologist". in Marcel Granet. *The Religion of the Chinese People*. Maurice Freedman (trans.). Oxford: Basil Blackwell. pp. 1 – 29.

Friedmann, Georges. (1946). "Maurice Halbwachs, 1877 –1945". John Mueller (trans.). *American Journal of Sociology*, 51(6): 509 – 551.

Gauthiez, Bernard. (2020). *The production of Urban Space, Temporality, and Spatiality: Lyons, 1500 – 1900*. Berlin and Boston: Walter de Gruyter GmbH.

Granet, Marcel. (1926). *Danses et légendes de la Chine ancienne*. Paris: Les Presses universitaires de France.

Granet, Marcel. (1934). *La Pensée Chinoise*. Paris: Le Renaissance du Libre.

Grasland, Claude. (2010). "Spatial Analysis of Social Facts: A Tentative Theoretical Framework Derived from Tobler's First Law of Geography and Blau's Multilevel

Structural Theory of Society". in François Bavaud and Christophe Mager (eds.). *Handbook of Theoretical and Quantitative Geography*. Switzerland: University of Lausanne. pp. 117 – 174.

Griffiths, Sam. and Alexander von Lünen. (eds.). (2016). *Spatial Cultures: Towards a New Social Morphology of Cities Past and Present*. London and New York: Routledge.

Grønning, Marius. (2019). "The Virtues and Limits of Urban Morphology: Spatial Consciousness and Methodological Awareness in Planning". Available at: https://www.nmbu.no/download/file/fid/39640.

Halbwachs, Maurice. and Alfred Sauvy. (2005). *Le point de vue du nombre: 1936*. Marie Jaisson and Éric Brian (eds.). Paris: Institut national d'études démographiques.

Halbwachs, Maurice. (1913). *La théorie de l'homme moyen: essai sur Quetelet et la statistique morale*. Paris: Librairie Félix Alcan.

Halbwachs, Maurice. (1926). "Histoires dynastiques et légendes religieuses en Chine: d'après un livre récent de M. Marcel Granet", *Revue de l'histoire des religions*: 1 – 16.

Halbwachs, Maurice. (1932). "Chicago, expérience ethnique", *Annales d'histoire économique et sociale*, 4(13): 11 – 49. Avaiable at: https://www.persee.fr/doc/ahess_0003 –

441x_1932_num_4_13_1486.

Halbwachs, Maurice. (1939). "Individual Consciousness and Collective Mind". *American Journal of Sociology*, 44(6): 812–822.

Halbwachs, Maurice. (1941). *La topographie légendaire des évangiles en Terre Sainte, Étude de mémoire collective*. Paris: Presses Universitaires de France.

Halbwachs, Maurice. (1978). *The Causes of Suicide*. Harold Goldblatt (trans.). London: Routledge & Kegan Paul.

Halbwachs, Maurice. (1997). *La mémoire collective*. Paris: Albin Michel.

Heilbron, Johan. (2015). *French Sociology*. Ithaca and London: Cornell University Press.

Hillier, Bill. and Noah Raford. (2010). "Description and Discovery in Socio-Spatial Analysis: The Case of Space Syntax". *The Sage Handbook of Measurement*. London: Sage. pp.265–281.

Hirsch, Thomas. (2012). "Maurice Halbwachs and Religious Sociology: From Elementary Forms to the Social Frameworks of Memory". *Archives de sciences sociales des religions*, 159(3): 225–245. Available at: https://www.cairn-int.info/article-E_ASSR_159_0225-maurice-halbwachs-and-religious.htm#no15.

Hirsch, Thomas. (2016). "A Posthumous Life: Maurice Halbwachs and French Sociology (1945 – 2015)". *Revue française de sociologie*, 57(1): 71 – 96. Available at: https://www.cairn-int.info/article-E_RFS_571_0071-a-posthumous-life-maurice-halbwachs.htm.

Hirst, Paul. (1973). "Morphology and Pathology: Biological Analogies and Metaphors in Durkheim's *The Rules of Sociological Method*". *Economy and Society*, 2(1): 1 – 34.

Iogna-Prat, Dominique. (2011). "Maurice Halbwachs ou la mnémotopie". *Annales. Histoire, Sciences Sociales*, 66(3): 821 – 837.

Jaisson, Marie. (1999). "Temps et espace chez Maurice Halbwachs (1925 – 1945)". *Revue d'histoire des sciences humaines*, 1: 163 – 178.

Jaisson, Marie. (2014). "Introducción". in Maurice Halbwachs. *La topografía legendaria de los evangelios en Tierra Santa*. Ramón Torre (trans.). CIS-Centro de Investigaciones Sociológicas.

Karady, Victor. (1981) "The Prehistory of Present-Day French Sociology (1917 – 1957)". in Charles Lemert (ed.). *French Sociology: Rupture and Renewal Since 1968*. New York: Columbia University Press. pp. 33 – 47.

Klinenberg, Eric. (2015). *Heat Wave: A Social Autopsy*

of Disaster in Chicago. Chicago: University of Chicago Press.

Latour, Burno. (2005). *Reassembling the Social: An Introduction to Actor-Network-Theory*. Oxford and New York: Oxford University Press.

Law, Alex. (2010). "Social Morphology". in Alex Law (ed.). *Key Concepts in Classical Social Theory*. California: Sage. pp.187 – 195.

Leach, Edmund. (1982). *Social Anthropology*. Glasgow: William Collins Sons & Co. Ltd.

Lebaron, Frédéric. (2001). "Bases of a Sociological Economy: From François Simiand and Maurice Halbwachs to Pierre Bourdieu". *International Journal of Contemporary Sociology*, 38(1): 54 – 63.

Lefebvre, Henri. (1991). *The Production of Space*. Donald Nicholson-Smith (trans.). Oxford: Blackwell.

Li, An-che. (1938). "Review for Festivals and Songs of Ancient China". *The Journal of American Folklore*, 51(202): 449 – 451.

Liebst, Lasse. (2016). "Reassembling Durkheimian Sociology of Space". in Sam Griffiths and Alexander von Lünen (eds.). *Spatial Cultures: Towards a New Social Morphology of Cities Past and Present*. London and New York: Routledge. pp.214 – 224.

Liebst, Lasses. and Sam Griffiths. (2020). "Space Syntax Theory and Durkheim's Social Morphology: a Reassessment". *Distinktion: Journal of Social Theory*, 21(2): 214–234.

Lukes, Steven. (1973). *Emile Durkheim, His Life and Work: A Historical and Critical Study*. California: Stanford University Press.

Lukes, Steven. (2014). "Introduction to this Edition". in Émile Durkheim. *The Rules of Sociological Method: And Selected Texts on Sociology and Its Method*. Steven Lukes (ed. and intro.). Wilfred Halls (trans.). New York: Simon and Schuster.

Marcel, Jean-Christophe. (1999). "Maurice Halbwachs à Chicago ou les ambiguïtés d'un rationalisme Durkheimien". *Revue d'histoire des sciences humaines*, 1: 47–68.

Marcel, Jean-Christophe. (2020). "On Halbwachs's Sociology of Knowledge Program: The Two Hidden Categories of 'La doctrine d'Émile Durkheim'". *Durkheimian Studies*, 24(1): 133–143.

Martínez, Emilio and Aina López (2002). "El desarrollo de la morfología social y la interpretación de las grandes ciudades. Geo Crítica". *Revista electrónica de geografía y ciencias sociales*, 6: 105–132.

Mauss, Marcel. (2005). "Sociology: Its Divisions and

Their Relative Weightings". *The Nature of Sociology: Two Essays*, W. Jeffrey and M. Gane (eds.). Berghahn Books. pp. 31 – 89.

Mauss, Marcel. (2004). *Seasonal Variations of the Eskimo: A Study in Social Morphology*. James Fox (trans.). London and New York: Routledge.

Mauss, Marcel. (2005). "Sociology: Its Divisions and Their Relative Weightings". *The Nature of Sociology: Two Essays*. William Jeffrey (trans.). New York and Oxford: Berghahn Books. pp. 31 – 89.

Merton, Robert. (1934). "Recent French Sociology". *Social Forces*, 12(4): 537 – 545.

Migliorati, Lorenzo. (2015). "Maurice Halbwachs: Classical Sociology after the Classics". *Italian Sociological Review*, 5(2): 251.

Musil, Ji ri. (2004). "Fifty Years of Urban Sociology". in Nikolai Genov (ed.). *Advances in Sociological Knowledge: Over half a Century*. Wiesbaden: Springer Fachmedien. pp: 269 – 298.

Nam, Charles. (1982). "Sociology and Demography: Perspectives on Population". *Social Forces*, 61(2): 359 – 373.

Némedi, Dénes. (1995). "Collective Consciousness, Morphology, and Collective Representations: Durkheim's Sociology of Knowledge, 1894—1900". *Sociological Perspectives*, 38 (1): 41-56.

Newsome, Brian. (2008). "Paul-Henry Chombart de Lauwe: Catholicism, Social Science, and Democratic Planning". *French Politics, Culture & Society*, 26 (3): 61-91.

Newsome, Brian. (2009). *French Urban Planning, 1940-1968: The Construction and Deconstruction of an Authoritarian System*. New York: Peter Lang.

Palomares, Élise. (2013). "Racism: A Blind Spot in French Urban Sociology?". *Metropolitics*. Available at: http://www.metropolitiques.eu/Racism-a-blind-spot-inFrench.html.

Park, Robert. and Ernest Burgess. (1933). *Introduction to the Science of Sociology*. Chicago: University of Chicago Press.

Park, Robert. (1926). "The Urban Community as a Spatial Pattern and a Moral Order". in Ernest Burgess (ed.). *The Urban Community: Selected Papers from the Proceedings of the American Sociological Society*. Chicago: University of Chicago Press. pp.3-18.

Park, Robert. (1952). "Sociology, Community and Society". in *Human Communities: The City and Human Ecology*.

Free Press. pp.178–209.

Roques, Mario. (1945). "In memoriam, Bruhat, Maspero, Halbwachs". *Cahiers français d'information*, 14.

Sawyer, Robert. (2002). "Durkheim's Dilemma: Toward a Sociology of Emergence". *Sociological Theory*, 20(2): 227–247.

Sawyer, Robert. (2005). *Social Emergence: Societies as Complex Systems*. Cambridge: Cambridge University Press.

Schatzki, Theodore. (2019). *Social Change in a Material World: How Activity and Material Processes Dynamize Practices*. New York: Routledge.

Schnore, Leo. (1958). "Social Morphology and Human Ecology". *American Journal of Sociology*, 63(6): 620–634.

Schnore, Leo. (1961). "The Myth of Human Ecology". *Sociological Inquiry*, 31(2): 128–139.

Scott, John. (2006). *Fifty Key Sociologists: The Formative Theorists*. London and New York: Routledge.

Snell, Patricia. (2010). "From Durkheim to the Chicago School: Against the 'Variables Sociology' Paradigm". *Journal of Classical Sociology*, 10(1): 51–67.

Sotomayor, Marilda. David Perez-Castrillo and Filippo Castiglione. (eds.) (2020). *Complex Social and Behavioral Systems: Game Theory and Agent-Based Models*. New York:

Springer.

Stanek, Łukasz. (2011). *Henri Lefebvre on Space: Architecture, Urban research, and the Production of Theory*. Minnesota: University of Minnesota Press.

Steiner, Philippe. (1999). "Maurice Halbwachs: les derniers feux de la sociologie économique Durkheimienne". *Revue d'histoire des sciences humaines*, 1:141 – 162.

Stoetzel, Jean. (2006). "Sociology and Demography". *Population*, 61(1): 19 – 28.

Thompson, Warren. (1938). "Review for Morphologie Sociale". *American Sociological Review*, 3(6): 899.

Topalov, Christian. (2008). "Maurice Halbwachs and Chicago Sociologists". *Revue française de sociologie*, 49(5): 187 – 214. Available at: https://www.cairn.info/revue-francaise-de-sociologie-1-2008-5-page-187.htm.

Topalov, Christian. (2015). "Thirty Years of Urban Sociology: A French Viewpcint". *Metropolitics*. Available at: https://www.metropolitiques.eu/IMG/pdf/met-topalov-en.pdf.

Travis, Robert. (1990). "Halbwachs and Durkheim: A Test of Two Theories of Suicide". *British Journal of Sociology*, 31(2).

Truc, G. (2011). ''Memory of Places and Places of Memory: For a Halbwachsian Socio-Ethnography of Collective Memory". *International Social Science Journal*, 62: 203-204.

Truc, G. (2017). "Halbwachs, Maurice". in Bryan Turner et al. (eds.). *The Wiley-Blackwell Encyclopedia of Social Theory*. New Jersey: John Wiley & Sons, Ltd. Available at: https://onlinelibrary.wiley.com/doi/10.1002/9781118430873.est0158.

Turner, Jonathan. (2012). *Theoretical Sociology: 1830 to the Present*. California: Sage.

Van Dyke, Ruth. (2019). "Archaeology and Social Memory". *Annual Review of Anthropology*, 48: 207-225.

Watts, Duncan. (2017). "Should Social Science be More Solution-oriented?". *Nature Human Behaviour*, 1(1): 15.

Winsborough, Hal. and Stanley Lieberson. (2007). "Duncan's Early Years at Chicago: Human Ecology and the Beginnings of Stratification Studies". *Research in Social Stratification and Mobility*, 25(2): 101-107.

Urteaga, Eguzki. (2011). "El pensamiento de Maurice Halbwachs". *Anales Del Seminario de Historia de la Filosofía*, 28: 253-274.

前言

本书中,我们的研究对象是群体及人口的物质结构问题。曾经的人口学(从前被称作"人口统计学")、人类地理学以及随着工业和城市在空间和时间上的发展建立起来的经济学等等,这些都将给我们要进行的研究工作带来很大启示。然而,我们会惊奇地发现,这当中呈现出的事实也好,概念也罢,虽然不能说是杂乱无章,但至少它们分散在不同层面上,没有形成一个统一体。

涂尔干在受到一个更为系统的观点启发之后,提出建议:将对各种社会中存在的物质形式进行的研究称作社会形态学。换句话说,涂尔干定义的社会形态学主要研究社会各组成部分的数量、性质、在地球上分布的方式以及社会内部、国家之间的人口迁移、人口聚居和居住形式等问题。涂尔干著有《社会学方法的准则》一书,在书中,他建议将社会事实看作"事物"进行研究,也更加重视那些被借用到社会研究中的、本属于自然事物的特征,比如面积、数量、密度、运动以及其他所有可能被测量和计算的特征。我们正是以上述定义为出发点,展开讨论。

或许,人们的头脑中会迅速出现一个概念,即广义上的社会形态学。因为包括家庭、教会、国家、工业企业等在内的所有社会组织都具有其物质形式。而正如我们所见,那些从特殊社会学中提炼出来的形态学方面的现象以及特征,都可以重新被包容到人口现象中。人口现象,即严格意义上的社会形态学所研究的对象。在接下来的论述中,我们将多次提到"人口现象"这个概念,并予以强调。人口现象如同一个自足的同质体,独立于其他所有社会现象之外。因此,要从其自身的角度加以研究。

此外,尽管人口科学本身涉及的范围很广,但它仅仅是社会学的一部分,更确切地说是社会学的重要组成部分,因为我们不得不从社会学的角度对其加以观照。或许还存在数学人口学、生物人口学。这些学科无疑会给我们带来诸多益处,但由于这些学科只重视可以使自己的方法得以应用的事实层面,而这些事实并不能代表一切,那么在我们看来,它们也不是问题的关键所在。因此,我们试图透过人口现象,阐明社会因素。事实上,这些因素是属于集体心理学的,但至今未被察觉;不过倘若没有了它们,大部分现象对我们来说都是无法解释的。

引言

在自然科学领域中，诸如此类的例子不胜枚举：矿物质的外部表征、地质层的分布、植物和生物的形态、器官组织的分布等等。在人类社会，人们也会谈及形态，但意义通常更加广泛，甚至会具有隐喻的含义。所以，首先有必要明确一下我们这里所说的"社会结构"或"社会形态"。

第一，它可以指地球上人口分布的方式。表面上看，这完全属于物理现象，取决于可利用的空间和当地的环境。群体的轮廓可以再现出物质的本质形态，比如人口聚居在一座小岛上，居住在湖的周围，或是遍布在一个村庄里。城市中的聚居点好似一堆物质，其所有组成部分都朝相同的内核移动，至于这个聚居点的轮廓则可能清晰，也可能模糊。从空中的飞鸟或者航行的飞机的角度看，这个聚居点就好似一个凸起或是地面的起伏。

第二，我们也可以将人口的性别及年龄组成称作"人口结构"。这一类型的区别就如同物质特征一样非常显著。这是生物现象，社会与有机体密切相关。男人和女人就是这个有机体的两大生命组织，彼此对立又相互补充。年龄就代表着一个器官或一个机体的所有组成单位不断地发展演变的各个阶段。

换个角度,我们不再从与土地的关系方面考察社会。人类社会不仅仅与物质相关联,它们本身就是有生命的物质。① 因为人类社会是由生命体组成的,占据着彼此毗邻的空间。和其他可感知的事物一样,它也有面积、体积、形态以及强度。这些巨大的集合体可以逐渐增大,也可以逐渐缩小。由于不断有生命死去,这些集合体也在不断地失去其组成单位,并且产生新生命替代失去的单位。

还要补充一点,这些集合体是可以迁移的。在这里,我们既要观照第一点中提到的土地问题,又要考虑第二点中提及的作为有机生命的本质问题。有时,这些群体整体迁移,例如游牧民族、远征军队。不管怎样,群体的组成部分多少都具有流动性,在这些群体内部,还涉及内部迁移、迁入人群和迁出人群等因素。

当然,上述这些都是结构现象。

---

① 洛特卡(Lotka)指出,不同动物种群之间对空间的分配只是它们之间对无生命物质的分配。动物群体之间还存在其他形式的关系,这些关系建立在寄生生活上,建立在捕食型动物与被捕食型动物之间的关系上〔参见 V. A. 科斯季岑(V.A. Kostitzin):《数学生物学》,巴黎:科兰出版社1937年版〕。此外,不同的人类种族之间也存在猎捕与被捕食的关系,并且因此划分可利用的空间。

第三,到这里为止,我们所观察到的现象也同样适用于动物社会。无论是蚁穴、鱼池还是蜂群,它们也和人类群体一样,有一定的规模和形态:它们可能定居某处,可能四处迁移,其形态会发生变化。其成员也会因年龄、性别等特征而彼此相异。如此种种,便是以各种物质形态呈现于我们面前的社会,也正是我们所说的道德层面上的现实。相对简单的群体的情况就是这样了,我们可以在原初文明中发现它们的痕迹,而且在人类自己的社会中,比如在氏族、家庭,尤其是较大型的家族群体中同样可以观察到上述现象。

尽管一个家庭的空间位置不很确定,但人们仍然可以对这个复杂的,甚至已然部分融入其他社会单位中的家庭结构进行分析。我们可以通过嫡系的传承关系,用简明的图解来把握这个家族的各个分支和脉络。这是因为,在家庭结构中肯定存在一个空间因素。尽管家庭成员会彼此远离,甚至会受到其他群体的吸引,但在这个家庭中,总是会有一个核心、一个人口更为密集的区域,经历时间荏苒,大部分成员集结在这个核心周围,彼此的关系越来越紧密。每一个亲族,都会在空间上有一个聚集点,即我们通常所说的家庭住宅。这里或是居住着族中最年长者,或是居住着家族中的某个分支家庭,又或是其他家庭成员时常聚会的地方。另一方面,除了家庭的处所、面积(尤其是指原始面积)之外,我们还应考虑家庭的有机本质。事实上,这个本质可能与以性别、年龄等为基础的生物结构息息相关,因为它预设了在成员之间存在着生命联系的事实。正是由于上述这些因素交错相生,缓慢演变,才促成了人口的增长,每个家庭则是其中的成员或者组成部分。

然而,从家庭传统和家族精神的角度看,血亲关系和空间上的彼此亲近尚不足以构成一个家庭。亲缘关系存在多样性,家族凝聚力的程度表现不平衡,这些都把我们引向了物质以外的表象世界和情感世界中。所有这种种因素都具有一定的形态、大小、空间定位和世代继承下来的生命流向,它们在向我们昭示着另一个现实,即一些思想、一种心理历程。表达本身也是具有现实性的,并且以它自身的形态进入家庭自我意识中,进入其演变、活动以及延续之中。

这样,我们的考察就从表面上的物理形态、地理状态(诸如空间位置、大小、密度)过渡到了有机的、生物统计的层面上(性别、年龄),最终到达与前面相似的结构,这种结构坚实且具有集体意识,这一点我们大概不会察觉。并且,我们大概会认为这种集体意识在前面两个层次的考察上不必以某种形式出现。

那么,我们的考察就到此为止了?我们已经得到关于集体形态学的全部事实了？

下面我们来看第四点。德国社会学家齐美尔在研究"社会形态"时，曾举"英国上议院、印度公司、世袭君主国、办公室、教堂"等为例。所有这些集体机构事实上都是公共生活的形态，涉及宗教、政治、经济等范畴。所有这些机构都是确定的、稳定的，而不是未确定或流动的。然而，我们不能过分夸大"形态"这个词的含义（因为它指代集体形态学研究对象），以至于把社会的物质形态与社会生活中出现的机构混淆起来。之所以这样讲，是因为在人类群体科学以及人类群体组织科学研究中，社会机构与社会功能之间的区别既不明显又不清晰。

更应指出的是，当涉及一家工业企业、证券交易所或者政治生活中的某个机构组织时，如果我们不把它们放入空间中加以考察，如果我们忽视确保社会功能正常运行的人类群体，那么，我们只能从这些机构身上得到一个抽象的概念。然而，这些机构不是简单的概念，它们必须与土地联系在一起，必须具有物质性，必须具备人力资源、惰性物质、血肉丰满的组织结构、建筑、房屋、地域、空间等等，这都是非常明显的。这些都是存在于空间中的事物，人们可以对其进行描绘、形容、测量，计算出它们的构成元素、组成部分，辨识它们的发展方向、迁移动向，评估它们的增长和衰退。正是在这个意义上，社会生活的所有组成部件才具有物质形态。

讨论到这里,我们不要忘记刚刚提及的所有形态,我们将其分成四类。这些形态之所以会引起我们的兴趣,仅仅是因为它们紧密地与社会生活联系,而社会生活则是由当前表象与未来趋势组成的。在罗马广场上,坐落着教堂、法庭、雕塑,然而我们只能看到有限空间中的一部分以及一个物质形体的集合。在那里展开的政治活动则属于另一个层面。如何想象在另一个时空中进行过的政治活动呢?世世代代的罗马人都在这个广场上留下了他们的印记,世世代代的罗马人都目睹着广场上发生的一切,不断地进行着追忆。

我们是否考虑了一个社会的政治分歧或经济分配等问题?我们可以在自然性上找到这种划分的基础。然而,这些划分并非纯物质上的。将它们与物理、地理划分相比,显然前者也是精神活动的结果。这是公众权利,是由契约决定的。我们感到这些划分在我们身上施加着一种约束力,一种不仅仅是物质上的约束力。当我们接近一个边界的时候,人类、人类意志就会影响着、推动着或是制约着我们。

帕斯卡说过,河流是运动着的道路。那是因为他考虑到了利用这些河流的人类。在交流的历程中,我们模糊地感到有些人停止了前进的脚步。荆棘丛林中留下的足迹,数千年前就已从岩石中开凿出来的山路,古罗马大道,中世纪用形状不规则的石头铺就的小路,经过工程师计算坡度的现代道路。从这些林林总总的道路中,我们可以看到先驱者、开辟者的足迹,可以找到当年建造时使用过的工具的留痕。我们尤其会忆起我们的前辈、我们同时代的人曾踏上这些道路。

如此说来,所有物质层面上的东西无不与社会关联着。在其活动之外,它们诠释着先前的、现在的风俗习惯。当一位统计学家分析一系列的统计数据时,如果这些数据记录了气压、温度的变化,那么统计学家就会遵循这些物理数据,因为它们本身具有意义,并且可以自足。但如果记录涉及人口现象呢?同样,记录人口现象的数据将向我们反馈物理的、生理的事实。如果我们计算、统计的是动物或植物的情况,那么我们无须走得更远。如果统计对象是人类现象,那么我们的思想除了把人类看作空间上相关联的组织外,还会寻找他们从属的集体环境,比如,他们是城市群体、外省群体还是国家群体,寻找其内在蕴含的居民数量、出生人口、死亡人口等因素的发展趋势。

如果说这些物质形态都像它们看上去的那样,源于物质条件和生理条件的限制与抵制(无论是限制还是抵制,都是与社会生活相对立的),我们则可以认定这是一个既消极又微小的因素,是社会中最机械的也是最浅显的因素。我们还需要揭示群体的形态学结构,只有这个结构才能使解释群体的状态、内部变化、成分构成以及生存方式等成为可能。一切都在进行着,好似社会意识到了它的机体、空间位置,并使其组成结构逐步适合于它如此观察到的一切可能性。社会形态学从外部视角出发。但事实上,对于社会形态学来说,这也不过是个起始点而已。在这条狭窄的道路上,我们将深入到广泛社会现实的内核。

在这里,我们将借用法国社会学研究流派提供的两个例子。

首先,是关于社会分工这一涉及面极广的现象。涂尔干曾经思考过,我们之所以将社会分工的概念引入人类社会,是因为我们期待社会分工会带来诸多好处。然而在亲身经历这些工作之前,如何预计工作将会带来的利益呢?下面让我们看看群体结构以及结构的变革,换句话说,看看这些群体表现出的最表面、最浅显的特征。假设好几个分居的氏族或部落正在渐渐地彼此靠近,取得联系,最终组成了一个统一的社会,当然,这个社会的组成部分之间是相对独立的。既然它们是同一机体的组成部分,那么人群就会从一个群体流向另一个群体,甚至在整个机体内部流动着。最终,所有分离的标记消失了,所有的组成部分融为了一体。这就是物质结构的简单变化。其结果是什么呢？

到此为止，社会分工会遇到双重困难。在一个组成人数相对较少的群体里，人与人之间在才能、天赋方面不会有太大差异；人们的兴趣、需求差异也不是很明显，因此会生产出足够多的产品，以满足最基本的生活需求。现在，为了使更多的人彼此建立联系，我们将两个或者更多的群体融在一起组成一个更大的集体。同样的一件事或是一个活动，在这个集体中我们将有更多的选择机会、更高的专业水平。若是在更大的集体中，我们会有更多的机会找到更多的人才、技能去培养一位精准技师、艺术工人、艺术家、演员、行政官员、政府要员等等。同样，在那里会有更特殊的产品、分工更细致的服务来满足特殊的要求和消费群体，因为在一个组成更为复杂的集体中，成员来自不同的地域，曾经生活的自然环境也不尽相同，或许还分属于不同的种族。总之，他们来自不同的阶层，没有共同的历史，也没有相似的生活方式，多样而繁复的生活需求就会应运而生。面对众多可供使用的产品，消费者们——用今天的话说，使用者们——也变得越来越挑剔，越来越精细，这就要求工业、商业投入更多的精力，使自己的生产更加精细、更加专业。

需要补充的是，在一个各元素如此紧密联系的集体中,人口集中在一个更有限的空间里。那么,人们会更加频繁地从一个领域到达另一个领域,他们的视野也因此更加开阔,通过接触其他领域、不同阶级的人,他们对品位和财富有了更丰富的认识。人们的竞争意识、试图效仿的心态以及好奇心决定着消费和生产潮流的走向,同时也促成了众多形式的公众服务和私人服务的产生,而人们会迅速地习惯这些服务。因此,可以说,在买者与卖者之间,在顾客与生产商、销售商之间,在公众与他们控制和激发的功能之间,都存在着新的相互影响力。

然而,这样的演变不仅发生在经济生活中,而且发生在触及社会最深层的法律、行政、艺术、科学等方面。但是,在这些演变之初,情况又是怎样的呢?从中我们可以发现什么呢?答案是,形态上的简单变化,比如疆域更加广大,组成部分数量增加、结合更加紧密,各组成单位呈现多样化,聚居民的密度增加,等等。那么,下结论说形态现象是决定一种类型社会的充分条件,这还有什么可大惊小怪的呢?

下面,让我们转向一个更具体的情况,即马塞尔·莫斯(M. Mauss)研究的因纽特人。在冬季,因纽特人躲在房屋里,他们的房子长长一整排,六七个家庭,有时甚至十来个家庭集中在一起。这些家庭如此共同生活在一起,每个家庭都有属于自己单独的空间。在夏季,他们居住在帐篷里,每个家庭住一顶帐篷。根据季节的变化,居民们的居住情况不尽相同。一个冬季居处由好多紧邻的房子组成。人们聚居在这个有限的空间里,有时候,人们聚居得非常紧凑,甚至于全站的人都集中在同一间房子里(一间房最多会容纳 11 个家庭、58 个居民,这真的是一组惊人的数字。平均下来,每间房也要容纳五六个家庭)。与此截然不同的是,夏季里的帐篷散落在各处。在这个季节里,原来的群体分散开来。在相对静止的冬季过后,人们开始旅行,向远处迁移。如此说来,这些家庭有时聚集起来,就像一个折拢的部落;有时分散,散居到各处。

觉得这种交替变化很奇怪?但是,整个社会生活都因此而受到了影响,包括家庭、财产制度、政治机构等。因纽特人的宗教生活也以同样的节奏更迭进行着,有冬季宗教和夏季宗教之分。更确切地说,在夏季,因纽特人除了在私人圣地或是家庭中进行的宗教仪式外,几乎没有其他宗教活动。宗教仪式被简化,仅限于纪念教徒的出生与死亡、遵守宗教禁忌等。相反,在冬季,宗教活动有声有色地持续进行着。由此,就有了很多神话传说一代又一代地传承下来:"那些都是萨满教为了祈求躲避饥荒而进行的重要仪式。冬季,人们的生活就好像长长的假期。"

没有什么能令我们更吃惊的了。这种冬夏交替的现象在因纽特人那里是很显著的,因为他们居住的地区要比其他地方更冬夏分明。这种现象还存在于美洲印第安社会,尤其存在于西北部的文明地区以及乡村人口之中。难道这与我们西方社会没什么相似的地方吗?别只想着乡村中的冬季夜晚;在城市里,同样的季节,人们的关系也是更加紧密;到了夏季,人们都踏上旅程,又四散开来。但是,尽管有四季轮回,定居在村落中的家庭关系更加密切,甚至有时建立起了一种几近动物式的亲密关系:就像于勒·罗曼(Jules Romains)文学作品中提到的在岩石中开凿出的人类"白蚁冢",每一个小室都与其他小室连通。在城市中,尤其是大城市,情况则截然相反,家庭、住户之间彼此分散。尽管他们会由于亲属、朋友、血缘、工作等关系集结起来,但仍存在一些因素让他们彼此分离。与其说这些因素是空间层面上的,不如说是不可言状的人类社会的物质性在发挥作用。人们会在周遭四处寻找这种物质条件,甚至会为此错开街上往来的人流,这些人流很有可能将你带到你原本不想去的地方。但是,城市与乡村的差别并不仅仅存在于物质结构、人口分布、居住群体等方面,宗教信仰、宗教实践、职业、风俗、法规、财产的分配以及对公共生活的参与程度等都存在差别。如果乡村只能为居民提供半年的资源,如果村民们不得不到工业聚集区度过余下的半年,他们经历的交替变迁就很像因纽特人经历的那样,在他们彼此更加紧密或更加疏远的同时,他们也将投入截然不同的社会文明中去。

总而言之,上面的概述帮助我们将群体生活的物质性与社会现实的其他层面加以区分。群体生活的物质性来源于空间中存在和运动着的群体,源于这个群体拥有一个机体和一些成员,并且其组成因素本身都是并置的有机体这一事实。

根据我们考察的社会形态的不同,上述的特征也有不同的侧重点。当我们研究人口的状态、变化,研究乡村、城市的聚集区、居住地、人口迁移、道路、交通工具等问题时,这些特征处于第一层面上。我们甚至可以说,这些特点足以构建一个社会学的分支。在这里,我们有一个确定的计划,我们的研究永远不会超出该计划,即纯粹意义上的人口现象,本意上所说的(也是狭义所说的)形态学现象。还涉及其他集体现实吗?比如氏族、部落、家庭、宗教组织、政治组织等等。空间结构现象永远不能代表全部,它们只是作为这些共同体的物质基础和条件。每个共同体,都有各自独特的活动内容,并且不与空间结构、地表分布上的变化相混淆。换言之,社会的物质形态被重新放入具体的社会学中,并在这之中成为研究的对象,它们反映了各个方面、各个层次上的关注。这也是为什么存在着宗教形态学、政治形态学等其他学科的原因,而这些都属于广义形态学现象。

总之,社会形态学,就像社会学一样,首先考察的是集体表征。我们对这些物质形态加以观照,其目的是透过这些物质形态,找到部分集体心理的因素。因为社会位于物质世界之中,集体思想在面对空间环境表征时,找到了一个具有规律性和稳定性的原则,就像个人思想为了保持平衡,需要洞悉机体和空间一样。

第一部分　广义社会形态学

第一章　宗教形态学

任何社会都会在空间上描绘自己的方位,它们既有自己的疆域,又有一定的物质基础。这是因为,任何集体活动都意味着整个团体要适应一定的物质条件,并以它自己的方式呈现出来。国家首脑、神职人员、工业家至少要大体上了解自己所领导的人员数量,懂得利用这些人在物质上或精神上的利益需求,使自己的影响力得到充分实现。他们想象自己的地位、职务分配,用一种等级式的或者形象化的方式观察一切,洞悉自己在员工中、在所处的集体中的人际关系。所有的设想、所有的集体都具有其形态学的特征。换言之,有一门广义社会形态学,其研究对象是所有特殊群体的物质形态,以及广义集体生活所演化出来的所有大型活动。这就是我们首先要关注的。

此外,我们还应预见到,这些形态和空间结构会让我们觉得它们因各自的发展程度不同,因遵循的体制不同而作用各异甚或不均衡(这一点我们将在以后提及)。因此,在该项研究中,有必要遵循一个法则,即对不同组织及形形色色的社会活动做一个近似分类,其分类依据就是社会活动在集体生活和集体思维中的物质表现和空间表现,以及它们的相对重要程度。

世界上有氏族宗教、部落宗教、城市宗教、平民宗教。或许,这种种宗教都可被称为"封闭式宗教",因为它们如同一个封闭的共同体具有清晰的界限。但说实话,社会学唯一能关注的也就只有这些宗教了。

我们可以勾勒出这些宗教的分布地图,计算出它们信徒的数量。当然,信徒的数量是很多的。但是,我们不能只看外表,还应该区分真正地参加宗教活动的教徒。这正是勒布拉斯(Le Bras)最近在对法国乡村宗教变迁的调查中所做的事情。他的研究主要基于从堂区、教区档案中获取的较为保守的统计资料。他说:"当我们把所有获得的数据放在绘有法国 40 000 座市镇的地图上时,首先令人瞠目的事实就是大面积的宗教信仰区与非宗教信仰区的分庭抗礼。18 世纪,宗教在全国奉行,全法国几乎表现出了相似的特点,经历了同样的变迁。现如今,信奉宗教的法国成为多种信仰相融合的大联盟。在法国,有三个较大的教区:西北、东北、中央高原;还有一些较小的地区:巴斯克地区、多菲内地区的寒冷地带、奎拉斯。在这些地区,信徒们(这里是指复活节领圣体的人)

占大多数,有时候接近全部。这些地区内部还分布着非宗教奉行地区,在那里,不间断参与宗教活动的人数很少能达到成年人口的十分之一。每一个地区团体都拥有许多省份,人口极多,省份之间的界线就像国与国之间的一样清晰可见。"

在地理上,所有宗教信仰团体都拥有自己清晰的界线,并时时刻刻守护着这个界线,竭力使它维持下去。德国路德宗的界线就途经斯特拉斯堡,侵越阿尔萨斯,这条界线自17世纪起从未改变过。此外,除了那些信仰基督教不同分支教派的国家以外,还有广阔的异教徒区,在那里,天主教和新教有它们各自的传教会,即教会统治的地区。从这些或分散、或集中、或紧密相连,甚或处于宗教团体核心的组织身上,我们可以了解到其数量、范围和位置等情况,我们所勾勒的宗教分布图很可能很快就要发生变化。然而,在我们这个古老的国家里,不同的宗教信仰在某种程度上相互适应,长期以来,这些教徒各自占领的地区在数百年里几乎不会有什么变化。

就像人口有其密度一样,在某种程度上也存在着宗教密度的概念。而且,这个宗教密度还会因我们在计算某宗教信徒的数量时,因是与他们占据的地方相比较还是与当地人口自身(信徒、异教徒以及其他宗教的信徒)相比较的不同而有差异。总而言之,宗教密度会因信徒们密集与否而发生变化。如果真的存在这样的情况——乡村中的信徒多于且密集于大城市中的信徒,并且在诸如巴黎这样的城市中,富人区的信徒多于且密集于市郊工人区的信徒——那么我们就会看到,上面提到的宗教密度不会与人口密度相对应,至少在现今社会中两相不能对等。与此相反,在中世纪西欧人口最稠密的城市却同样也达到了宗教密度最大。

正如世界上的人口在不断迁移一样,宗教人口也在不断迁移——人口在宗教地区内流动。每一天,每个星期,在某些神圣的日子,总之,人们周期性地迁移。在一地区里,所有参加宗教仪式的人都会在这些特殊时刻离开家,来到礼拜圣地,而后再各奔东西。至于那些非周期性的迁移,都具有特殊的意义,人们可能返回原来的地方,也可能一去不返。在这种情况下,宗教人口的迁移往往就会与人类学意义上的人口迁移相混淆。譬如,在今天看来,被征服的阿拉伯民族被迫迁移,这同时也是一次信徒大迁移。另外,最早的美洲移民也是拥有信仰的先锋。然而,在定居人口中,纯粹意义上的移民则一般不具有上述特征。再者,朝圣或者满怀传布信仰热忱的迁移往往是暂时的。

一个宗教机体,正如一个国家或一个城市的人口一样,可以有增有减。在一个教堂里,人们也可以找到象征着新生的事物，比如在教堂的入口处要受过洗礼（给那些尚未信教的孩子做洗礼，或者成人改宗仪式）。但是死亡并不意味着信徒生活的终结。至于死亡的象征物，我们应该想一想那些不再信仰、不再遵循教规的人们，想一想那些离开社区、背弃了自己的人们（那些改信其他宗教，或是仍徘徊在宗教边缘的人们），和那些被勒令退出教派的人们。然而，这些也不是严格意义上的死亡，因为信奉异教或是弃教者仍然可以通过弥补、赎罪等方式再次被吸收入教。在宗教中，唯一的确实的死亡就是被罚入地狱，而这又是人们无法预见的。正如上述我们所讲的，世间至少存在着暂时的、相对的死亡（换言之，即因背弃信仰而"死去"，以及因步入忏悔室忏悔而获得新生）。

我们已经看到了，教派组织的地理分布是可以变化的。这其中可能通过信徒迁移（当然，不管是内部迁移还是外部迁移，但根本上不会让人们离开某宗教）来实现；接受洗礼和个体改宗这两种形式也会带来信徒数量上的增减。从与其他教派组织的关系方面看，一个教派的地理分布也可能发生变化，比如受到来自其他教派突如其来或逐渐的压制；或者大批信徒改宗（譬如全部落或全民族改宗）；再如受到某种因素的干扰或渗透，可能会涉及群众中间无宗教信仰因素或其他教派的渗入，通过这些因素，新信仰、新热忱、新事例得到大肆传布，并发挥着举足轻重的作用;又如王权的更替,抑或是王子改宗,宗教改革前后,王权意志在宗教信仰方面起决定作用;又如纯粹意义上的移民,具有相同宗教信仰的移民团体,出于非宗教原因,从一个国家奔赴另一国家(诸如大批意大利人、爱尔兰人相继到达美国,这就使得那里的天主教组织不断扩大;此外,大批犹太人从俄罗斯来到美国,这使得纽约成为现今世界上最大的犹太人聚居城)。总之,出于种种原因,人口中的出生率和死亡率发生着改变,他们的宗教组织上下一心,不断地吸收信奉者。由此可见,宗教密度和某教区内部信徒的分布都在发生着深刻的变化。

最后,让我们来看看宗教组织的结构,换句话说,集结了所有教士和非神职人员的教会的结构。教会将它所管辖的地区分成相对统一的教区,这些教区彼此并置且有组织地集结起来,每个教区都有自己的中心、边界、场所以及形式:天主教教会下设堂区教堂、教区、主教、总主教、传教士负责的省份等。在这个分布图上,还有其他机构,诸如修会、修道院等本身带有等级划分标签的组织机构,还有礼拜场、圣地、朝圣中心等等。以上这些元素构成了宗教的空间场所,它为整个组织所共有,其代表的集体形象明晰而精确,在每个成员个人意念中不同程度地有所表现。

然而,上述所有提及的宗教形态学的事实均可以从两个角度加以审视。

仅仅就宗教本身而言,上述事实会在教义、礼拜形式、精神生活、信仰、祈祷方式、确切意义上的教会组织结构等方面影响该宗教。就算一个国家信仰某一教派,这也不会必然对其人口形态产生影响。相反,随着这个教派不断发展壮大,宗教自身也得到加强。同样,随着宗教组织不断密集,它们所控制的地区逐渐延展开来,连成一片,别种信仰的信徒区无法插足其中。教会的物质结构发生改变,它的下设机构采用新的规则,呈现新的关系结构,这些都昭示着一种变革,当然,其本质是纯宗教意义上的。在中世纪,当整个基督教世界大一统的教会被分解成各个国家自己的教会时,乍看起来,这一现象在人口学范畴内没有什么严重后果。但从宗教的角度来看,教会结构的变化意味着教权越来越从属于俗权,意味着红衣主教越来越受支配于管理他的居住地的特定政府,诸如罗马教皇首先成为意大利王子,而后,在某种程度上充当了意大利行政官员。在一些修道院之类的建筑翻新或重建之后,人们看到的是一个个修士的小室、一座座隐修院,而不是集体宿舍或者面朝乡村的花园。这一切都意味着,人们开始采取一种新的规则,原来的修会在逐渐地收缩,同时,各位信徒也开始鼓足勇气彼此远离,致力于内心的、虔诚的信仰中。在这种情况下,宗教社会内部的组织结构安排以及组织结构方面发生的变化，我们都可以在宗教这里找到原因，而这些组织安排和变更又仅仅对宗教本身具有影响力。

当信徒们走出教堂，当他们朝圣归来，无论是家庭还是个人，作为人口学上的统计单位，都还如他们出门前一样。在祭礼过程中，如果他们被以某种方式安排在教堂的某个位置，那时，只有他们的宗教意念会随之发生变化。

然而，这些受制于宗教结构的物质形式的变化仍然可以从它们自身的角度——即通过对宗教予以抽象而得出的事实的角度——予以审视。由此我们会认识到，事实上，这些物质形式的变化从宗教中脱离出来，就仿佛它们构建了一个全新的事实层面，重新置身于新的集合当中，即狭义人口问题之中。下面举几个简单的例子。

这些大型宗教团体出于教派方面的种种缘由的大迁移、十字军东征或朝圣等等，都是造成一定时期内大量人口汇集到某地的原因。这些人中，除了虔诚的信徒，还有许多因好奇而前来观看的人们，以及实业家、驻足观看的教外人士、路过的士兵、冒险家、出售象征虔诚的饰物的商贩、零售商、客栈老板、各式食品及各种服务的提供商等等。对于像威尼斯、君士坦丁堡这样的城市而言，大批人口的东征会给它们的交通造成压力。有一些人追随信徒,就像有人追随军队一样。然而,这样的人群由于会受到诸多因素的制约,在数量和结构方面可能发生变化。再者,他们在形态学上的作用举足轻重,与我们概而言之的人口的性质是相似的。米舍莱(Michelet)告诉我们说,第一次十字军东征就有60 000人参与其中,要知道他们从安塔基亚出发时才不过25 000人,最后有近10 000人返回了欧洲。其余人都怎么样了?"我们很容易就会发现他们的足迹,譬如在匈牙利、希腊、亚洲……尸骨遍地。"这或许有些言过其实。但是,这次民族大融合同时带来了其他方面的影响。比如,欧洲与亚洲的碰撞,人口结构截然不同的两个民族的会面。交流的双方哪一个不会因此而发生变化呢?就是在欧洲,由于大批人口的离去,其出生率、结婚率、死亡率怎么不会发生深刻的变化呢?由于大量新人口的涌入,其人口结构形式又怎么不会发生深刻的变化呢?

另一方面,当一个宗教团体规模不断壮大或逐渐缩小时,如果该团体代表着具有区别特征的人口发展趋势,那么它的相对拓展必然影响总人口的变化,尤其是对总人口的增长进度会造成影响。18世纪的哲学家们坚持认为,在一个国家里,譬如在法国,大量教士,尤其是大量信奉独身主义的僧侣、修女的出现,将成为人口增长的障碍。但是,相反,在约瑟夫·德·迈斯特尔(Joseph de

Maistre)所著的《论教皇》一书中,作者极力宣扬宗教单身的卓越性:"永远也不要忘记,任何一个真正的教士,凭着他的睿智和强大的影响力,都会给国家带来上百的臣民。因为在这一点上,他的影响力永远也不会中断,而他的力量是无法估量的。因此,世界上没有什么比这些不生育的教士更多产的了。他们就是国家人口的不涸之泉……这就是单身者的容身地,同时也是婚姻的禁地。世俗爱情被禁锢,道德观与贞洁观在增长。世界上,除了罗马天主教,几乎所有的宗教都止步于新房的门前。即便一对信徒最终步入新房,宗教却也无时无刻不在监督着他们。说单身的教士在危害人类,就是在说水危害植物——无论是小麦还是葡萄都不能离开水。在圣弗朗索瓦·德·萨雷斯(François de Sales)的信件中,人们找到了一封来自一位很有才华的女士的信。在信中,这位女士向德·萨雷斯咨询,问道自己是否可以在某些自己只想做个圣人的圣日里拒绝结婚。主教给她做了回答,并说明了关于神圣婚床的规定。"

反之,人口问题同样也会反作用于教派组织的形式以及密度。莫斯关于因纽特人的研究表明,在一个部落里,宗教生活的强度会因这些部落密集与否而发生变化。在这个问题上,城市与乡村之间的区别也很明显。在一些大城市,宗教组织很难彼此远离,或聚集到教堂周围。

政府不断修路，交通日益便利，这些也会对教派的组织形式及密度产生影响。因为这些因素会带来新兴人类的迁移，而这些群体往往善于批判，思想开放，他们广泛地深入信教群众之中，危及着信徒群体的坚固性，甚至有时会将之瓦解。乡村人口大批移居到城市，一方面会降低乡村天主教区的密度，另一方面也会给复杂的城市阶层带去其他因素，这些因素往往不利于教派组织的彼此分离。在法国的一些地区，宗教团体的物质形式极少发生变化，那么这些地区很少会因现代大规模的人口迁移而受到影响。至于其他地区，受到的影响较大，往往会发生出生率下降、内部人口迁移甚至形成新的大城市等现象。

一种宗教，比如说基督教，它最初产生和发展于亚洲及地中海沿岸，如果它没有在受其影响的民族中传播，但是这些民族在该宗教势力范围的形成以及团结统一等方面给予过大力支持的话，那么它又是如何步入欧洲大陆并在那里传播开来的呢？它征服欧洲的速度令人吃惊。我们仅仅可以将此解释为源于某种内部隐藏的力量吗？可是，基督教在它步入欧洲的最初几百年里，并没有竭力发展大批教徒，也没有显著改变欧洲民族的规模和结构。基督教在等级制的外在形式和地区细分方面，仍保持着罗马帝国曾经给予它的组织形式。与此相仿，它在不同时期所具有的形态、疆界也反映了它的临时盟友在高卢、德意志、西班牙以及其他驻扎地的分布状况。很长时间以来,它都止步于这些边界,不断地与各种各样的阻挠因素进行抗争。基督教徒的数量在增长,那是因为武力扩张促使总人口数以及出生率不断攀升。当然,战争和瘟疫等——换句话说,人口基本性质的变化——也会令信徒人数下降。

至于十字军东征,不仅仅是因为其带来的后果,而恰恰是由于其动机才使它超越了纯粹宗教进程的范畴。在那些迁移不定、居无定所、渴望迁移的民族之外,东征还能实现吗?封建主根本不会被他们的城堡、庄园或是偏僻的住所挽留住。遍布乡村的贫苦农民也不会受制于过于局限的聚居地。他们构成了不稳定的社会物质结构。当他们看到另外一群人浩浩荡荡,高举宗教旗帜,大批迁移,并在前行中不断发展壮大,誓言通过武力征服其他民族时,他们会怎样与之抗衡?然后,迁徙的这些人定居了下来,大肆入侵的历史篇章结束了。但是,人们会一直记着这些动荡的年代,而那些喜好迁移的人们时刻准备踏上新的征程。

除了东征,还有市镇的迁移。以手工业城市和商业城市为中心,欧洲在不断地构建和完善自己。但从那开始,随着宗教改革的到来,马上就会掀起空间上的宗教领域的变化。宗教改革在德意志、尼德兰、瑞士等国家和地区的大城市里找到了立足点。同样,人口的新变化、新情况为新产生的宗教机构和革新了的宗教组织的进一步发展准备了丰富的土壤。

总之,我们不能简单地从象征意义的角度理解教会这个机体。所有信徒的总和便是其物质形态的表现,从中衍生出的任何因素都无不具有宗教的色彩。如果一部基督教史不涉及初期教堂的位置、信徒的数量,以及宗教团体是如何迁移、空间上如何拓展等情况的话,这部历史将会是不完整的、满是漏洞的甚至错误的。可是,信徒也仅仅是总人口的一部分。如果我们忽视了宗教机制,只对与之关联的人类群体予以观照,这也是没有道理的,我们不能将宗教机构与包容它的总人口环境相分离。从这个角度讲,宗教形态学的各种现象完全可以并入纯粹意义上的人口问题中来。特别要指出的是,正如我们刚才所讲,宗教团体的拓展以及它们在结构上的变化,往往是由更大范围的人口重新分布和大迁移造成的。

第二章　政治形态学

　　民主出现在四周环海或是被港口包围的国家里,这并不是个偶然的现象。在这样的地区,交通便利,覆盖面广,使得各国人民、不同社会背景的人群之间沟通频繁,往来密切。政治组织要比宗教组织更加需要紧密的空间环境。来自各方的抵抗会使帝国崩溃,令诸多固执的立法者的努力付之东流。在这里,仅仅了解人们的思想感受是不足够的,应该同时在他们的躯体和精神上发挥自己的影响力。我们可以设想,社会团体的形态及物质结构不仅在政治层面上将发挥举足轻重的作用,在诸多个人经历不同的信徒身上,它仍然具有影响力,而且两相比较,前者要远大于后者。

　　政治形态学,主要研究政府及行政部门的各系统单位,研究这些系统与它们适用的团体、组织的外在形式之间的关系。柏拉图很早就致力于确立他理想中的稳定的政府,并在他的《法律篇》一书中,明确了国家公民的数量,寻找经久不变的获取方法。卢梭在他的《社会契约论》中明确指出,应该在国土的幅员与政府形式之间建立联系:他理解的共和国,即人民直接管理的政府(无须选举代表)只适用于规模很小的国家;至于那些大国,只能由一个专制者独裁统治。孟德斯鸠在《论法的精神》一书中,阐述自己的观点,即探讨法律与居民数量的关系。除此之外,他还谈及前人、希腊哲学家提出一些方案以限制人口增长,以及奥古斯丁为了增加人口而制定的法律。

涂尔干在他的《社会学方法的准则》一书中用了一个章节说明,如何仅根据社会结构的不同,就将这些类型繁复的社会加以分类,换句话说,根据这些社会各部分的组成方式及程度的不同进行分类。他尤其以氏族底层社会的实际情况为依据,区分出了由几个部分组成的简单社会和由简单社会构成的其他类型的社会。特殊的社会机构,尤其是已经确定的政治机构,都应具有一个相应的形式。在强调组成元素数量的同时,他还强调各元素之间的亲近程度,从彼此间的简单并置直到二者的完全融合。而这还仅仅是一个概要的草图。

从政治构成的角度看,我们还可以把上述的草图应用于古代社会和现代社会。事实上,几乎所有的社会都源自面积较小的先前社会的联合,同时,可以根据各组成部分之间的联系方式和紧密程度而彼此区分开来。一个政治社会的结构表明了该社会内部不同地区的联合方式,而这些不同的地区已经习惯了相互依存而生。如果

第二章 政治形态学

它们之间的关系自古就很密切,那么联合后的政治结构就会相对集中。法国就是这样在王室政府的统治下发展起来的。维多利亚时期的英国,尽管它的经济发展先进于其他国家,可不同地区间的融合却相对缓慢。早已定型的地方机构——伯爵领地、下属区、乡、教会堂区等等——在那里根深蒂固。在战前的德国,长期以来,各州县彼此分离而居,由于它们仍保持着古代德意志罗马帝国的古老形式,因此它们的关系联盟十分坚固,甚至有时坚固得让人觉得荒谬,而一个渐进的改革便足以拉近它们之间的距离。因此,一部联邦宪法就是两个相继产生的形态结构之间的妥协。还有很多其他形式的联邦宪法,譬如美国联邦宪法,除了一些次要部分的修订外,一个半世纪以来都没有改变过。这是因为它的联邦宪法与政治结构相适应,同时具有连续性,谙熟国内人民间的关系,即东部各州人口集中,而西部则人口分散、不稳定。美国西部的这一特点,一方面令它渐渐地把自己的部分地区让给了东部,另一方面仍在不停地重建。可以说,西部的农夫、拓荒者是美国文明的重要因素,也是使并置的两种形态结构不断妥协的要素。

再看看各种不同的人口集中形式:乡村、散落的村庄、中等城市以及人口聚集的大城市。在一些不够发达的地区,人们形成的政治性组织不很稳定,形式易变化,时而分裂,时而再联合起来,然后再分裂,总之,方式多种多样。这种情况,过去是,现在也是。在北非,尤其是在摩洛哥,正如蒙塔古(Montagne)所述,大量不定居的部落时而对立,时而联合,从一个联盟共同体一直走到一方被另一方吸收融合,甚至在短时期内聚集了大量民众。格勒纳尔(Grenard)在他的一本关于成吉思汗的书中,讲述了这位强大的蒙古征服者如何在中亚、西亚昙花一现般地建立了幅员广阔的帝国,但是他的帝国政权不稳,政治组织不具有连续性。格勒纳尔还解释道,一个战争首领可以如此这般地统治一片辽阔的疆域,但是,只有在征服者在世时,那里的人们才能形成一个团结的集体,而在征服者死后,人们就会各奔西东。

只要人们尚未越过村落阶段,仍以村落为单位聚居生存,那么对土地的眷恋就不足以建立具有抵制力的政治组织。定居下来的人们要么过于分散,要么小范围内过于聚集。他们就很容易成为游牧民族的目标,尤其成为那些拥有强大军事力量的游牧民族的腹中餐。因此,空间领域在某种程度上意味着封建统治的疆域,这个疆域与分散定居的人群重叠;这是在空间上检验组织的构成,但又只能经过时间的洗礼和检验才能得到证实。米舍莱清楚地认识到如此建立的秩序起先是不确定的,因为土地所有者与征服者、不同的征服者之间以及先前的与后期的征服者之间一旦发生战乱、不和或相互掳掠,这个秩序就再也不以部落、宗族或是土地为基础了。"当有新的宗族移入,稳定的社会局面、对土地和所有物的眷恋都将成为不可能实现的奢望,只有在加洛林时期,这个愿望才勉强得以实现。也就是说,这种稳定的社会环境只有在封建统治下才能得以完全实现。罗马人和查里曼大帝似乎最终都实现了秩序和统一。但是,为什么这种秩序不能持久呢?那是因为它过于停留在物质层面,过于表面化……物质就意味着分散,而只有精神才代表着团结和统一。物质,通常都是看得见摸得着的,它总是让人联想到分散。争取所谓的物质性统一,是没有意义的。从政治方面看,这就是专制……在精神作用到来之前,物质就远去了,消失了,飞向世界各地了。切分后再切分,比如,沙粒让人想到原子。于是,沙粒开始发誓、诅咒、责骂,彼此再也不愿相见,甚至形同陌路。每颗沙粒都在说:谁是我的兄弟?它们定居下来,但彼此分离。这一颗与老鹰共同栖息,那一颗则顺着激流而下。人们再也不知道在自己生活的地区之外是否还存在另一个世界。"

在新的城市形成的同时,新的空间、政治组织也随之建立。城市构成了稳定的核心。正是在这些城市中,新的法规和政治精神构筑起来,它们起初在省内传播,渐渐地波及全国。

下面让我们换一个思考角度。整体上研究完了政府，我们再来看看政府的两大职能，即组建军队、组织司法。每一项职能都需要诸多的职能部门具体实施，这些部门或并置或呈等级式分布，也就是说，每一项政府职能的完成都需要政界要人组成稳定的团体，大量的公务人员、行政人员以及政治行政骨干实际操作。这些功能在空间中发挥作用，在整个被管理地区，以相对统一的方式行事。此外，每一项功能都应以其自己的方式适应某地区居民的分布情况。由此我们可以说，任何一个国家都有军区、司法主管部门和财政主管部门。这些部门又会被细分成许多下属分支，每个分支都有严格确定了的主管中心和附属单位，覆盖全国部分地区。而每个功能又同时拥有自己所管辖的范围、区划、结构及个体形象。随着这些职能进一步细化、区分，它们所管辖的区域界限也更加分明。人们要学会如何从一个部门转入另一个部门，而不将其混淆，学会如何在任何一个部门内部进行定位。当然，部门内部会设有明确的标识和服务向导，可以协助将部门的形象印在人们的头脑中。在这一方面，中央行政部门基本上表现出相同的特点。让我们想一想社会生活中的政治会议，其会址无不清晰明确，再想想各位行政长官、他们领导的人员统计表及办公室，无不清楚详尽。设想一下，法国大革命期间，如果人们能详细地描绘国民议会、巴黎公社及其各分部的位置的话,我们是不是能更好地了解当时的政治生活,对之会有一个更丰满的概念呢?

事实上,人们要想共同完成任何一项政治使命,都需要集会,需要确定一个对于其他行政官员和其他各界人士而言相对稳定的集会场所。在这一点上,从长远来看,任何一项政治变革,缓慢的也好,突如其来的也罢,都不会让集会场所有很大变动。诚然,在一些特殊情况下,人们会特别关注和珍惜过渡阶段:行政官员、议会议员会久久地待在原来办公的地方,沉浸在对往事的回忆中。故此,由新的普选方式产生的英国议会,代表着现今与过去截然不同的人民群众阶级,但它的议会所在地仍然是威斯敏斯特。但是,在革命战争年代,人们要坚定地表现出誓与过去决裂的姿态。因此,人们更新了形式,强迫各组织搬进新的所在地。譬如,梭伦(Solon)就打乱了原来阿提卡半岛上区、镇的人口分布,将人群重新安置,使之与过去截然不同。法国大革命期间,新上台的地方政权选择新的官邸,废弃旧的政府所在地。这种举措甚至要比废黜或处死国王、掠夺钱财更严重。这势必带来习俗上的根本性变化,使各社会团体更加依附于他们所选举出来的代表。在旧制度统治时期,在某些仪式或庆典上,如果人们换了某要人的位子,其效果及影响是同样的。

曾经的行政大楼被废弃或更名,这就像随着历史的车轮不断前进,城市的城门变成了名胜古迹,中世纪的学校变成工厂或工人宿舍。它们保存着某些历史遗留的东西,总是让人们想起先前的社会机构。弗朗德勒城里古老的旅店让人们回忆起当时市政厅组织的各种活动。皇宫是现今唯一被使用着的历史证明,好多其他政治功能都是从这里衍生出去的。

让我们把目光放得更远一点。在政治中心之上,在主要行使国家职能的官邸之外,这种职能不能与它行使和服务的对象——全体人民——相分割,不能与它的物质层面相脱离。军事职能在全军上下是显而易见的,同时,军人也可以通过自己的善举、摧毁行动、行进中的欢呼喝彩和穿过市中心时的萎靡不振,在其他民众中留下他们的痕迹。在入侵他国时,军队里难道不是全民皆兵(自然也包括妇女儿童)?人们头脑中难道不是全副武装的部落大肆践踏被侵略民族的情景?中世纪是旧制度统治时期,雇佣军以及那些从底层人民中招募来的职业军人,他们在我们眼里不就是乞丐团、强盗帮,听命于粗野的纪律,时刻准备着逃跑或劫掠,他们所到之处无不备受践踏,当地百姓无不担惊受怕?现如今,军队士兵更多地来自国民,更深地扎根于各地区、各阶层的群众之中。

司法不仅仅活动在法庭上,在任何有上诉案件的情况下，它都会无形地发挥作用。法官和受法院管辖的人也因此被联系在一起，因为他们都要遵守该地区的法规。当领主只听命于和维护其他领主的权利，这时，国家的司法职能就变得很有限，个人纠纷会日益增多。领主的司法权力范围只限于一个很有限的地区，对于流动商贩的利益，领主们丝毫不关心。小商贩们只有集结起来，携带武器，才敢出现在马路上。然而，动乱、骚乱、殴打、流血冲突的挑衅者还是会逍遥法外。渐渐地，司法在全国各地都开始发挥作用，但是，仍会有很多地区对其抵制，在很长一段时间内不会接受它。譬如说，在荒地、人烟稀少的地区、茂密广阔的森林、山川、贫瘠的海滨、大城市中的贫民窟等等，这种情况就时有发生。如此种种极为表面的现象，它们的存在或不存在都说明了国家司法职能所管辖的方方面面的物质形态以及空间范畴。

所以说，从这个意义上讲，存在着一个政治形态学，所有政府、国家的政治机构都有其确定的、抗变性很强的持久形式。这些形式与事物有关，与事物的界限、外表相关联，尤其关系着社会团体之间的不和谐、相互抵制的因素。

然而，我们这里所讲的政治形态学，如宗教形态学一样，其种种现象也具有两面性。首先，我们可以把它们当作纯政治上的现象加以审视（这也是我们在前文所做的)。一个国家总是试图确保自己的边界,人们更依附于自己所在的地区,这些现象都说明,那里的民族感、地域感相当强烈。这些划分、界限,如同一个团体的象征物一样,具有其存在的理由和生命力。事实上,一个国家在一段时间内执行某一种制度,如果该国家很难从一直封闭自己的外在的、形式上的框架中挣脱出来,那是因为这个政府的职能部门采纳了该区域框架。那么为什么不坚信如此已经建立起来的政治习惯呢?实际上,这些习惯必须以一个民族为前提。但是,民族这个人类物质资源会在自身与国家机体相比较的过程中,其成员最终成为某国家的国民,并受某种制度的约束而彻底发生变化。这些人不是纯粹的、简单的人了,而是成为公民、主体、统治者、被统治者、政府官员、地区居民。以上就是我们的结论,主旨在于告诉大家,和其他现象一样,政治形态学上的现象也是政治现象,政治形态学现象只能从这个角度加以研究。

然而,一个人类群体在步入政治生活范畴之前以及之后,都不具有固定的形态。可以说,在他们形成一个民族前,在他们还没有享有城市特权、参军入伍、成为某法庭的受管辖者之前,我们很难知道他们的历史,很难了解他们的情况如何,我们对他们的了解都是这之后的事情。再者,在此之前,或许已经存在法庭、军队、国家(这些机构可能很小,结构也不复杂),但这些机构终究会在这群人身上留下它们管制的痕迹吗?这些政治组织真的有能力创造出自身发展所必须的所有条件吗?

但是,我们已经看到,如果人们要想彻底修改一个政治系统,那往往是因为该社会,即该社会的人口在分布的范围和密度方面都增长了。立法者、政府要人、统治者,是不希望,也不会任其增长的。不管怎样,这根本不是建立起来的机制所制约的对象,因为它们和其他机制一样,首要的就是要以自己的形态在社会上存在,而不是去决定那些令自己功能失效的新演变或新形势。

至于大城市以及人口迁移的形成,其情况与上述的相仿:人们确定了城市的界线,针对移入人口制定规章,加以管理,就像人们会给河流挖掘河床,以避免河水外溢一样。然而,尽管采取了这么多政治手段和措施,移民仍会在不知不觉中导致人口增长。当然,这不是当局想要的,但确实是超出了他们的预想和控制。城市人口日益增长,城市规模不断扩大,移民数量无节制膨胀,加之其他方式的人口聚集、人口迁移,这些都给政府职能部门和政府官员的统计工作带来了麻烦。

因此,除了在政治层面以外,我们应该在其他层面上寻找改变居民数量、改变国民间亲近关系的原因。这些现象一定会在政治上产生影响;然而,正是有这样或那样的原因促使人口数量增加或减少，上述现象才会出现，并发生变化。

至于集权制国家与非集权制国家，我们将从组成不同国家的地区间的亲近关系中，探寻这些国家存在的根本原因。但是，这个特点本身不是与国家总人口的增长有着千丝万缕的联系吗？在18世纪末19世纪初，法国人口远远多于且密集于英、德等国家。诚然，这种不平等部分是由于各国制度的不同。在英国，圈地运动拓广了农场，缩小了麦田，同时也就降低了资源水平。而这仅仅是该项制度带来的间接后果，而且出现这种局面并非立法者的本意。几乎所有的国家在18世纪都宣扬人口增加主义，渴望增加本国居民的数量。但是，他们的这种想法却与失去控制的现实力量相冲突（如出生率、死亡率）。其他国家则从这种情境和人口流动中不费吹灰之力而获得利益，他们要么从国外收益——邻国人口的怠惰或弱小；要么就在国内收益——出生率的上升大大补偿了因战争、饥荒、苦难而造成的人口死亡。德意志帝国各邦之间，美利坚合众国的各州之间，如果出现了长期的分离状况，这一方面体现了各自的政治制度特点，另一方面，难道不是主要根源于人口的迁移吗？因此，在人口密度和人群流动方面出现了诸多差异。

至于政治生活的重要功能，也并非面面俱到地创造了它们的所有形态。当然，军事指挥部、法院、法庭的所在地可以追根溯源到历史或者是技术需要。但是，相对于不断增长的、团结一心的人口而言，这些重要的领导机关所在地确实需要处在真正的核心位置。存在一种力量，它可以调节总人口数的增长和迁移。在这种力量的控制下，这些部门或团体在规模、结构上会发生变化。——我们如何从更广泛的意义上审视我们所介绍的军队和法庭等组织形象？战争不仅仅为了解决民主、政策、策略问题，战争让我们与原初的社会条件更靠近，人就是肉体征服和掳掠的猎物。死亡率、时代的繁衍与更新、团体组织的扩张、广泛的交流、迁移与聚集……这些因素都发挥了重要作用。如果说，不同时代、不同地域上的军队情况与纯粹意义上的人口状况相关联，那有什么好惊奇的？决定战争胜负的原因，以及引发战争的原因，表面上看是不确定的，因为它们或多或少与人口因素相混同，而军事指挥官们、国家首脑们往往对此不甚了解。野蛮的游牧民族在入侵的年代大举进攻欧洲，他们如此的狂热是因为这些民族人口密度过大而需要扩大生存空间。第一帝国末期，军队中招募的新兵主要是男性，而其中年长者少之又少，甚至部分的被抽中杀害了。

正如涂尔干向我们揭示的，先前社会中，刑事裁判占主导：神意裁判，作为一种对触犯公共法行为的严酷镇压,实在是折磨人,因此,这种裁判方式已经遭到质疑。这只是最初的情况。渐渐地,民事裁决、宪法等开始发挥作用:漫长的诉讼、法庭辩论、申诉、鉴定、和解等等。司法结构也发生了变化,与此同时,法庭数量增加,法律法规更加完善,司法解释也初显轮廓。但是,为什么会出现上述现象呢?那是因为在幅员更广阔、人口更密集的社会里,利益、工作、服务等情况越来越细分。至于人口问题,尽管它们产生于政治组织所包含的团体内部,可政治组织还是没能加以控制。

西格弗里德(Siegfried)根据法国西部选举时统计得出的结论断定,政治形态与该地区的人、组建机构时使用的传统和现行的方式有关,与他们的流动性、城市生活的强度有关。滨海地区的渔夫、水手、手工业工人、军港、工厂以及土地上散居的、广袤森林中的、沼泽边的、树木隔离区的农民,总之,在不同程度地受到外界影响的开放团体中,存在着多种聚居和流动的方式。上述情况存在于各党派、各种倾向之间持久冲突的背后,人们对此应该觉察得到。

总之,政治形态学是政治体制科学的重要章节,主要针对的是政治体制科学的物质形态层面。换句话说,它主要关注在不断流动的人群中发挥作用的、确保迁移有序进行的各种制度。但是这些人类群体仍然可以从他们自身的角度加以考察,即对他们所涉及的政治生活进行抽象;那么,这些群体在我们看来,似乎进入了另一种趋势,这种趋势决定了简单纯粹的人口物质形态,其法则同样也适用于世界上其他人群。

第三章 经济形态学

在经济领域里,人类的各种活动都直接作用于物质。这里,人类的思想、行动比谈及政治、宗教时更强烈地与事物的本质发生碰撞,这些思想、行动应该更适应于原材料的相似性或相异性,更习惯于各种交通方式、建筑物、工厂、商店等等。因此,随着诸多企业、产品的出现,也相继出现了各式的团体,这些团体在某种程度上形成了自己的区域、生产方式、商品存储和交易市场等。

让我们先逐一看看社会生产层面上的现象,然后再关注一下财产的分配。

西米安(Simiand)区分了生产制度和生产方式。西米安所说的生产制度与相关的法律法规对应,这些法律法规确定了生产商或代理商的权利及义务:奴隶们的工作、服侍领主的仆人、修道院院长、手工业者及商人联合会、资本主义企业、合作者、政府等等。西米安所说的生产方式,则与上述不同,主要是指生产技术条件、企业开发规模等。然而,截然不同的生产制度可以在人们中间采取相同的分配方式,例如,在工业内部,旧的行业仍在当地经营的同时,资本主义已经存在了。但是在那里,雇用工人已经代替了手工业者,或者手工业者自己成为受雇用的工人。同样,在资本主义初期,织造业往往多盛行于乡下,以家庭作坊为生产单位,工厂规模不大,这与当地人口不很稠密的事实相匹配,这在经济学史上是众所周知的情况。由于生产制度渐渐地与这种或那种人口结构相脱节,我们还是更多地关注上面所定义的生产方式吧。

首先,技术问题。由于捕猎技术的需要,猎手们都应分散行事。当然,有的时候,譬如到较远的地方打猎、捕鱼,人们还是要聚集起来的,至少是短期内集合在一起,比如在猎物、鱼儿很多的地方。再比如,到了收获的季节,人们踏遍整个村子,发现了一个充满活力的农场。又或者,人们参观一个矿区、冶金企业、纺织厂、制鞋厂或造纸厂等等。工人、农民围绕着生产产品和生产设备,形成了各种社会团体,他们在生产设备旁忙碌、休憩,好似与这些设备融为一体:生产班组、同工种的生产流水线、给磨粉机添加谷物的生产组;在每一个班组内部,大家行动统一或具有接续性,工作节奏一致。

但是,为了满足技术的需要,人们之间产生的亲近关系还不能促成真正的社会团体的出现。稻田里每一行麦子都有一组人负责收割,矿坑下每一个坑道都有一个矿工组负责开采,工厂里的情况也一样,一组机器周围聚集着一队工人。但这并不会在团体中、成员之间产生永久的、真正的人际关系。一个工作组集合了一定的劳动力以及他们的劳动,其目的是创造直接的物质成果,这还不是一个社会。

说完了技术,让我们再来看看规模,也就是说,各商业企业、工业企业、农业企业以及集结在它们周围的劳动力等社会因子在空间上的疆域或范围。这个问题是经济形态学的核心。

在农村,村庄的大小固然与开垦土地的范围相关联。各个商号根据彼此相似性程度的不同或分散或集中,组成各种团体。每个团体内部都有各自的公共生活。这些形态是稳定的,因为农民们时时刻刻都待在他们赖以生存的村庄里。市镇的情况与此相仿,在大工业产生之前,各行业按照所属的街区、道路纷纷组织起来。手工业者和商人也都在各自的行业内部联合起来。集日里,外乡的商人、乡下赶集的人都涌入城市,车水马龙,一派繁荣景象。可城市还是那座城市。随着大工业的发展,各个企业规模越来越大,不断的发展增大了它们对工人的需求,众多的工人群体在它们周围安家落户。

各大、中、小型工业才构成了重要的也是真正社会意义上的人口形态,因为这些工业是各种集合的真正动力,这次的集合相对更持久,但规模和密度不尽相同。有的时候,老城区规模扩大了,人口也变得更多、更稠密。资本家经营的较有历史的店铺成了工人家庭的容身之所。郊区工人居住区也在这周围形成,有时甚至超出了原来的界线。郊区不规律地发展起来,周边村落、邻近小城市,甚至更远地区的居民相继来到这里安家落户,这就为此地带来了新的居民。有的时候,当一些新成立的大型企业出现在乡野地区或是人烟稀少的地方时,它们的周边就会成立新的组织、机构,比如,矿工宿舍、工人城等相应的建筑,这些建筑都是人为的、暂时的。在某些地区,大批的人以某些方式集合起来,似乎只是因为这些集合体才是大工业充分发展的沃土。

为了更好地了解现代工业组织结构,我们应该更多地关注雇用工人的惊人数量以及范围广大、较为密集的消费者的数量。这也就是说,人口形态属于经济生活的一个方面,应该加以仔细研究。那么,用经济学上的术语进行解释的话,这些属于与大工业发展相关联的人口现象。如此说来,我们会联想到劳动力以及购买者的数量;同时,我们还将探讨人口的聚集、分散、移动如何影响财产以及服务的交换等问题。供与需,也就是说,劳动力的供给与对产品的需求,这二者在经济生活中起到重要作用,同时,它们与人口的数量、增减、迁移的方式有着密切的关系。从这个意义上讲,经济形态学仅仅是以人口现象、财产流通为对象的社会学研究的一部分。

然而,经济组织自身是否具有创造力,是否具有吸引必需的代理商和顾客的能力,工业在发展之初是不是没能适应人们的需要,或者它的根基不在此地,但却在这发现了充分的劳动力资源、大批的消费群体、继续发展的可能、交流的方式、道路、港口、大城市等等有利于自身发展的因素,这些都是我们需要了解的问题。关于这一点,我们将在以后的讨论中展开。在这里,我们只需要指出,随着逐渐向大工业过渡,人口不断演变,城市、乡村各团体组织的结构发生变化,作为纯粹意义上的人口现象(严格意义上的形态学),这些都可以从其自身的角度加以考察。

总之,任何事物都阻止不了人口的增加,哪怕只是通过一次简单的移民。任何事物也都阻止不了这种增加成为工业发展的前期条件,而不是其表面上的结果。在古代,生产技术水平较低,希腊人、罗马人在没有大量劳动力的情况下,又是怎样创造出如此多的生活必需品以满足需要的?他们又是怎样大面积地进行工业、农业劳作活动的呢?是通过战争,通过征服其他民族。也就是说,他们以暴力的手段掠夺野蛮民族的人口资源,用一种更先进的方式统治被俘虏的民族,以弥补艰苦的生存条件和居高不下的死亡率造成的损失。同样地,棉花可以在美洲大面积种植,这也多亏了移民来的有色人种。日本的劳动力资源很丰富,那是因为它的人口是在一个很短的时期内增长起来的。至于这种高出生率的原因,恐怕就要从它某一时期特殊的政治制度和社会道德观中寻找答案吧,但这并不属于经济范畴。

既然同样一种人口演变可以在千变万化的情况下实现,譬如武力征服、移民等,那么,工业形态的变化,即在各种情况下出现的特殊情况就不能作为演变的真正原因。这种演变在表面上与工业变革有关联,事实上,应该与之脱离,并且应该被放在人口现象中予以考察。这种演变,就像它从属的人口现象一样,需要我们进行专门的研究:对大城市、移民、出生率等问题做整体性研究。

财产的分配同样具有形态学的一面。我们将按照收入总额的不同划分出不同的阶层和团体,称此为分配形式,即经济阶层。无论在农村还是在城市,不同阶层的人在马路上、在市场里总会相遇,彼此接触。甚至有时他们还比邻而居,或者居住在同一个农场、同一幢大楼里。然而,在每一个地区、每一个城市、每一个街区,都会有某些阶层占主导地位:在某种程度上,他们将自己的特征标记在所居住的土地上,所以当人们来到某个地方,人们会看出该地区及该地区居民的大体情况,了解他们是富裕、平庸,还是生活困苦。在大城市,情况差不多。人们可以一眼区分出富人区和穷人区。一个过路人或许满足于这表面的一瞥,而那些谙熟地区状况的人则会做出更详细、更准确的判断。

事实上,由于同一阶级的各成员间频繁交往,彼此拜访,我们可以得出结论说,每一个阶级都在空间上占有一部分,即他们的容身之地。这个地域或许在本阶级成员的思想中没有确定的概念,但它确确实实地存在着。针对以前的社会,我们还应加上公共场所、商场、戏院、散步场所、公园、避暑胜地、旅馆等,在这些场所,同阶级的人有更多的机会相遇。在这个问题上,现今社会的情况相仿,也有一些特点鲜明的地区、城市,比如富人集中的奢华城区、街道,贫苦人居住的城市、街区、道路。这些区分有时显得模糊,但不管怎样都存在着。一些富人,尤其是他们的孩子甚至不知道工人们居住的地方,而一些穷人从来也不踏入富人街区半步。各阶层都试图在空间上彼此分离。

这类情形与经济生活有密切的关系,会帮助我们更好地理解经济生活。因为它们主要是由于生活水平的不同而造成的。在每个团体内部,需求、爱好、道德都趋于统一,并区别于其他集团。某些工业、饮食业、奢侈品的发展水平以及某些商品达到的价格水平都与这些阶级的不平衡状态相关联。同样地,交易流的导向、不同地区市场上买卖的强度会根据地区化需求的不同而发生变化,但这里是指一种限定性的需求:人们对商品、服装、不动产的消费是为了满足各自在社会上所处阶层的需要。

所以,在一个国家中,那些新兴出现的、家产丰厚但思想陈腐的贵族统治阶级会突然遭到经济危机的打击,或者其统治根基被动摇、力量被削弱,那是因为从前有利于他们的条件正在发生变化。绘画作品、珠宝首饰、古旧的家具、珍贵的藏书,都被摆进了古玩店、珠宝首饰店,都被陈列在旧货商、艺术品出售商的橱窗里——或许这说明在新生阶级里,对古代社会的热衷、对古玩收藏的爱好在迅速高涨。与此相反,如果某阶层从前的生活水平较低,现今突然提高了,并且将维持该水平达一段时间,那么,这或许就需要新工业出现并不断发展,以满足这个阶层的新需求。众所周知,战后,美国的工资水平很高,但是美国工人并没有增加他们在吃住上的消费,而是用在了现代技术的开发与研制上,生产制造汽车、自行车、收音机、真空清洗机、电熨斗等等。这种日益增长的需求促进了机械工业的发展,要求它生产这一类型的产品。

因此,农业、工业、商业的发展取决于不断改变、更新的社会阶级运动。对于经济学家来说,这些阶级,作为消费者,他们既可能选择这家商店也可能选择别处,这与观众们在戏院门口排成两队买票是一个道理,有人要包厢或正厅前座,也有人要普通座位或二楼楼座。这些团体有轮廓,人流有方向和形式,只有对此仔细地加以研究,我们才能更好地了解社会中经济活动的本质和程度。

然而,阶级的划分以及他们各自在空间上的分配向我们展示了另一个层面。资产阶级、中产阶级、工人阶级……每个阶级都基本上有统一的需求、兴趣、道德观、行动准则和代表。既然因为出生与死亡都取决于生者的行为,那么,每个阶级差不多都有各自的生命力(出生率、死亡率)。

当然,每个阶级都应该被看作各个阶层的联合体,其习惯也并不完全相同。人们发现,一方面,在这些阶级内部,有一系列的地区,代表着不同程度的道德观(是指相对于被考察的阶级确定的道德观)。另一方面,包括人口风俗在内的风尚习俗会随着时代的发展而变化,再者,阶级之间存在的道德风俗方面的诸多差异也趋于消失。所以,工人阶级同其他地位更高一些的阶级一样,不生育过多的孩子。但是,出生人口的比例通常还是随着收入水平的变化而变化。当人们试图估算出古罗马人口减少的原因时,人们不禁会问,在这个问题上,奴隶制发挥了多大的作用。同时,人们也承认,被奴役阶级的出生率与其他阶级的截然不同。现如今,如果我们把巴黎的各个街区按照缴税的平均数目或者按工资收入进行划分,结果是其各自的出生率不尽相同。这就是说,一个团体,会根据它的社会构成而或快或慢地增长,在保持原有状态的同时进行人口更替,时而还会渐渐失去自己原有的内容。

之所以说各阶级发展壮大的能力不尽相同,其发展速度和程度或不平衡,或维持同样规模,这些都是总人口法规作用的结果。如我们有时观察到的,为什么一个封闭的阶级或是极端专制的贵族政权的出生率总是很低,为什么他们总是迫不得已吸收新成员以维持自身的水平?要么是因为那儿的居民较少结婚,要么是因为那里的夫妻很少生育。但也有可能是因为当地的人口实行内婚制,而且数量很有限。一个团体的壮大或缩小可以从社会、经济等角度进行解释,原因通常归结于婚姻障碍、生育障碍,还有身体上的障碍,比如说要求空间上彼此分离或是要求限制资源等。总之,一些人口现象应重新分类,并将其纳入我们研究的范围。

再来看看阶级形态学的其他方面,即它们的物质排列、空间上的分布和移动。大工业生产意味着大范围、大密度的人口聚居。然而,任何一个人穿过人口密集的城市社区时都会发现,每一个社区都会因其人口的社会水平而区别于其他社区(这一点我们已经看到了)。但同时,他们也会发现,这种区别还来自居民聚集方式的不同,比如整体群居或是高密度地集中在某幢大楼,聚集在一间间低矮的房屋里,或是先前建造的街区之间的空地上、铁轨中间的通道上,还是在工厂附近,抑或是在城市与农村的交界处。事实上,正在发展中的任何一个城市都是由一个挨着一个的群体组成,而这些群体往往代表了不同的经济阶级。

但是,从这些城市结构以及这些结构造成的运动来看,难道他们没有一个固有的现实,即对社会阶级间差异的抽象?我们是不是又一次涉及了人口现象的问题?有一些人,由于他们掌握的生存方式有限,只能支配很少的一部分资源,只能从事那些低等的职业。从他们身上,我们依稀见到了那些从农村迁移到城市,或远渡重洋来到异国他乡定居的移民们,他们的基本情况与此相仿。那么,就让我们看看移民们特有的人口特点吧。与原来的群体脱离,试着习惯于新的聚居环境和居住环境,抛弃原来定居生活的习俗,这些移民尽一切努力深入全新的城市生活,但最初,他们身上带着一种不可同化的东西。他们没有完全浸入社会生活中,而只是知道主要街区较为繁华的大路在哪里。在失业人员日益增多的年代,包括欧洲在内的整个工人阶级涌向大城市,这批流动的人口还没有真正成为城市群体的一部分。

所有这些特点都很好地定义了不同的人口结构,描述和解释这些人口结构时我们不必考虑经济状况。定居的人口,一家家一户户,自他们的团体建立之初,他们就世世代代在当地繁衍生息;而流动人口,在任何地方都不会停留很久,时刻被一种力量驱使着。当然,除了这两种极端,还有许多中间阶段。城市中的各种群体不断地流动,并表现出不平衡性,这些群体的并置促使城市中各种组织逐渐产生。阶级并不仅仅是出生率不同、死亡率不同、结婚率不同的群体,它们还因组织方式、规模的扩展、所有成员的减少与分散、移动的频繁性等而各具特色。如此种种现实,都直接从属于人口学的研究范畴。

我们探讨了宗教形态学、政治形态学和经济形态学,事实上,这已经涉及了社会生活的很大一部分。但是,我们所探讨的或许也同样适用于其他领域。于勒·罗曼从社会学角度向人们描述了可以在城市街道上看到临时组建的群体、送葬行列、示威游行的队伍、马路边看热闹的人、戏院前排队买票的长龙、公共汽车站等车的人群;这样的集体组成时刻都有分散的可能,肉体是表面的,不很稳定的灵魂在飘荡。但是从另一个角度看,即便是圣人,或者哲学家组成的社会也不是永远思想纯洁的,因为这个社会有肉体,尽管他们试图忘记自己的躯体,并尝试从中超脱出来。此外,人们还可以说,无论是在家庭中,在有着悠久历史并以此为荣的民族中,还是在对未来充满信心的国家里,灵魂牢固地与肉体绑在了一起,同时,灵魂也在它的那片土地上得到保护。总之,不能完全地失去肉体,因为所有群体都要在空间上占一席之地,所有的群体都要通过有机生命的力量来了解自己的存在。

根据具体情况,社会生活的物质层面多多少少有些表象化,这确是事实。这一点在宗教社会被抹杀了,但确实存在着;在政治组织中这一点会略微显著些,而在生产和财富的世界里则愈加明显。人类为了在空间领域确立自己的地位,为了按照统一的规则组织起来,尤其为了在诸事物身上施加他们的影响和统治,他们与空间领域越来越靠近。随着这种关系的不断贴近,物质用来抵制人类安排的对抗能力也会日益增强。但是,在人类行为中,根本不会有协调一致的可能,人类的思维、制度中也会有不稳定因素,除非他们采取某些确定的、持久的方法,这些方法与一般性社会活动之间的关系,就像器官的物质形态与器官功能之间的关系一样。这就是广义社会形态学研究的对象。

从这个角度看,集体生活的空间形式在我们看来,首先就好似时空中的英国国教徒或是均一性所要求的必需条件,我们由此可以衡量出它们的范围和密度。信徒的数量、信徒团体在空间上遍布的范围、密集程度不同的组织形成、教会组织的稳固性等,所有这些足以对教派活动做一个概要的、形象性的介绍。在政治机体中,同样的特点会向我们昭示该政治团体的团结程度,公民中权利与义务的普及、确认和强制程度,告诉我们哪一种共同的精神支配着整个领域,哪一种精神活跃着并着手实施政治措施的各大功能等等。最后,让我们再来看看经济生活,考察一下各大企业的规模、范围、数量以及社会阶层的分布,从中我们将了解到物质产品的生产和财富的分配是如何在该社会内进行的。这样,在任何特定的领域中,社会活动都设立了一些结构,并以此作为基础,就像它要以协调统一的风俗习惯为基础一样。这些社会形态很好地阐释了它的精神。这些形态来自立法者的各种努力、思考和经验。也正是通过它们,我们才清楚地看到各种活动的生命力和活力所在。

当然,这些形态不仅仅阐释了其精神,同时它还致力于对其进行修改。一个立法者往往不能预见到一个司法组织的长远效果。尤其是当这个组织先前服务的条件发生变化时,面对新的情况,它在适应上就会遇到障碍。在社会生活的其他领域里,情况也不尽相同。想一想工厂中的生产设备,引进它们之初是为了节省劳动力,引进设备之后,工厂就要建立相应的工业组织加以管理,这个组织还要雇用更多的工人,要求他们付出更多的努力来负责这个用来管理机械设备的组织。一个经济地区或是一个宗教团体的扩展可能会给生产及分配制度、宗教信仰自身带去深刻的变化,这些变化往往与人们最初的目的背道而驰。以制止和规范社会运动为目的的立法有时会事与愿违,既会加强这项运动,又会给它注入新的活力。

但是,在这里我们似乎应该做一个重要的区分。在这些团体物质层面上的变化中,有很大一部分只对产生这些组织的功能起作用,并且这一部分变化还密闭在社会生活的有限领域。譬如,一个宗教组织或是国家机构在空间上的扩展,或者是在它们空间范围内的重新划分,只对教派精神或是政治精神、政治措施有影响。当一种经济形式占主导,许多手工业者、农民就加入了大工业时代的工人阶级行列,他们的活动更加机械化、专业化,生产率提高,收入或增或减。当然,这些团体的结构发生了变化,但变化更多地却是发生在人口和财产分配的层面上。

除了上述的变化之外,还存在许多其他的变化。尽管产品出现在社会生活的不同范畴里,但如果不考虑将宗教现象与经济现象相区别的其他壁垒的话,所有这些变化的本质是相同的,构成一个整体。到这里,我们就进入了人口状态与运动的领域了,这也是狭义的社会形态学所研究的范畴,作为特殊的社会现象,就仿佛身体的生长、细胞的更新、红细胞通过各种有机物游离等等此类的生理变化,都与各个独立的器官功能相联系。每一个特殊的功能都会促使相应组织在结构和体积上发生变化,而这些变化超出了功能自身的限制,与社会机体的结构变化、体积变化密切相关。

在宗教圣地、政治中心、大工业企业周围集结着诸多群体,存在各种形式的迁移、移民。我们总是可以用人口学的术语描绘此类种种现象,而不必考虑它们出现的有限区域。

人群的迁移、出生率的提高、死亡率的提高,或者是一方土地上人口聚集的方式等等,都与诸多条件有关联,诸如,地区的物质条件、宗教及道德环境、工业变革等等。但是,无论这些条件现在和先前的面貌如何,如此与之相连的人口状况和人口运动都会具有相同的性质和特点,这些都是人口现象。

死亡率的上升有时是由于以下原因:某些教派中出现了禁欲主义,对医疗卫生开始忽视,一个好战的、奴役国民的政治制度或者是经济危机、工人失业。这通常只是死亡率变化的问题,专门属于某一个特殊民族;但说到出生率、结婚率、人口广度、聚集的方式等时,则是人口学的问题了。由此可以得出结论,有一些形态学,研究对应于社会机体重要功能器官、组织的方方面面;除此之外,还有一种形态学,致力于从人口本身出发,是一般意义上的人口形态学。在下面的章节中我们将集中探讨。

第二部分　狭义社会形态学，或人口科学

第一编　空间环境

第一章　地球上与大陆上的人口

尽管家庭、国家、宗教、工业企业等任何其他组织的形成都离不开人口,但就人口本身而言,它与这些组织还是有区别的。无论是整体而言还是部分地看,无论从它的形式还是结构出发,人口都只能通过其自身特有的性质加以阐述,这就是严格意义上的社会形态学,即狭义社会形态学研究的对象。在研究社会其他领域的形态学时,我们最终也都归结到人口问题。所以说,人口现象是客观存在的,我们可以将人口现象与其他现象相分离,并在这些现象从属的领域里将它们彼此联系起来。

这个领域是很广阔的。我们将分两部分进行阐述,每一部分对应一个观察视角,两种观察角度截然不同又相互补充。在研究人口的状态及运动这个问题时,尤其是在研究与它们紧密联系的集体表现等问题时,我们将采取上述两种观察视角。

前面我们说过,所有的社会团体都与空间有关,甚至在空间上占有一席之地,不然,这个团体不能获得自己的形态,也不能发挥作用。这一论点的依据尤其在于人口的特殊功能是建立在土地上的。在地球上，各个人类群体都占有一定的疆域，其范围可大可小。他们在自己的土地上大面积地扩张，或者逐渐地缩小，要么集中要么散居地分布开来。他们会以不同的速度、不同的规模迁移。但同时，人口固定下来，在进入物质世界的同时，他们自己也成了物质，或者意识到自己具有了一定的规模、群体，意识到应该以一个稳定的物质集体的形象昭示于外界。这样，练兵场上的军队就好似棋盘上的棋子，前进中的部落好似风力吹动的大片乌云，某个地方聚集的人群好似塞得满满的瓮中的合金金属，人类群体成了物质群体。

另一方面，一个人类群体是由众多有生命的元素组成的。大量并存的有机物构成的联合体本身不必也是个有机体。然而，当这些生命以一种长久的持续的方式联合起来时，当在每个这样的集体内部出现了部分元素死亡，并有代代繁衍产生的新的元素前来代替时，这个人类群体就表现出了自己是有生命机体的重要特征。事实上，这个人类群体要生存并发挥功能，是需要一定条件的：它只有自己创造一个物质的、有机的机体，这个机体可以生长、膨大、缩小、自身繁殖甚至逐渐萎缩直至消失，它尤其必须意识到机体是如此这样的，它的有机功能是如此这般这般的，因为人类群体不能仅限于接受这些功能,它还要领导它们、控制它们,这一点我们以后将论及。

因此就出现了两个相接续的层面:一个是在空间中、地上的人类群体;另一个则是生活世界的群体,接受生物力量的支配,这种生物力量决定着人口学中所说的自然运动。首先我们将研究第一种群体。相信任何一个自然主义者都会采取这个研究步骤。面对着动物,观察它们的外在表现,聚居的地区,在空间上的分布,引起它们与本物种、他物种之间发生关系的迁移,然后,再以它们中的每一个独立成员为对象,考察其内部功能、组织更新、器官进化等等。

社会学家认为,人类并不仅仅是彼此相互区分的个体,他们还组建团体,而这些团体才是真正意义上的人类单位。当然,这些组织之间也并非彼此不关联,而是越来越趋向于按照它们之间的亲缘性组成更大的群体——地球上的人口。这个更大群体的组建是不是也是一种精神的创立呢?诚然,很长时间以来,许多人类群体彼此分离而居,甚至不知道对方的存在。包括在当今社会,还有很多野蛮部落、乡野村落,他们的生活圈子从未超过他们的居住地。然而人类毕竟是人类,他们不同于牲畜或是植物。有一种激情促使他们走出家门,在某个限定的社会里表现自己的地位,这种激情甚至影响到了他们的思想。部落之间总有一些哪怕是短时间的交流,渐渐地,这种交往频繁起来,范围也愈来愈大,最后波及整个地球。

希罗多德时期,我们所说的古人所认识的世界就已经表现为拥有广阔疆域的群体,各个组成部分相互作用。再晚一些,军队的远征、入侵他国,带来了大面积的动荡不安。库利斯歇兄弟(Kulischer)在最近出版的一本书中描述了大批人口向远处迁移的状况,他们环绕地中海,穿过波斯、阿拉伯、中亚、中国、西伯利亚、波罗的海国家。15世纪以来,西欧发生的事件证实了这次大迁移的影响。另一方面,经济交换通常会把两个相隔很远的地区联系起来。通过经济交易、商人在地区间的往来,至少全世界的人们知道,在遥远的地方还有某些民族存在。最后,补充一点地理状况的发展演变:旅游者们的叙述不仅使地图得到更正,也使它更加完整,旅游者们可以说出原来空白处的民族甚至城市名字,并渐渐让人们相信地球上所有可居住的地方都有人居住。这样,我们习惯于用更广阔的视野思考问题,习惯于对地球上的人口加以观照,并把他们看作一个整体,因为随着时间的推移,所有的地球居民组成的群体越来越频繁地交往,彼此的关系也越来越密切。

地球上的人口,这不仅仅是算术学上的术语。在地球上面构成了一个延续的、不断扩展的人类群体,这个群体因内部迁移而富有生命,并且有着共同的生活。尽管在某一点上它会出现空白,尽管它有时疏散有时稠密,但它仍旧是一个有生命的组织,我们应该从整体上加以考察。

自17—18世纪起,一些国家,比如德国、英国、法国、意大利等,才开始致力于对人口进行精确的统计。首先,通过间接的方式,即统计房屋、住户的数量,再将此数量与各个家庭约有的成员数相乘,或者借助于对出生人口、死亡人口的统计记录进行计算,很长时间以来,人们一致认为不可能统计出生活在地球上的全部人口的数量。随着历史的车轮驶进19世纪,大多数开化的国家注意到了人口统计,开始进行官方的人口普查,尽量让每个公民都填写一份个人情况卡,所有的卡片都由中央行政部门统一管理,并对其进行分析。然而时至今日,在文明程度不很高的地区,比如亚非地区的某些国家、部落,在这个问题上仍留有空白。

经历了二三百年的时间,我们难道还是不能对世界上人口迁移情况做出大概的估算吗?让我们看看美国人威尔科克斯(Willcox)的最新研究成果。从中,我们找到了对我们的研究有益的两点。首先是自17世纪中叶到现今所有资深作家笔下对地球上人口数量的估算。尽管当时没有统计学,或者当时的统计学没得到足够的发展,但人们对地球上人类的生存状况以及数量也并不是一无所知的。他们对1650年至1700年中的不同的4年做过5次概算；整个18世纪，他们分别对不同的15个年份做了16次概算；自1850年至1900年，进行了60次概算；1900年至1930年，进行了39次概算。这些统计还是有一定收效的。首先，其中的一些统计起到了权威作用。在知识界，比如在地理学家和受过教育的人中间，这种做法常常被效仿。另一方面，除了个别情况，这些统计看上去并不完全抽象。它们是当时人类认识的总结，即首先是在现场进行较为片面的观察，然后由旅行者、探险家们再凭借印象和经历予以补充。

而我们的美国作家威尔科克斯对上面的统计做了批判和更正（这也是他的研究给我们的第二点启示），他的理论依据是不被现代人了解的情况，以及现代人没能经历的但逐渐被发掘、解释的不同原始资料间的比较和亲缘关系。他尤其使用了外推法，追溯历史，推演过去，越来越接近我们的现代社会。或许，他还对更远古时代更为不确定的发展状况做了假设并推断出其发展规律。当然，他也做了大量的印证核实工作，采纳较为适中的、最具真实性的结论。

故此，或许这是人类第一次在近三个世纪的时间跨度里，对一个涉及面如此广泛的现象做了初步概算，其影响对生活在地球上各大洲的人类群体的发展而言是深远的。诚然,纯人口学意义上的数字是抽象的、极其有限的。但关键在于它属于社会形态学的范畴,它很好地决定了人类群体的活动范围、规模、增长速度等。当有一天,我们有能力测出地球的大小,测出地球与其他星体之间的距离,计算出所有可见星体的数量时,关于这个物质世界,我们的头脑中又在进行着怎样的革命!天文学正是基于此才建立起来的。同样,人口就是一个涉及面最广的范畴,任何社会现象都该被容纳在其中。因为在这个机体中,流动的群体是受制于机体的疆界的,这个问题是社会科学的第一章节,当然,也是最重要的。

英国作家塞缪尔·约翰逊(Samuel Johnson)曾说过:"在18世纪,计算是一件很现代的实践。而古老的做法是,想象和猜测。这样得出的结论怎么不会言过其实呢?"远古社会,我们找不到任何迹象可以表明古代人曾对某国家或城市的人口进行过精确统计。然而,到了文艺复兴时期,当人们再次翻开古希腊罗马的经典著作时,上面记录的古代城市人口的数量被不容置疑地接受了。人们从中可以发现,罗马人口似乎锐减了70%。其他地中海地区,人口也都大幅减少。由此,人们得出结论,在先前的15个世纪里,地球上的人口呈下降趋势(孟德斯鸠在他的《波斯人信札》里也提到,当时人口下降了近10%)。

17世纪，除去纯抽象的估算（这些估算的结果从6000万到40亿不等），我们应该看一看耶稣会里希奥利（Riccioli）的估算。他的估算以他所掌握的最充分的资料为依据，得出的结果是，全世界的居民共有10亿。尽管他统计出的数字是个整数，但事实上，这个数字的确是各大洲人口数的总和。欧洲的人口达到了1亿，这个结果似乎与实际没有很大出入，那是因为，在当今，德国人尤利乌斯·贝洛赫（Julius Beloch）采用另一种方法统计古代、中世纪，直到17世纪生活在地中海沿岸的人口数量，其结果与上面的相同。里希奥利认为，中国的人口达2亿。这个数字有些夸张（这个数字是他从马丁尼神父那里借用来的）。威尔科克斯根据五位中国问题研究专家的说法，认为当时中国人口至多7000万。至于整个亚洲，不是里希奥利得出的5亿，而仅仅是这个数字的一半——2.5亿。非洲呢，我们只能接受里希奥利在1650年提供的数字：1亿（与欧洲人口数量相同）。但是，他说美洲的人口达到2亿，这未免有些太夸张了。当代美国研究专家通过各种方式得出的结论是，17世纪中叶，美洲的人口是1300万（其中只有近100万人居住在现在的美国和加拿大地区）。如此说来，当时世界上总人口数应该是4.5亿，而不是10亿。里希奥利计算出的10亿人口与18世纪伟大的统计学家聚斯米利希（Süssmilch）的结论不谋而合。而事实上,直到19世纪中叶,全世界总人口才达到这个数目,这几乎是17世纪的两倍。但是,我们可以断定,在任何时期,这种不知不觉的成倍增长都是可能的。事实上,19世纪以前,地球上居住的人口远不如人们想象的那么多。

下面,让我们看一下现代社会世界人口统计一览表。全世界人口数如下表所示:

年份	绝对数字	相对数字
1650	4.56亿	100
1750	6.60亿①	142
1800	8.36亿	180
1850	10.98亿	237
1900	15.51亿	340
1929	18.20亿(现今,近20亿)	395

总的说来,全世界人口在三个世纪里差不多增长了四倍。分析上面的统计表可以看出,直到1900年,人口增长率一直在攀升。第一个增长时期,1650年至1825年的175年间。第二个增长时期,1800年至1910年的110年间。但是,在最近的半个世纪,人口增长趋于平缓。1850年至1900年的50年间,人口增长是最快的。之后,便渐渐缓慢下来。

---

① 伏尔泰后来说是7亿。

下面我们逐一看看各大洲的情况。欧洲是唯一一个增长率不断上升的大洲。1650年至1805年的155年间,人口增长一倍;之后,1850年至1930年的80年间,人口又增长一倍。从这个角度看,欧洲与亚洲的情况对比鲜明,亚洲的人口增长率自17世纪起一直保持不变:第一个140年增长一倍,第二个140年同样增长一倍。

美国人口的增长呈现出自己的独特性。首先是人口缓慢地减少,这一时期,土著人在一定程度上填补了人口减少的空白,但土著人的数量很有限。之后,即最近的两个世纪,人口大幅增长,1760年至1800年的40年间,人口增长一倍;1800年至1840年的40年间,人口又增长一倍;随后,1840年至1900年的60年间,增长了三倍。但是,1900年之后,人口的增长率减少了一半。在南美洲,直到18世纪末,当地的人口仍然很少,情况就似先前的北美洲一样;1800年至1850年间,人口增长了一倍;1850年至1932年间,增长了四倍。南美洲的人口增长要比北美洲的晚了近半个世纪。

那么,在这个问题上,欧洲的情况居于亚洲和非洲两个极端的中间,它的人口增长率比亚洲的稍高,又比非洲的略低。

下面,我们再看看地球上的人口是如何在各大洲分布的。在17—18世纪,总体说来,欧洲的人口占世界人口总量的五分之一,非洲的也占总量的五分之一,亚洲人口占总人口的二分之一强(美洲的人口仅占总人口的2%—3%)。目前,世界近一半的人口仍在亚洲(而亚洲的可居住面积仅占世界的三分之一),亚洲一直是最大的人口聚居地。欧洲在很大程度上增加了自己在人口总量中的份额,接近世界总人口数的十分之三,而它的可居住面积还不到世界的十分之一。如果说非洲的人口在近三个世纪以来都几乎保持稳定的话,那么它们在世界人口中的份额将从原来的五分之一降至十三分之一。至于美洲人口,尽管它有大幅增长,但仅占世界总数的八分之一,而这个新大陆的面积却占世界可居住面积的四分之一强。17世纪有75%的地球人口居住在欧洲和亚洲,而现如今,那里的人口达到了总人口的四分之三强,甚至近80%。百分比增长的主要原因在于欧洲人口的相对增长。

威尔科克斯通过对原始数据的批判,得出了自己的统计数字,现在,又轮到威尔科克斯的结论遭受批判了。

库钦斯基(Kuczynski)研究发现,当时,我们只掌握了一些国家实际人口的十分之一,即便是按这个数字计算的话,这些国家的人口总数还占地球总人口数的五分之三(而不是100年前的五分之一)。尤其像中国,对它人口的统计数字从3.25亿到5.25亿不等;对亚洲人口的统计数字也同样相差悬殊,从9.6亿到12.6亿。但是,即便我们采纳了这个数字,亚洲还是占据世界总人口的二分之一。至于北美洲,库钦斯基坚持认为,在100年间,当地人口从原来的3000万增长到了2.5亿到2.8亿。至于各大洲的总人数,我们坚持前面讲过的比例份额。

从上述这些事实中,我们可以得出哪些结论呢?或许,在这300年中,无论是人口总的规模还是地球人口占据的空间,都发生了巨大的变化。总人数增长了四倍多,遍布了世界可居住地区的极其广大的疆域,甚至延伸到了过去只有极其稀少的野蛮部落散居的地方。直到1900年,这种无论是数量上还是疆域上的扩展仍在高速进行着。通常,我们都为这种运动的不断扩大而津津乐道,就好似日益壮大的人潮冲垮束缚他们的堤岸,澎湃地奔向远方,好似席卷全球的洪水吞噬了昔日可见的湖泊、河流。然而,在比较了过去各大洲人口状况之后,在今天,我们似乎还会为下面的情形震撼不已:尽管扩展在进行,但这种扩展并没有使地球上不同地区人口出现相对增长,也就是说,他们在总人口数中的份额发生变化。这是一种奇怪的稳定,无论人口结构上还是比例上都呈现出这种奇怪的稳定性。

四分之三强的人口仍然居住在欧亚大陆这片古老的土地上,美洲只占总人口数的八分之一,大洋洲包括波利尼西亚（即差不多整个海洋区域）只占0.5%。在亚欧大陆内部，变化是最明显的。但是，不管怎样，亚洲始终占据总人口数的二分之一，1929年占世界总人口的52%，稍低于1650年的54%。当人们打量一个人身体的不同部分时，就会发现从孩子到成人，他的头、胸、腹、四肢等部位都会发生巨大的相对变化。①

这是社会形态学重要的现象。人类群体不会像一堆怠惰的灰尘，一阵风就会将其吹散到四处，也不会像一股流水溢得到处都是，更不会像植物或是动物，只要大自然为它们提供了合适的条件就会生根繁衍。人类群体似乎有一个确定、稳固、相对静止的结构，在他们的聚居地繁衍生息，只是在很特殊的情况下，才非常缓慢地移出自己的生活圈子。人类群体是其固有形式的俘虏，而这种形式不同于任何其他有机生物群体。

这个强大的稳固性的原因在哪里？人们很早就注意到自然条件的影响，对于这一点，若丝毫不加以考虑，未免有些荒谬。沙漠、山峦、浩瀚的大海，往往阻碍了人类

---

① 查尔斯·达文波特在他1917年出版的《遗传特征》一书中，通过各种图解指明了身体不同组成部分的大小的变化，以及对于不同年龄的人，这些组成部分各自的大小占整个身体的比例。这样，人们就可以看出头的大小在身高（整个身体的高度）中占的比例了：出生时仅占四分之一，2岁时占五分之一，7岁时占六分之一，12岁时占七分之一，20岁时占八分之一。另见阿佩尔所著《儿童的疾病》。

的迁移；而面对最最肥沃的土地，海拔适中、自然条件良好的平原，人们便定居下来。如此这般解释似乎太简单化了。如果说，自然界在这些方面影响了人类，即影响了人类发展，那么，人，尤其是社会中的人会以同种方式，甚至会用更多的力量反作用于土地。

吕希安·费夫尔（Lucien Febvre）在批判人文地理学派的物质决定论以及该学派部分成员的论点时指出：我们随处都可以遇到表面上看来有利于人类形成的条件，但可惜都被人忽视了。而随处又存在着不利的方面，人们出于一厢情愿、不顾一切的可能性，牢牢守住这些不利的方面，即守住他们的那片土地。非洲国家苏丹，景色千变万化，土地肥沃，但人口却相当稀少。密西西比河流域富饶的冲积平原也只有不多的人口，并且很稀疏。尽管自然界给人类设置了很多障碍，但这些都不能停止人类前进的脚步。让我们想想来自遥远亚洲的迁移人口，他们遍布了整个西欧，这不是一个很好的实例吗？人种志学者们的新近研究表明，同一文明程度的人，分别占据了太平洋亚洲沿岸及美洲沿岸，通过最初横渡大洋的人，彼此交流了技术发明、工具、武器，甚至语言本身。然而，一个世纪以来，在文明高度发展的今天，日益完善的交通方式给人类的远程迁移带来了更大的便利，这些迁移或受表率们的鼓动，或受瞬时、精准的信息系统的驱动。从这个意义上说，物质条件不会必然导致人类群体的扩展。

在这里，我们似乎应该再考虑一下经济条件和国家环境。人类在地球上聚居之初，或许原始的田园生活、狩猎、捕鱼等都有利于人类的迁移。游牧民族带着他们的帐篷，不断更换居住地，在新的地方驻扎。是文明让人类定居下来。这是不是说明几个世纪以前，当时的人类比现在的更深居简出呢？但是，现如今，农民们逐渐离开家，来到城市打工。如果说打工也决定了人类真正的内部迁移，那么这回又轮到大工业把人们定居在工厂附近。工业社会一建立，便会马上拥有自己的成员。与此同时，就会有很多相应的国家机构、组织建立起来，以便对身在其中的社会成员进行管制。这些成员置身于社会中，使用着同样的语言，分享着共同的风俗习惯、生活方式。至于经济习俗、国家习俗，这些都属于惯性原理范畴，它们会留住自己的成员世代居住下去，直到现代。

但是，习惯还不等同于原理。习惯的养成仅仅是个结果。人类服从社会强制力量，而社会强制力量又会督促人们保持或改变原有的生存状态。从更广泛的意义上说，一个人类群体的经济构成，在这里可以和国家特点一样，被看作结果而非原因。如果说这群人形成了稳定的经济群体，那是因为他们在空间上以某一种方式进行了分布。为了按照现代模式进行发展，工业就要假想一个群体,他们以某种状态聚居着或集中着。只有当省份之间,尤其是人口相当密集的城市之间建立起了紧密而持久的关系时,只有当相对密集的人口内部产生了范围足够广大的集体代表时,国家才能建立起来。

因此,我们在这里要谈谈人口形态的问题(这里是指人口的规模、外形、密度等)。一个人类群体久而久之就会意识到自己的结构与物质界的关系,同时也会认识到自己与相邻人类群体间的关系,当然这些人类群体也是从物质形态方面而言的。渐渐地,每个群体都在其他群体中间形成了自己的位置,他们彼此联系,但又相互区别。一个共同的思想情感就是一股巨大的力量,他们可以通过彼此间的紧缩、迁移或远离等方式,抵制形态上的变化。在某一地区,只有当组建的团体逐渐意识到要建立一个共同的人类群体时,工作的分工以及职业间的连带关系等方面才能体现团结的原则,才能持久地保存下去。在一个持久的人类群体中,人们世世代代繁衍生息,渐渐养成了在某个地区比邻而居的习惯。这时候,就会有人思考,尽管初期的思考还很模糊,但他们已经意识到这种习惯的养成会促成民族感的诞生。在同一个地方,人们出生、死亡、通婚,他们形成的家庭在这个地方代代生存下来。作为一个集体,他们彼此在对方身上看到了自己的影子。这就是地球上人类群体分布呈现给我们的稳定原则,同时这也是人类最重要的特征之一。

当然,这种抵制力还是有限的。在历史的长河中,有好多民族曾换过居住地。但正是因为人类一直都是成群地迁移,并且人类要么未曾在这个地区长期驻扎,要么通过武力征服了某个民族,要么被新的入侵者征服而不得不远离先前的居住地,这些情况都给大范围的迁移创造了可能性或便利条件。很可能存在这种情况,从前那些较弱小、疏散的民族,人口不聚集且不稳定,其状态不断发生变化。如果是长期定居、社会安定的民族,情况就大相径庭了,他们在自己的领地里不断发展壮大,通过自身人口的增长,填补与其他民族间以及自己内部的空白。随着工业的发展,增长的速度越来越快。尽管如此,世界上的人口在不到三个世纪的时间里,增长了四倍之多,其中欧洲人口竟增长了近五倍,其人口在世界上的分布却丝毫没有改变。看到这样的事实,我们仍不禁为之震惊。

诚然,这段时期里,其他的大洲,比如说美洲,与欧洲相比也有了相对的增长。由于社会生活中现代形式的出现,尤其是经济方面的现代形式的出现,在所有国家里,都存在着一种人,他们与整体融合得不好,在某种程度上被抛到了集体的表层,他们无法在集体中扎根。正是这群漂移人口的存在,比如贫苦的农民、工业企业中地位较低的工人等等,才显著促成了人口的迁移运动。在亚欧各国,这样的群体有一定减少,但总体上仍呈上升趋势。

尽管空间、空间表现以及其他因素强烈地吸引着人们,但人口分布仍呈现出如此的稳定性,归根结底,只是因为另一种集体表征,是这种力量挽留住了人们。并且,人类群体越密集,人口数量越多,这种集体表征越强烈。对于每个群体而言,这种表征就是该群体的物质形态。

第二章 人口密度。大城市

谈及整个地球、大洲或国家，仅仅知道居住于其中的居民是不够的。我们还应知道人口是在怎样的范围内分布的。这就是我们所讲的人口密度。通常，我们通过计算每单位面积上的人口数（如每平方千米）或是计算每个居民的占地面积，来对人口密度加以说明。

确实，在同一个国家里，山区与工业区的自然条件及人文状况差别很大。山区人口稀少，不适宜种植业发展，而工业集中的地区，企业云集，人口密集。所以，在计算全国人口的平均密度时，不能以某一地区为对象。但我们可以选择有限的、基本情况相同的地区作为研究对象。另外，我们也可以在计算部分数据的误差时，用平均数值对假定的情况加以补充。如果说误差很大，那就表明，人口实际的聚居条件是多种多样的。故此，通过对分布数据的概算，我们还是可以估算出这种多样性的。譬如说，把法国某个省、某些省或者全国各省的所有区、街放在同一列队伍里，并按照人口密度递增的顺序将它们排列，居于队伍中间、前四分之一部分、后四分之一部分、前半部分、后半部分、后十分之一部分的区、街的人口密度是多少？这就是中位数、四分位数、十分位数等概念的含义。

人口密度同时也为我们提供了简单地衡量亲缘关系以及亲近程度的方法，这种亲缘关系不是单纯地从生物学角度考察的有组织生物之间的关系，而是指生活在社会中的人们之间的复杂关系。这也是牲畜群、植物群与人类群体之间巨大差异之所在。在社会中，人类的思想、感情、行为的方式等会随着他们之间关系的多样化和强烈化而发生改变。一般说来，随着社会人口密度的增长，人类之间的交往会更加频繁。无论怎样，密切的人类关系预示着一个密集社会的存在，而这个密集社会同样会带来诸多富有特色的社会心理现象。当人们如此这般地相互接近、紧密地生活在一起时，人口的死亡率、出生率、结婚率就会发生变化，而这些比率还会因考察对象的不同（是农村还是城市）而有所不同。还要说明一点，在人口相对密集的群体中，人口流动更频繁、更快速，国家内部、国家之间会有更多的人口迁移。因此，所有人口现象与人口密度之间总是存在着因果、果因关系。

下面让我们大体介绍一下地球上人口的密度。我们将按照大洲、岛屿逐一介绍。拉策尔（Ratzel）所称的地球上可居住地主要指热带、南北温带、北寒带的一部分，其中包括船舶时常穿梭往来于其中的海洋，也就是说地球表面积的六分之五。我们将以国家为单位,来看看世界人口分布图。这个分布图将向我们展示,人口相对密集的地区(每平方千米多于 50 人)是很少的,并且其疆域有限:其中有欧洲的一小部分,英国、法国、西班牙(除了其南部地区)、意大利、比利时、荷兰、瑞士、德国、奥地利、匈牙利、丹麦;然后还有印度;最后是日本以及中国的一部分。

这样,就形成了三个中心,它们彼此近邻,又不完全在欧洲。我们还应补充一个地区,即美国东海岸很小的一部分(这个地区面积甚至比法国还小)。各大洲除了拥有上述人口密集地区之外,还有一些地区人口密度不到每平方千米 1 人:比如,亚洲的中部和北部大部分地区,非洲北部的沙漠地带,同处非洲的副热带地区(其面积相对小一些);整个南美中部,整个北美北部以及中西部的一部分;澳大利亚的大部分(除了其东部的狭长地带)。总之,存在着这些极限情况,而某地区整体人口平均密度达到每平方千米 15 人似乎是不能实现的。但总的说来,欧洲(包括苏联)的人口密度是每平方千米 52 人,亚洲只是这个数字的一半,美洲是这个数字的八分之一或九分之一,非洲仅仅是十分之一。

在欧洲,有一些毗邻的国家和地区,其人口密度远远超出了欧洲的平均值,譬如说,英格兰及威尔士、法国、比利时、荷兰、德国、丹麦、波兰、捷克斯洛伐克、奥地利、匈牙利、意大利,这些国家的人口密度平均达到每平方千米128人,而不是全欧洲的平均值每平方千米52人。这些国家的面积总和是欧洲陆地面积的23.7%,拥有的人口却是全欧洲人口的55%。苏联在欧洲部分的人口密度是每平方千米26人(乌克兰达到每平方千米64人,白俄罗斯则是39人),但它占据了欧洲总面积的43.5%,人口是欧洲总人口的23%。在这两个极端中间,还有一些国家,比如北欧国家、葡萄牙、西班牙、罗马尼亚、希腊、南斯拉夫等国,其人口密度与全欧洲平均密度持平,即每平方千米40到60人,但它们仅拥有欧洲总人口的22%。

美国的平均人口密度是每平方千米15.7人,这要比苏联的少得多,与该洲的绝大部分地区相比,这个数值居中,但是这个绝大部分地区要排除中美地狭附近的国家,因为那里的人口密度高达每平方千米99人,情况与我们前面考察的欧洲第一集团相仿。

人们可以相信,这种种差别正在逐渐缩小,各地区的人口密度开始趋同,至少在欧洲,这个趋势已经开始显现出来。但这不足为奇。首先,让我们对欧洲各国的人口密度逐一进行计算和统计(不考虑原来的俄罗斯帝国以及现今的苏联)。在最近的80年里,人口密度呈稳步、规律的上升趋势。1850年:每平方千米44.5人;1870年:

每平方千米50人；1890年：每平方千米57人；1910年：每平方千米66人；1930年：每平方千米75人。但是，这些数字是通过对地域面积差别很大的不同国家的情况进行统计而得出的结果。

下面让我们试着计算出这些国家人口平均密度的差值以及平均值，换句话说，即每个国家平均人口密度之间差值的平均数，以及所有这些国家的平均人口密度。这要求如实计算，然后再乘以权数（为了考察人口的不平衡性，我们用相当于这个国家人口数的系数乘以该国家人口密度的差值，然后再用得出数据的总和除以系数的总和），再将每个时期的平均密度化简到百位数字之内，看看平均差值是怎样的。

时间	平均密度	平均差值		相对数量		
		单数	乘以权数	平均密度	平均差值	
					单数	乘以权数
1850	44.5	31	26.7	100	69.5	60
1870	50	33	29	100	66	58
1890	57	37	31	100	65	54.5
1910	66	49	41.5	100	74.5	63
1930	75	52.7	45	100	70	60

从最右边两列尤其是最右边的一列数据我们可以看出，人口密度平均差自1850年到1890年缓慢减少，之后

第二章　人口密度。大城市

又有回升,到1930年,差值与1850年的相同。这种现象表现得尤其突出,这是因为,在这80年间,人口平均密度增长了近一半多,而且人口密度最大和最小的国家也不再是先前的那些国家。自1890年起,人口似乎以一种更统一的方式遍布开来,并且有新的因素出现,新的因素使人口聚集,并且不同的国家人口聚集的程度不尽相同。

事实上,从统计学角度看,人口密度只是世界上人口分布方式的不完全表达方式。某个特定的民族,在某一疆域内,可能聚居生存,也可能分散而居。再者,聚居的形式也表现得多种多样。首先,让我们从整体上谈谈城市与乡村的情况。在法国,人口不足2000的地方被称作乡镇。但是在约一个世纪之前,也就是1846年,如此定义的乡镇人口占全国总人口的四分之三(75.6％),而现如今(1931年),这些人口则不到总人口的一半(48.8％)。诚然,这是一个巨大的变化。但是,城市人口的增加意味着什么?难道是中小型城市数量增加了,而它们的面积没有相应扩大?既然小城市、大市镇、面积广阔的村庄之间,人口聚居的形式没有多大差异,那么聚居形式的变革又是在怎样的情况下受到限制的呢?是那些大城市、大都市尤其从人口迁移中受益吗?

实际上,在法国,从1800年至今,人口超过10万的城市,其总人口数已经从原来的80万增长到了现在的

700万。在英国，已经从原来的100万增长到1800万。在德国，从原来的30万增到现在的2000万。在新成立的国家中，大城市人口占该国家总人口数的绝大部分。譬如在澳大利亚，居住人口一半都集中在七座城市中，三分之一集中在悉尼和墨尔本（在悉尼，1930年左右，人口将近123.5万）。在全世界的其他地方，有31个城市人口超过100万。

然而，最值得注意的是大都市的出现。在全世界所有地区，有八个大都市人口超过300万：纽约（大概700万），东京（550万，大东京），巴黎（算上巴黎郊区，人口基本上也达到东京的人口数字），伦敦和柏林（420万），莫斯科（360万），上海和芝加哥（330万）。列宁格勒的人口刚刚达到300万。之后，其他城市的人口就从300万直接降到100万，中间几乎没有过渡（只有两个城市，维也纳和费城，人口数量居于这两个数字间）。很显然，这些大都市、国际性都市组成了一个全新类型，它们原来的形式没有相同之处。所有这些人口超过300万的城市，它们的居民总和是4000万，即法国现在的居民数量，我们可以对它们进行具体研究。在法国，通过各种组织、机构、新的习俗的建立，这些居民对于其他城市、城市的内部机构甚至乡村文明的形成都起到举足轻重的作用。

这些新城市的形成改变了社会活动各个方面的生存

条件。这也是为什么我们在前面从多个角度——宗教形态学、政治形态学、经济形态学——进行分析的缘故。

首先说说宗教形态学。在古代，大量城市在教堂周围形成，不断发展壮大，甚至就连城市的位置、城市的界线、城墙等主要的划分都具有神圣宗教的色彩。但是，如果我们深入了解其中的一些城市，在那里，借宗教仪式、比赛、节日或一般所说的礼拜之际，人们会举行盛大集会，这种集会只是暂时的，有时也会是周期性的。人们从希腊的四面八方列队来到奥林匹亚、科林斯，然后再各奔东西。德洛斯，希腊某政治联盟所在地，同时也是来自东方、西方的商人相聚的地方。这就是为什么在那里还坐落着犹太教堂、埃及教堂，还有一些用来供奉意大利人心中神灵的建筑物。然而，在这里，宗教似乎成了其他利益的附属品。此外，在希腊，尤其是在罗马，政治与宗教界限模糊。这种模糊性既体现在行政官员身上，又体现在人们前去咨询的传达神谕的教父团体内部。随着教派团体规模不断扩大，尤其是基督教团体的发展，宗教活动的中心越来越多，但彼此仍然互相区别。在某个特殊的日子，人们涌向圣殿、圣所、圣地（就和先前一样）；所不同的，或者说新出现的现象就是，高官出现在现场，所有人员不仅要行宗教祭礼，还要倾听教士们的行政演说，参与所有与宗教世界相关的谈话。当然，如果一个城市，所有的人都是信徒,那么这个城市就具有双重性能:一方面,它在宗教的庇佑下;另一方面,它也是当地教士的中心。尤其在一些大城市中,形成一个宗教阶层,就像形成了一个特殊的宗教氛围,并且不同地区的氛围很相似,趋于国际化;这个阶层主要致力于维系全部教堂的团结。在这个阶层中,通过与社会高层、政治力量打交道,它们内部彼此之间的关系逐渐密切,教士们获得更大的权力和更高的威望。上述就是城市以及大都市在当时的宗教界的作用。

然而,随着人口的增加和人口越来越密集,宗教中心不再只致力于组建新的结构,而是使自己更适应新结构。在城市阶层的巨大影响下,教堂国家化了。教堂渐渐摆脱了其临时的权限,这些权限将由该城市的其他机构负责。或许,在城市内部,它将长时间保留一个特定的领域:圣地、教堂、它们的附属机构、修道院及其招待所。而城市的其他地区变得越来越非宗教化。尤其是那些扩大城市规模、从乡村迁到城市的人口逐渐摆脱宗教的控制:宗教既不会给这些人提供资源,也不会鼓励他们。城市中仍保留原初状态的人口很快就会被规模愈来愈大、迁移愈来愈频繁的人口所吞没。诚然,宗教组织在大都市中仍存在着。在1622年,一个宗教的巴黎诞生了,信徒眼中宗教建筑、教堂、共济会、学校数量和威望在不断增加，信徒人数不断增多，这个巴黎成为法国宗教生活的永久中心和领导核心。但接下来发生的一切却是，在那些更集中、比较安静的街区、街道、房屋、城中城里仍保持着先前的面目，这使得这座宗教城市仿佛缩小了，而这些街区尽管隶属于这个现代大都市，但它们似乎仅仅是乡村在城市中的延伸，仅仅是城市阶层与乡村进行沟通的延伸地带，包括社会结构、建立古老信仰的组织方式等都在延续。但是，教会也在做着努力，他们尽力适应大城市的情况，组建救济会、工会，参与市镇生活，适应那些影响其精神和组织结构的新生活方式以及新的普及方式。可是，教会还是没能认清自己。有一种新的力量促使人口聚居不断发展，在此过程中，教会的作用几何，它的形象怎样，教会还都没能认清楚。

　　城市作为政治生活器官，我们将对它进行同样的考察。这与中世纪末建成的与乡村和市镇分庭抗礼的城市的情况基本相同。对于市镇中的有产者而言，他的状况是由社会地位以及当地某些权力和特权的享有程度所决定的；有产者要么作为议会成员，要么因为自己是参政员或政府官员的选举者而参与市政；他也是政府执政手段之一。城市本身被划分成许多街区，每个街区都是一级行政单位，拥有自己的政治生活。每个街区被自己的围墙包围着，并且，不管怎样，它们都明确彼此间的界限。

这样的政治有机体,其领域和形式一旦确立,它就要竭力在自己的领域里维持它原来的状况,并竭力排斥外面的因素。然而,这方面在很早就出现了差异,这个差异主要存在于典型的历史悠久的城市、市镇行政管理和其他新兴城市及管理之间,这些新兴城市往往范围更大,结构更复杂,拥有一个新式的省一级的政治组织。差异还存在于上面所说的古城、旧式行政管理和国会、政府、总督、庞大的军事机构之间,这些机构更国家化、民族化:国王、王子们的宫殿、宫廷,政府要人、内阁的官邸,最高法院、所有最高行政部门的所在地,都集中在国家的首都,随着社会的发展,制度的健全,各国首都又出现了立法会以及比以往更庞大的国家公务员群体。为了满足更加集中的政治生活的需要,城市结构得到了革新,并且前景广阔;这些结构几乎同时在全欧洲兴起,具有相似性,就好像通过各国外长、王子、政府要人的互访而达成的共识。不管怎样,这些往往都是统治者人为的、政治上的最后努力,目的在于用统治者的自身形象构造他的居民聚居的那片土地,比如说,路易十四、路易十五、拿破仑统治的巴黎,以及其他与巴黎情况相仿的城市。但是,这些计划确立之初都是雄心勃勃,但往往没能完全实现,或许它们可以在将来更庞大的结构中找到自己当年的影子,但其中的原因和未来的结果却不尽相同。肩负着政治、管理、行政等职能的城市往往也是现代大都市。然而,政治等行政职能只是这座城市职能的一个方面,在这座城市中,我们需要寻找才能辨识出来。或许我们所说的职能部分,就像一个庞大机体的有限器官,被隔离在某个街区。或许职能执行人员较分散,有时就连政治本身的形象也会被其他人群带走或是掩盖。在所有这些阶段,政治思想刻下了每一座城市形态的烙印,并与这些形态浑然一体。或许,所有有关一个城市,有关它的发展、变化、街道、房屋建筑、人口等问题都可以从这个角度加以描述:这部历史有助于人们更好地理解各届政府发展史以及制度发展史。

最后,我们还要关注一下城市的经济职能。经济城区的存在大概是为了确保满足构成前两种城市因素——政治因素和宗教因素——生活必需品和奢侈品的需要。经历了家庭手工作坊、封建领主及修道院、乡村经济之后,人们步入了大经济时代,即小市镇与乡村之间、中等手工业城市与其他城市之间的经济频繁往来的时代。在城市宾馆、教堂附近,总会矗立着各式市场、商店,有时这些市场、商店彼此融为一体,并且与大型商业街直接相通。在这条街上,云集着众多手工业商、皮革商、服饰用品商等等;业主们渐渐地意识到,要分行业地集中在某个指定的范围内行商。这些毗邻的商业街以及它们的销售网络,形象地展现了手工业群体等级制、群体间关系;消费者们漫步在商业街上，注视着橱窗中琳琅满目的商品和街道上熙熙攘攘的人流，体会到自己也身在商品交换的领域之中，他们无须出城，只是在城市里就可以了。众多的有产者、贵族或者手工业者和商人（因为在经济领域，人们的角色在不断地变化）也变成了消费者，也变成了经济生活的因子。现今，经济交换已经超出了市镇、乡村的界限，工业和商业也越来越专业化：各城市都尽力发展曾经给自己带来荣誉的具有优势的工业和商业，树立自己的品牌特色。随着新社会成员、新道德风尚的不断引进（当然这需要更广阔的空间），社会也在进行着新的变革，比如，交流的途径更加广阔，高耸的城墙、狭窄的城门被拆除，之后就地修筑了马路，这使得与郊区的联系更加紧密。这个场景，不仅预示着新生，还拥有异乡的魅力和效仿上层社会生活方式的吸引力，它更加刺激商人、消费者从事经济活动。这座城市，作为一个机构，渐渐地形成了具有个性特色的经济城市社会。

然而，这些城市各具特色，彼此区别，譬如可以分为消费型城市、生产型城市、奢华型城市、居住型城市、退休养老城以及行政官员城，并且各城市内部的消费群体、空间布局、店铺安排以及道路的铺筑等方面都各有不同；商业城、手工业城、高质量产品生产城、工人城……它们的道路、街区如何安排，是要与工地、工厂、生产技术和工具等要求相适应的。

现在让我们把目光转向人口达几百万的大都市。在这样的大都市，交换已经越出国门。大都市本身就像一个有机体的高级神经中心一样，难道它们不具有新的经济功能？譬如说，调节、控制、推动、刺激等功能。为了涉足这些越来越庞大的事务，为了更多地吸引购买力、资金以及声誉好但较为分散的大企业来到自己的城中，为了与全世界经济生活中心关系更加密切，难道我们不应该一家接着一家地设立储蓄银行、发行银行、证券交易所、商品交易所、最有活力的企业经理和代理人的办公场所、大型商场、奢侈品专卖店、国际性宾馆、发表意见的报纸、有确立和导向作用的信息社、广告行、用以监督和鼓励社会的公众力量吗？如此，似乎就解释了在经济高度发展的条件下大都市形成的原因，从中我们还会联想到其惊人的发展速度以及它拥有的人口数量。另一方面，整个现代经济文明已经被塑造成了大都市文明。不管是完全在工厂周围形成的工业聚居区，还是结构相同的老城区周边或内部商人、工人集中区，都是按照下面的蓝图构建的：它们是大城市在历史久远的地区，甚至乡村的延伸。

但是，我们也感觉到，上述这些还不是全部。当我们回顾城市生活的方方面面时，我们发现，它们以宗教的、政治的、经济的形态呈现，反映出纷繁而特殊的形态学，同时，我们还需要对余留下的其他部分加以研究，换句话说，即对城市本身展开研究，这也是对上述各因素的抽象。我们还要对纯粹意义上的人口本身的现象加以考察，是人口现象的总和构成了城市、大都市，而这里所说的城市是被放置在其他聚集形态中进行考察的。在社会机体中，它们首先是波及范围最广、聚集密度最大的人类群体。在这里，密度并不总是扩展的反作用力。芝加哥，总人口只比现在的巴黎人口多一点点，但其面积却是巴黎的六到七倍。那是因为，在芝加哥，码头、仓库、车库、火车站、机车制造工厂、铁轨、公用道路、公园、非建筑用地等占了相当广大的面积；另外，还因为那里除了中心地带，其他地方的楼房不那么高，空间较大。只是在某些特定的地区，在某个特定的时间里，那儿的人口密度相对会大一些。因此，那里的人们会感到社会空间无限大、联系无限紧密，或许地区之间人口聚集会出现不平衡，但总体上说来，人们会感到人和建筑物都聚集在一张交通频繁的道路网上，生活在不同于其他地方的世界里，就连集体生活的强度也要高于别处。这就是既是物质的又是人性的、既是机械的又是精神的表现体的混合，这种混合在所有的大都市都表现相同，但我们只能在芝加哥找到这一特点的最佳表现。

这种已经定型或是仍在迁移中的整体，尤其取决于它们所处的位置和前进的方向,社会聚居的其他种方式要比在别处更难形成;这些整体在彼此分离或暂时性自我加强之后,更容易融于整体社会之中。无论怎样,人们拥有,或者说人们认为自己拥有脱离整体的本领,认为自己有能力从一个集体过渡到另一个集体,尤其有能力长时间地处在纯粹意义上的城市阶层中,想待多久就待多久,做一个居住在宽敞大楼里的或宽广街区里的隐士,居住在那里的人们彼此相识,再或者被卷入迁移的人群中,而在迁移过程中人只是一小撮运动着的物质。因此,任何一个个体,任何一个生命个体,他越是与其他个体发生冲突,他越是觉得孤独,任何一个个体都需要精神饱满地保护自己的空间领地,因为这个领地是有界线的,也是有争议的。同时,任何一个个体也会产生相当强烈的集体感,不管怎样,我们都同属人类群体,彼此间没有界线,同样受到强大而不可抗拒的自然力的驱使,并在所有这些强大力量中、在社会空间里不断发展。事实上,空间表征既是人类群体彼此亲近的原因,又是彼此分割、远离的原因。人类群体互相接近,尤其是因为他们感觉到,如果自己的规模、密度、内部流动得到加大或加强,他们将在更大程度上战胜空间强加给他们集体生活的诸多障碍。在更大范围的城市聚居中,其情况与上述的相仿。我们局部观察到的集体狂热,比如说,在家庭、宗教组织、政治社会甚至经济领域里，人们狂热地进行宗教祭礼、大型集会或是集日，再或者大型企业在一个有限的空间里集合了企业中大多数员工，这些都会表现出集体热情，这也是社会生活强度的表现。在大都市里，上述情况都已在某种程度上成了规则。自那时起，人类团体开始施展超强的吸引力，使他们的居民全身心地团结在其周围。这样，我们就很好地解释了人类逐渐集结到已经初具规模的城市中心，并且不断地将其扩展、加固，协助城市中心确立一个更广阔、更繁复的集体物质结构。有了这个结构，它就可以使人们定居在同一个地区或国家，尽管这之中还存在诸多力量不断地诱使人们迁移、四散。

第三章　迁移运动

正如我们平常观察到的,本义上所说的迁移运动,实际上要比我们所称的人口迁移概念更大一些。这里不仅仅是某个词的问题。问题在于,了解是否能把武装起来的入侵他国、驱逐和摧毁土著居民、建立殖民统治的远征与为了寻找工作从一国来到另一国,最后以和平的方式经接受国允许被吸收为该国公民的人口迁移同日而语。

只是在最近的一个时期,人们的注意力才转向对人口迁移与人口总体现象之间关系的考察上,当然,这也是很自然的事。或许在19世纪之前,甚至自人类文明之初,人类社会就一直动荡不安。世界上没有任何一个国家,在某个时期不曾被别国侵略过,然后一段时间之后,该国又部分地或全部地被其他国家占据。

我们这里以莫雷(Moret)和达维(Davy)所著的《从氏族到帝国》一书作为参考。从中我们将看到埃及、巴勒斯坦、小亚细亚、亚述等国家和地区是如何被一个又一个入侵者占领的。自那时起,本地人的概念就已经失去意义了。我们看到，在一些地区，很久以来不断有新民族出现，这表明，这些民族在以前的不同时期就已经进入这片土地，并且驱逐了其他居住者。从这一点上看，只存在占据时间长短的不同。在罗马帝国建立和被瓜分之后，欧洲经历了一个被入侵的历史时期，但这个时期或许只是先前社会条件的再现或再生。英国、意大利、德国还有法国，很多国家和地区都相继被卷入战争，并多次从一个征服者手中被转到另一个征服者的统治之下。十七、十八世纪是开放的、殖民的世纪。在旧世界里，一些被驱赶的民族纷纷建立政权，社会渐渐稳定，美洲、大洋洲、亚洲的一些国家又成了这些国家争夺的对象。同时，征服者之间也没有停止过战争，没有停止争夺那些向欧洲敞开大门的国家的占领权。因此，我们不能说，人口迁移是一个当代现象。它存在于整个人类历史进程中，并且次数众多。

再赘言一句，如果说要从形态学角度研究迁移问题的话，我们只能以离我们最近的时代作为研究对象，那或许是因为，我们刚刚谈及的迁移和流动是另一层面上的问题。事实上，在 19 世纪之前，人口的分配与扩展等变化的政治面貌明显属于第一个层面。当一个民族入侵另一个民族的土地，一切变化似乎都可以归结为疆界的变更以及某个国家专制统治权的扩张。只有历史记录了这些事实。然而,历史所关注的只是当国家政权结束,当它们成为过去时在国家结构上发生的变化。对历史而言,事件的过程是个不连续的方面,其形式也处在整体的变动中,并且只属于某个特殊的事件,比如一次军事上的胜利、一个条约签订的后果等等。至于这一类型的两个事件之间完成的改变,历史一般不予重视。在一个居住着野蛮民族的大陆上,两个封建主决定,某个经度右边的地区归其中一方所有,左边的归另一方所有,这时,历史就会把如此划分的两块地盘分别涂上不同颜色,并且承认当地居民立刻改变了国籍。静态地理学认为,在每个时刻,人口的形态都看起来是静止和确定的,并且,人们相信只有在相隔很久之后,这种形态才会发生巨大的变化。

但这仅仅是个表面现象。当本义上的迁移活动在第一个层面上进行时,人们就会察觉到。那时,人们就会认识到,即便人口迁移没有带来战争,没有签订和平条约,没有发生政治上的变革,但时间一长,它也会深刻地改变人口性质。但这或许是表面上看来更普遍更久远的现象,至少要在历史的长河中对其加以考察。社会占据的领域处在永恒的未来中。在可见的疆界之外,这些社会以各种各样的方式彼此交织,彼此渗入,接受或输送移民。也许,当人们时常谈起某些社会时,会认为它们在某段时期内是静止不动的。比如说,我们试图确定雅利安人迁移的时间。然而,人们所称的静止时期只是一个略显运动的时期。人类运动从未停止也从未开始过,只是在运动的性质和强度上有所差别罢了。这些运动时而缓慢,难以察觉,时而激烈,表现显著。而比邻或远离的社会之间的物质交换一直都在改变着这些社会的性质。

正是基于此,拉策尔才第一个在他的《人类地理学》中试图定义、区分迁移运动(这里是指广义上的迁移运动)。他还试着从不同的角度对其加以分类。从这些群体的迁移、流动中,他得出结论:有些迁移运动是有意识的,换句话说,事先他们有一个确定的目标,然后再向着这个目标进发;其他的迁移运动则是无意识的,他们对未来没有一个既定的目标。第二种迁移运动自然是较常见的,因为只有在人类群体有能力想象、有能力观察到足够广阔的地理疆域时,他们才能够确定自己最终要到达的远点目标。这样的迁移,组成的群体规模大,联系紧密,往往可以一蹴而就;而其他的迁移,往往由一些较小的、分散的群体组成,随着运动的不断深入逐渐展开,其成员往往四散或各奔东西。有一些积极的迁移运动,人们自发地向他们领地之外扩散。还有一些,则显得很消极,由于社会遭到外族的入侵,在冲击和压力的作用下人们被动地移向别处。还有一种就是通过人员的缓慢渗入,久而久之,这种渗入最终造成的结果也是人们本意上所说的入侵。但是最显著的区别在于运动中的人口性质,以及他们的文明的特殊形式。这样,我们首先可以区分出,游牧民族迁移、猎人迁移,以及生产力低下的农民在他们耗尽了原来土壤的肥力后迁移他乡。所有这些运动都有一个共同点:它们都属于人口不很密集、疆域广阔的社会。除此以外,还有发生在人口非常密集的国家中的特殊形式的迁移。这些迁移往往具有殖民性质。最后,就是随着工商业的发展不断进行的人口迁移:主要是商人、手工业者,尤其是寻找工作的工人、农民的迁移。这最后一种迁移是最现代的,即我们称的严格意义上的迁移。

还是根据拉策尔的理论,我们来看看迁移运动的总特征以及可以归纳的纲要。所有的迁移都要假定一个起始点、终结点以及把人们从一方带向另一方的路途。我们还是把这些概念更明确些,因为一般所讲的迁移,往往不会从限制明确的地方出发,沿着笔直的道路前行,最后到达一个确定的目的地。迁移的起始地通常是有一定疆域的地区,有时还会移动。因此,在战争之前,来自北半球的人群好像被分成了两组,他们从欧洲出发,一组向西方、向美国进发,其起始点越来越向东移,移向英国、爱尔兰、斯拉夫国家;另一组则向东方、向西伯利亚、向亚洲进发,他们的起始点越来越西移,最终与第一组的起始点汇合。此外,是那些来自同一国家不同地区的少量移民同时抵达港口。正如起始点会有变化一样,迁移人群前进的方向在本质上也不是既定的。大片的水域、冰面、沙漠常常会给人类迁移带来阻碍,因为那些地方人类是无法居住的。海上要是有了航线,迁移人群还要横渡大洋。事实上,地理上的分布和距离没什么大不了,经过艰苦的努力和时间的磨砺,人类最终是会战胜它们的。

在我们看来,这些只是一个极为简洁的描述,它或许也适用于纯粹的自然现象,譬如用来描述水从一个池塘流向另一个池塘,从河水的源头一直流向大江大海。现在让我们站在我们最初的出发点——社会学的角度上,看看迁移问题是怎样与政治以及与社会本质无可争议的入侵现象发生关系的,再看看迁移问题又是怎样区别于入侵现象的。

正如一次军事远征一样,狭义上的迁移运动体现了一个集体现象的所有特征(并且,如果我们将迁移比作宗教上的十字军东征或是殖民地的建立的话,我们同样会进行类似的观察)。在官方统计中,为了区分入境居民、迁移者与出于个人兴趣或公务的旅行者,人们将考虑他们来到另一个国家是为了在那里居住若干年以上,还是因为工作的需要(他们不以自己的资产或输出国外的资本为生)。这是出于方便的需要,官方才做出这般定义。我们所说的迁移运动,只是迁移的人被纳入某个空间的、社会的群体之时，以及渐渐融入其中的情况。事实上，代表着如此运动的、肉眼可见的、集结起来的物质因素彼此之间原本根本不相关联，但在自然力的推动和诱惑下，它们被带入了同一个运动中。将它们联系在一起的，正是当它们真正融入移民运动之后，感受到同属一个群体，并参与自己所属整体的独特思维和思想感情的经历。

这样说来，如果人们在专门负责移民交通的公司注册，做了出发的准备，事先想好了今后将共同进退、融入其中的旅伴，那么，人们在尚未出发的很长一段时间就可以成为移民。同时，我们也可以说，人们要在很久以后才能成为移民。用旅游术语讲，如果踏上了一艘不是用来运载移民的船过江过海，如果在出发时还没有下定决心移民，但是由于我们加入到了由很多其他人组成的集体环境中，与他们共同劳作、共同生活，尤其由于我们自己被封闭在这个整体中，那些具有强烈民族感、国家感和自然感的人的想法将我们与这个集体紧密地连在一起，那我们也就成了移民。不管怎样，在那些运动着的物质因素之上，社会学家更关注的是这种集体意识。这些物质生灵，身上带着各式的风俗；这些血肉之躯，拖着行囊不断地迁徙移动。社会学家之所以对这些显而易见的运动感兴趣，那是因为在运动的组织形式、交换行为和话语背后隐藏着不可见的集体表现。

因此，无论情况怎样，军事远征与工人、农民的迁移之间总存在关联：个体成为组织的成员，由于他们深入这个社会当中，因此在某种程度上这些个体改变了其社会性质。当涉及士兵或是移民时，他们所表现出的集体性正如拉策尔指出的：他们聚集的那一刻的起始点（这里要强调聚集是因为先前的记忆只属于个人）趋于模糊甚或消失，只能隔一段时间再重现；他们前进的方向，更准确地说，是他们穿越的国家和水域，远征路上的点点滴滴，尤其是这个前进中的集体面对周围的物质环境做出的精神上的、道义上的反应；在尚不开化、不高雅的精神世界里，对事物新鲜感与陌生性的印象往往都是相当含混不清的。除非是整个群体或是为这个群体而清晰表述的概念：有特点的地方，距离；对于移民来说，目标港口的接近；要是涉及军队，或许还有其他细节，但从他们军队的角度看都是确定的东西，也就是说，可以归结为很简单的措辞；最后，是到达点，其图像或者说模糊的概念（因为这个图像或概念不与任何经验相关联）或许可以归到第一个层面上，到达是群体迁移的原因，目的地则在整个行程中出现在每个成员的脑海里。正是因为他们身处在一个新的、陌生的环境，运动中的人群、士兵集结起来，他们清楚地认识到是什么让彼此联系更紧密。

或许行进中的军队与挤满移民的运输船舶间的相似

点就是这些吧。而这两个被比较的集体之间的区别首先就在于,移民由于他们的迁移活动,一方面与他们的国家相分离或者脱离,另一方面仍处在将来可能成功地被吸纳为公民的国家和文明之外。一旦他们加入了移民的行列,那么他们与自己国家间的关系就中止了,尤其是因为他们不同程度地与其他国籍的人频繁连续地交往,而出于习惯,出于对祖国的眷恋,对家乡的思念,群体中那些操着同样语言、有着同样习俗的人们仍集结在一起。相反,一个以战争或征服为目的的有组织的军队只是他的祖国在外国或敌国疆域上的延伸,军队可以与自己的国家分离,但不会脱离。远未消失的民族感在军队中表现得愈加强烈。出发去朝圣的队伍,其情况就是这样,但朝圣者最终会回到家乡。同样情形的还有千里迢迢争夺殖民地的人们,但是不管走得有多远,他们都认为自己与祖国有着千丝万缕的联系。移民的情况则与此截然相反,他们谦卑地来到异国他乡,已经告别了原来的社会地位,就像一个没有外形的物质,准备好加入新的生活领域。在这些群体中,集体表征的性质与强度怎么会不随之发生变化呢?

下面说说第二个区别,它是由第一个区别直接造成的。行进的军队、朝圣的队伍、移民的远征,所有这些形式,其群体都有一个明确的目标,也就是集体目标,这个目标使集体成员更加团结一致。他们共同回忆出发的地方、到过的国家和地区,这就构成了第二个特点:这种局部的、敏感的、表面的印象服从和从属于他们共同的成果、共同的行动以及彼此联系的根源。与此相反,一个移民群体的形成不会取决于集体的,至少是经过集体讨论的决议。作为一个群体,移民们的奢望和关心的事情不外乎从一个国家移到另一个国家。这就是他们思想中真正的共识。总的说来,每个移民个体与他原来的群体相分离,并且不会与其他人结成团体,因此他们每个人都有自己的目的和焦虑。如果说有一天他们彼此融合,团结起来了,那就像沙漠旅行队、同在一节车厢的乘客,也就是说,他们只是在一段有限的时间里,通过一种临时的团队关系集结在一起,一旦这次旅行结束,一切关系也都结束了,什么都是暂时的。这样的集体生活,从持续的时间上看是很有限的,但在它存在时,则表现得很频繁,这是因为,它是那些没有家庭,没有国家,并对这种境遇觉得困苦万分的人们所能找到的唯一的安慰。

像往来穿梭于大城市中的人流一样,这种迁移就形成了临时社会,这是真的吗?事实上,这些人流移动在每个个体进入之前就存在了,在个体离开之后还存在着。它们甚至有一个规律的、稳定的机构形式:出发人员、到达人员、运输部门、国际协作等等。这样,人群移动满足了集体趋势和集体需求，而这些趋势和需求超出了移民群体的范畴。实际上，我们只需了解一下，人口迁出国与迁入国对人口迁移的态度就足够了。这里的某个国家人口过多，可以从部分居民移出中受益。那里的某个国家没有足够的劳动力，不能使土地的价值得到充分的发挥，也不能使自然资源得到最大的开掘。事实上，移民是由于大自然的驱赶或是吸引而或走或留的。那些大的国家群体交换着物质，决定着一定时期内人口移动的方向和强度。

上述的迁移与军事远征还是有区别的。上述迁移表现得更和平些，在人口迁出国与迁入国之间有着一种默契。此外，使这种迁移成为可能的原因还表现为，至少在某段时期内，国家群体中存在部分人口由于灾难、失业等与国家机体之间呈半脱离状态。这部分人就像国际市场上可自由支配资金的人们一样，从这个国家游荡到另一个国家，去另一个国家寻找立足的机会。但如果这部分与集体半脱离的人不服从集体力量的支配，他们会对是否迁移犹豫不决。实际情况是，正是不可抗拒的迁移大潮才促成了人口运动，比如，人口迁向美洲，首先是英国潮，然后是德国潮、意大利潮等等，这股移民潮愈来愈高涨，还有来自俄罗斯、波兰、东欧等国的移民。如此现象最好地揭示了人口运动的社会特点。

迁移可能只是源于行进中不断扩大的个体运动,每个个体都可能有自由想去哪里就去哪里,或者待在原地不动,再或者向世界各地扩散。但是,一般地讲,他们要么被自己的国家挽留住,要么被别国驱逐出来,除非出现了起相反作用的集体力量不断地吸引、召唤着他们。这里绝对不涉及经济上的动力,因为经济动力已经被涵盖在了范围更广的集体表征中了。正如移民所追求的那样,寻找谋生手段不仅仅是占有,还是发掘新的人口环境。这也是为什么移民者总是对从一国涌向另一国、从一个大洲奔向另一个大洲的迁移运动充满幻想,并且在运动中,他们已经感受到了新世界文明深深的吸引力。

第二编　人口的自然运动

第一章　性别和年龄

以前，我们是这样理解人口这个概念的：无论是总体上的"人口"，还是被特别指明的某部分"人口"，都是以群体为特征出现的，就如同地面上放着一堆堆并置但相互独立的物质材料。

现在，我们试着从另一个角度来认识"人口"，我们会发现，人口这个概念存在着另一个特性，即持续性。每时每刻，它都要失去一部分成员，同时又有新的成员来取而代之。人口就像个有生命的个体一样，可以自我修复。有时我们说"一代接一代"，实际上，在这个进化过程中没有任何的中断，更没有《圣经》中传说的洪水。如果我们能从很久以前——甚至从几个世纪以前——就开始观察人口的话，我们就会发现，它所包含的是同样的生命，一个我们不知其如何产生，并且似乎永远也不会灭亡的有机群体。这个群体遵循它所能遵循的规则，尤其对自身兴趣十足，只是有时候会思考一下新生者数量与死亡者数量之间的关系，思考一下人口数量是保持稳定还是在持续增长。

以上这一点就是一个社会得以生存的必要条件。前面我们谈过了移民问题，可以肯定的是，不仅一个地区的人口是在吸收了其他地区借让的一部分人口后才得以持续或发展的，例如，城市，尤其是大都市、新兴地区，甚至是一些长久以来就人口众多的地区。但是，这种人口交换如果不是因为一些地区存在着剩余人口，是不可能发生的。此外，一般说来，这只是人口增长的次要因素。主要因素仍然是新生人口的数量，即新生儿数量超过死亡者数量而引起人口增长。

这就是我们所说的人口的自然运动。在这里，"自然"这个词仅仅意味着生命本身特性的结构。人口统计学对这个问题十分重视，它一直认为，出生率和死亡率（如我们前面提到的统计数字）是纯粹的生物法则的表现；或者说，这些统计数字作为重要的事实，为我们揭示了出生和死亡的法则。那么，是不是真的一涉及人口研究（当然是最先进的研究），我们就要走出社会形态学的领域而进入生物形态学领域呢？

我们将会对此进行研究。但现在，最重要的是要注意到，我们是从一个完全崭新的角度来谈人口问题的，在从空间上对社会进行考察之后，我们将把社会放在生物世界里进行观察。而正是这股生物力量制约着人类社会的出生、婚姻、死亡，即人类社会的繁衍生息。

从总体上讲,人类社会的人口有两种性质,它们把人口细分为两个或多个范畴:一方面是性别,另一方面是年龄。首先,来谈一谈性别的差异。第一,性别差异是原始的,也就是说,它始于人的出生,甚至早在妊娠后的几个月。第二,性别差异是固定的,也就是说,它存在于人的整个一生,直到死亡。在除人类以外的其他动物种群中,性别也是最常见的特性,它一般也表现出以上两个特征。但在动物界中,我们曾发现有时性别并不是在出生时就已确定,有时在个体的生活过程中,性别也可能发生变化。第三,两性之间的差异是清楚明确的。虽然有时动物的性别不能很好地限定,但这一特性同样适用。说实话,对人类来说,如果只考虑次要的性别特征,那么将会有一系列的中间状态取代两性间的突变。这些中间状态表现出明显的双性特征,然而,其数量却是微乎其微的。第四,性别只有两种,这是一种选择,雄性或雌性。但在蜜蜂群中,有三种性别,雄蜂、蜂后、工蜂。第五,不管怎样,在人类社会中,两性之间在数量上是趋于相等的。但这只是在人口总数上的特征,到目前为止,我们只能从统计数字上确定这一点。最后,第六,这样的性别区分是一种必然结果,两性之间总是互补的,至少在保证繁殖生息时表现得如此。

性别之间的差异是纯粹生物学上的差异吗?性别差

异是使社会生活得以运转的生物学上的条件吗？社会本身是不是对它一点作用也没有呢？我们先来看看前面指出的最基本的一个特征——两性间的差异是清楚明确的，这个特征就可能因社会影响而加强或者削弱。在原始社会或是野蛮社会里，两性间差异会被强化。由于人们有时赋予女性以神秘而又圣洁的特质，这使得女性的生活充满了禁忌。然而，在现代社会里，性别差异也由于许多机构或者习俗的存在而被强化了，如户籍簿上的出生登记，男性的义务兵役，学校里的男女分班。对成年人来说，还存在着结婚最低年龄、婚姻中的权利和能力的不同。此外，特别是在着装方式上还有着明显的区别：不同的教育、不同的职业、男性的行业和女性行业等等。但是，现代的生活条件在一定情况下也减少和缓和了这种对立。总之，放眼人类文明的历史，两性间差异总是在不断变化的，这也很好地证明了两性差异是由社会决定的这一论点。

另一方面，可以说男人和女人不仅构成了不同的概念范畴，他们也组成了两个截然分开的社会基本群体吗？事实上，在这里，家庭成为社会基本单位，家庭中包含着两种性别的代表者。但是，尽管存在着一个又一个独立的家庭单位，在许多情况下，男人和女人还是各自组成不同的性别群体，这样，对于两性来说，至少还存在着独立的性别集体生活的草图。在原始社会,男人们有自己的社交圈,以及自己专用的房屋。在很多东方国家,还存留着戴头纱、娶妾等习惯。在这样的国家里,每个妻妾都独住一间房屋,男人们单独与每个妻妾相处。在现代社会,女性的工作如果与男性有关,她们常常需要过一种社交生活。如果男人和女人不受这种集体生活的影响(这种性别群体的影响几乎是排他性的),那么性别间的差异就不会这么明显。

现在,让我们回到人口统计学上:我们只把两性组成的人类作为人口的要素来观察,仅仅从数量上来观察。这里需要区分两个问题:在新生儿中两性人口数量的比例是多少?在不考虑年龄的情况下,总体上两性人口数量的比例又是多少?这两种情况会对社会造成什么样的影响?

首先,来看新生儿的比例。这需要上溯到很久以前,在亚里斯多德和阿纳克萨戈拉(Anaxagore)之前,也许要一直上溯到公元前10世纪,人们对性别特征、结构以及行为问题所做的最古老的探索。这些探索的痕迹给我们留下了诸多可以追寻的线索。自从人类产生以来,在每一个地方,等待一个婴儿出生时,人们都会问:是个男孩还是女孩?这并不仅仅是出于好奇心。在处于未开化文明中的古人心里,不同性别后代的降生所带来的意义是完全不一样的。即便在今天,父母们仍会担心儿子或女儿将来的生活。此外,还存在父母个人对儿女性别的偏爱和喜好,比如,第一个孩子应该是男孩,或者希望某个孩子是他们想要的男孩或是女孩,这种唯一性的要求还表现在许多方面。它有时具有非常重要的意义,有时则没有。如果这种唯一性所显出的信号是一种性别不受欢迎,它可能就会有消极的意义。同时,为了能随心所欲地生育一个男孩或是女孩,一系列与性别有关的巫术或迷信活动风行起来,在中世纪尤为严重。有许多类似的迷信活动至今还在传播,比如有人相信只要你非常渴望某个性别的孩子,就会真的生一个这样性别的孩子。

在一个人口众多的群体中,新生儿的性别比例是否是固定的呢?它又有什么特点呢?当我们对此进行研究时,问题就出现了。1661年,一位名叫格兰特(Graunt)的英国人在对英格兰受洗礼者数量进行了30年的调查研究之后,发现了二者之间真正的关系:105.8个男孩比100个女孩。这几乎与今天世界上的二三十个国家的男女比例相同。但在当时,有许多人认为新出生的女孩比男孩数量多,特别是在一夫多妻制的国家。从那时起,随着统计数字的日益精确,人们已经可以确定,在所有地区,男孩的出生率都高于女孩,其比例大约为105∶100,并且这个比例渐趋稳定。但是,由于在低年龄阶段男孩的死亡率高于女孩,到五岁或六岁时,二者的数量就趋于相等。

这一点看起来完全是一条法则。但它是什么性质的法则呢?它是生物学法则?还是社会学法则?生物学家们为了研究这种平衡性,已经提出了许多种假设。大体上被认同的观点是:在人类的组织结构中,每出现一次生育或是一次受孕,出现男孩或是女孩的几率几乎是相同的。根据大多数规则,完全可以把这种新生儿比例解释为一种概率游戏,这就像我们从一个装有 105 个白球(男孩)和 100 个黑球(女孩)的箱子中,取出一定数量的球一样。在这种情况下,社会对新生儿性别比例没有任何影响,这种比例是一种纯粹生理上的结果。

然而,更准确地说,正因为这是涉及大多数的问题,我们所观察到的比例只是从全球来讲表现得如此。很可能随着新生儿范围的限定以及新生儿特征的区分,我们所得的结论会发生显著的变化。事实上,人们已经研究了很久:第一,在私生子女中,男婴的出生率明显低于正常水平。第二,在不同的月份,男女新生儿出生的比率是不同的。第三,男女新生儿比率在农村明显高于城市。第四,最近我们发现,上一次世界大战结束之后,1918—1920 年,在法国和德国,这个比例在明显的提高后又降低下来(这也是本世纪以来唯一的一次增长)。另一方面，一项细致而全面的调查显示，男性新生儿的比例会随着夫妻间年龄差距的变化而变化。如果这个论点成立，那么它也解释了我们前面提出的差异之所以存在的原因，因为有许多理由会造成以下结果：在一般情况下，私生子父母的年龄差距与婚生子父母的年龄差距是不同的；在不同的年份，结婚的夫妻年龄差距也不尽相同；而在城市和乡村，这种年龄差距也不相同；最后，在战争前后，这种年龄差也是不同的。所有这一切都表明，在男性新生儿出生率和父母年龄差距之间存在着一种联系（仅指绝对年龄差，它一经确定是不可改变的，而夫妻间的相对年龄差会不断减小），对此，生物学可以做出准确的解释。

如果在一种混杂的制度中，男人和女人生活在一起，又或者如同在非法的结合中，夫妻间的平均年龄差完全不遵循习俗和法律规定，那么这种新生儿性别比的平衡性会受到破坏吗？对于这个问题，就我们目前所掌握的知识来讲，是完全不可能解答的。但是，从另一个角度看，社会在这方面仍然存在着影响力。设想一下，如果杀婴行为被允许，并被广泛实行的话，某种性别受害婴儿的数量很可能远远多于另一种性别婴儿。正是由于禁止杀婴行为这样一条社会法则的存在，我们才可以用生物学解释为什么新生儿两性数量趋同。

第二个问题(在这一点上,社会的影响大概会更加明显些),从全球总人口来看,两性数量之比是多少?但在此之前,我们首先要面对的一个问题是,关于这方面我们是否有充足的资料?自然学家在试图了解一种昆虫种群中性别数量比的时候,借助丝网抓到了一定数量正在成群飞行的这种昆虫。他们惊奇地发现,在100只该种昆虫中,有90只以上是雄性。因为雌性昆虫经常会躲在石头下或是苔藓中。此外,还有其他的困难:当我们试图分开计算两性人数时,随着地区的不同,出现的困难也不一样。有时,还会有一定数量的女孩或女人被遗漏,这是因为某些传统、宗教、习俗等原因,女性会受到轻视。这种情况在印度和日本的人口普查中都曾经发生过。故此,要想十分准确地断言在世界人口中一种性别(男性或女性)人口数量多于另一种,这是完全不可能的。

在1900年前后,人们统计上来的人口数字只是实际人口数量的一半,而且统计结果不尽相同。1892年,卡尔·比歇尔(Karl Bücher)在一份关于"世界性别分配"的常规研究中,发现女性与男性的数量比,世界平均值为988∶1000,欧洲为1024∶1000,美洲为973∶1000,亚洲为958∶1000,非洲为968∶1000,大洋洲为852∶1000(事实上,1907年大洋洲的准确数字为920∶1000)。由于在亚洲很可能遗漏了很多女孩和妇女,因而从全世界的平均值来讲，男女比例应该是大致相等的。

但是，以上只是个平均值。如果分地区来看，我们会得出非常惊人的结论。在总体上，西北欧地区，女性数量似乎占一些优势。从西北到东南，这种优势逐渐减少，并最终呈现出男性数量占优的局面。匈牙利是这两种优势的过渡地区。但是，在法国、比利时、意大利等国，其男女之间的比例则非常接近。在挪威、苏格兰、瑞典、英格兰、瑞士以及丹麦，92—95个男性比100个女性；在奥地利、西班牙，96—97个男性比100个女性。与此相反，在希腊、塞尔维亚、罗马尼亚，男性的数量明显占上风（另外，在德国西北部情况也同样如此）。再加上美国、加拿大、新西兰、澳大利亚，它们的情况也是一样，但在这些国家，移民是造成这种结果的另一个重要原因。

如果研究的地区不同，就会出现上述的不均衡性，其原因何在？我们已经清楚，这并不是因为此处生的男孩多而彼处生的男孩少，而是因为有必要考虑一下死亡率的问题。一种性别的死亡率高于另一种，就会造成这种性别在总人口数量上的弱势。再者，死亡率不是一个纯粹的生理学事实。它在很大程度上可以反映社会生活，反映社会生活的条件。在女性占多数的地区，她们的生活状况更加优越。社会生活条件取决于社会的组织结构和习俗，比如家务状况和经济生活水平。出生是生命的起始点，但在孩子进入社会生活之前，父母仍需对其进行照料。在这个时期内，女孩的受重视程度与男孩的不可同日而语，女孩甚至被看作一种负担。因此我们可以想象，有大量的女孩在很小的时候就夭折了。在盛行妇女早婚的地区，妇女们年纪轻轻就要肩负起做母亲的职责，因此，她们的平均寿命也被缩短了。总之，当她们身上被强加了艰苦而繁重的工作时，寿命就会缩短，这种情况会出现在东方和远东国家的较低层阶级中。而与此相反的是，传统社会向更高级别社会发展意味着人们给女性以更多的关注，并尽可能地避免或减少她们身体上的疲劳和经济上的压力。在英国，女性可能的寿命明显高于男性，甚至达到了任何其他地区都无法企及的程度。英国妇女代表了世界人口不小的一部分，因此，我们得出上述结论就很自然了。

这一系列分析的必然结论是：无论人们怎样考察新生儿或世界人口，性别间的数量比总是趋于平衡的。在这个问题上，我们越是用社会因素进行解释，上述结论就越是显而易见。至少在现代西方社会，婚姻本身作为连接两个不同性别生命的纽带，它使夫妻双方都能够得到对方的保护：一方面，男人在大多数情况下使女人不必为生计发愁；另一方面，夫妻生活对男人也同样有益，因为在同样的年龄阶段，单身汉和鳏夫的死亡率大大高于配偶健在的已婚男性。我们在前面已经提到,性别的重要特点就是两性间的互补。对此,不仅应从生理学角度理解,也应从社会学角度理解。社会在它的空间范围内,在大自然的帮助下,利用了一种与生物学规则相符的事实状态,通过它自己的习俗和机构进行调节,以此来维持两性数量比的平衡。

乍一看,年龄与性别有着截然相反的特点。性别出生时就有明确显现,年龄则在以后才逐渐显露。性别是确定不变的,与此相反,在人的一生中,年龄总是在变化。性别之间的不同是清楚明确的,但人们从一个年龄到另一个年龄的过渡是不易察觉的。性别只有两种,年龄可以说有无数个阶段。两性间的性别比接近于平衡,而处于某个年龄段的人口数量在大多数情况下都少于比他低的年龄段的人口数量(除了以下两种情况:战争之后,青壮年人口大量死亡;出生率降低甚至为零)。性别具有排他性,人们不可以从一种性别变为另一种性别;而与此相反,随着时间的流逝,人们在爬上一个又一个更高的台阶之后,就能达到另一个年龄段。最后,性别具有互补性,而一定数量的人口既可以几乎全部是老龄人,也可以全部由年轻人组成。

然而,在其他方面,年龄与性别又有着千丝万缕的联系。首先，有些东西在一出生时就确定的，而且永远不变，比如，与比他或早或晚出生的新生儿之间的绝对年龄差（虽然相对年龄差会随着时间的推移不断地缩小）。虽然从一种年龄到另一种年龄的过渡是不易被察觉的，但是，年轻人与老年人的区别和男女性别间的差异同样都是显而易见的。无限个年龄只在理论上存在，事实上只有一条先上升再下降的年龄曲线，只有两个分支（就像男女性别分支一样）。在一定的人口中，如果出生率和死亡率不变，那么不同年龄段人口的比例也同样是固定的。如果年龄不像性别那样具有排他性，那么人们就可以从一个年龄跨越到另一个年龄。但无论如何，年龄的顺序是不可逆转的，想把老人变成年轻人，同把男人变成女人一样是不可能的。最后，最重要的是，年龄也是互补的，一个只有老龄人口的群体是没有繁衍能力的。

斯韦福特（Swift）在他的《格列佛游记》中，描述了拉格纳格人的国家，描写了一群被称作斯特勒尔布勒格人的阴暗绝望的生活。这些人数量很少，只要出生就永远不会死亡："据说他们看起来和正常人一样，在30岁之前生活也同正常人一样，但30岁后，他们就会逐渐陷入阴沉忧郁之中，并且程度愈来愈深，直到80岁为止；而此时，不仅这个年纪的一切残疾、不幸和羸弱都会降临在他们头上，而且对永无休止的漫长衰老过程的恐惧更是时刻困扰着他们,无论什么事都不能使其得到安慰。他们不仅顽固、易怒、吝啬、忧郁、啰唆,对友情还表现出麻木,对更温柔的自然情感表现出冷漠……正常人年轻时的放荡、年老时的死亡都已成为他们可望而不可即的事情,永无休止地困扰着他们……他们失去了对一切的记忆,最多只记得青年、中年时所学到或看到的东西……他们之中最幸运的人,是那些已经失去全部记忆、只会唠唠叨叨的人,因为,他们不仅会得到别人的同情,还可以免受其他不死之人所遭受的种种痛苦。"随着读者对这有图有文字的章节的深入阅读,他们会深刻地体会到一种酸楚的感觉:一岁又一岁,人的精力与情感不可避免地逐渐退化;与此同时,把人与社会生活联系在一起的人的理智也无可挽回地丧失了。人的平均寿命虽然可以被延长,但是人的最大寿命很短,还不能像某些香槟酒瓶或是路边偶遇的古老的界碑那样,似乎被死亡遗忘。从某个年龄开始延长寿命,就等于从此开始延长衰老。由此看来,年龄只能遵守不可避免的生物学法则。

但是,动物是否具有年龄就值得商榷了。在人类的眼里,动物有年龄,因为人类(至少在这方面)同化了它们。但是,很难说动物自身对年龄有明确的感觉。有时,在某些种群中,年轻者攻击年老者,但这就和强者攻击弱者的道理是一样的。同样,只有人类确知自己会死亡,而动物对此并不能确定,因此,动物们大概也不必体验逐渐衰老的感觉。这是因为动物并不拥有高级的记忆模式,不能确定他们生活中某些事情或某个过程的准确时间。更准确地说,动物们没有抽象的时间概念。而人如果不是生活在同类的群体之中,恐怕也会和动物一样。

年龄在总体上很可能和身体组织的不同阶段相联系,因此,人的动脉有自己的年龄,身体的其他部位也都有各自的年龄。然而,在尚未建立户籍制度的地区,人们并不清楚自己的年龄。他们只知道自己是年轻人、成年人或是老年人(甚至这也只是因为别人像对待年轻人、成年人或老年人一样对待他们)。此外,人们对年龄的理解也因地区不同、时间不同而有所不同。在《妇女学校》中,阿尔诺罗夫像一个小老头一样生活,但是他只有 40 岁。而在巴尔扎克的年代,几乎整个世纪,30 岁的妇女就可以永远告别年轻了。

很久以来,统计学家们一直用"年龄金字塔"来表示一定人口中的年龄结构。在战争(第一次世界大战)以前对于像法国这样的国家来说,这个金字塔型图表以中间的直线为轴呈现出对称的结构。对于这个图表,需要进行具体的分析。从 20 岁起,女性数量开始略微多于男性。第一次世界大战之后,例如在 1926 年(见图 1 数字),在这座金字塔底层的两端出现了两道深深的斜槽

（与1915—1918年间急速下降的出生率相关），表示25—45岁男性的数量也大大减少（这与1921年年龄为20—40岁的一代男性大量死亡有关）。

当我们把两个人口特点完全不同的国家的图表重叠起来相互比较时，就会得到惊人的结果。比如法国和日本（或者法国和德国）。在1926年，日本金字塔下面的中间部分更宽一些，因此他们的出生率很高，儿童和年轻人所占的比例也更大，甚至50岁以下的男性比例也很高。而与此相反，从50岁起（在德国是从35岁起）法国的金字塔开始持续变宽，因为法国老年人所占比例明显增大。由此我们得到两种类型的人口发展趋势，两种不同甚至

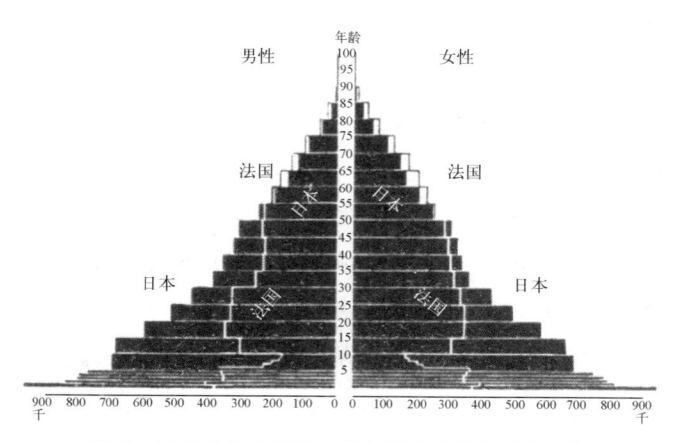

图1　1926年初法国与日本年龄金字塔的重叠比较

可以说是对立的人口形态：前者既年轻又充满活力，后者虽年老但十分稳重。

不同年龄的人口群是以一定固定数量的年限来划分的：0—5岁为一个群，5—10岁为一个群，以此类推。但是，这些数字上的划分真的和社会中的群体相对应吗？在性别方面，我们也曾提出过同样的问题。再者，性别是固定的，而年龄并不固定。人的一生只有一种性别，但人的年龄会不知不觉地从一个过渡到另一个。人类群体在年复一年损失掉其整体成员中的一部分的同时，又以新的成员来取而代之。那么，在这样一个整体中能产生集体意识吗？此外，怎样才能使社会成员，即使是在很短的时间内，在如此接近的年龄范畴之间建立起明确的界限呢？特别是这个社会群体中既有单身汉又有已婚者，而且，不同的性别、不同的生活条件、不同的住所将他们划分成了许多不同的阶层。

我们已经谈过了年龄金字塔，但是，很久以来，甚至直到现在，在很多农民家中，人们依然可以看到墙上挂着的相框，相框里保存着代表了"年龄的足迹"的纯真的照片，还有以下这样的说明文字："15岁，金色的年龄，他热衷于各种游戏。20岁，为了寻找幸福，他与所爱的人结婚。如果能活到100岁，他会感谢上帝的恩赐，恳求他……"在这里，用岁来计算的年龄只不过是在向别人传递家庭的概念：儿时、青春、成年、壮年、衰老，直至老朽。表面上看并不精确的群体，事实上他们却真实地存在着，但在不同的社会，其范围大小也各不相同（东方的女性比西方的女性老得更快，也许，社会下层的女性，尤其是农村的下层妇女比城市里较高社会阶层的女性老得更快），但是它的各部分成员都能在一个整体之中找到自己固定的位置、不变的排行。不管在哪个社会里，大部分男性都会觉得自己在相当长的时间里属于这个或那个年龄群体。无论何时何地，都存在着年轻人的群体、成年人的群体和老年人的群体，这些群体相互交织在一起，并且或多或少地感到彼此的互补。另一方面，他们之间也存在着一种潜在的对抗、一种暗战，每一方都在捍卫自己的传统特权、既得利益，或是试图谋求更显要的地位。

现在，我们已经知道，这些群体之间的平衡，还有他们之间的延续，即一代承接另一代的运动，并不仅仅是生物学法则作用的结果，还有社会有机运行的结果。年轻人感觉到他们身体力量的强盛，如果他们遵循自然冲动，将会淘汰更年长的同类，何况他们的数量是最多的。而年长者，也因为他们虚弱，数量少，会出于私心或者恐惧而利用先到的优势和丰富的经验，在一部分最年轻的同类尚不能自卫时将其消灭，或者赶出种群，以此来抵御年轻人的进攻。青年人和老年人也可能会联合起来，共同消灭对二者充满威胁的成年人。但是,社会介入了他们的争端,因为不管是儿童还是老年人都和成年人一样是不可缺少的。没有足够的儿童,社会就不能确定它的繁衍;没有足够的老人,社会就会以过快的节奏更新。总之,如果社会因给老人过多的优待而失去了平衡性,或者对年轻人的野心不加干涉而任其发展,那么,整个社会就很可能变得迟钝而麻木。一代又一代人需要自然地更新,这就是为什么社会会强迫年老者在就业生活中让位于更有活力的年轻人。但是,这种更新换代的速度必须足够慢,以使社会生活进程不被打断,这就是为什么年轻人必须进行必要的实习,而且要逐渐地进步。

此外,出生率和死亡率的波动,使我们可以更清楚地看到,不同年龄人口的分配状况会发生深刻的变化。但是,出生率和死亡率在一定程度上是由社会生活状况决定的。舆论力量、习俗、集体禁锢支配着不同年龄段的举止行为,它们定会以一种间接的方式改变一些与此相关的相对数值,比如儿童、成人和老人之间的比例关系。而这种影响是深远的,并且往往既不是刻意追求的,也无法事先预料。

第二章　出生率、结婚率和死亡率

对于一个社会来说，新生儿并不是它修补或更新自身内容的唯一方式。古时候的家庭会通过领养来开枝散叶；在战争中获胜的部落和城市也会在很长时间内同化被征服地区的种族；最后，人口的迁移也是重要的原因。但这几种方式也必须遵守一定人口运动的自然规律：需要从内部产生有活力的成员，来代替那些即将死去的成员。

然而，出生和死亡并不是两个相互对立的事实。在一场瘟疫或是战争之后，损失的人口（只有成年人或有各种年龄的死者）并不完全是由同样数量的新生儿来补偿的，因为不是所有的新生儿都会达到生育的年龄，或者，即使他们达到了，也是至少20年以后的事情。出生和死亡在这里找到了共同点：这些事件有确切的日期，而且对所有的人只发生一次。对于个体来讲，出生意味着开始，而死亡则意味着结束；但对于社会来讲，出生和死亡都是一种运行方式，既不代表开始，也不代表结束，只要社会组织存在着，它们就会连续不断地运动下去。

以前,很多或者说大多数家庭一般都有很多孩子,通常是8个或10个。然而,人类学家也常常指出,在那些尚未开化的部落里,一个家庭可能有很多孩子,也可能只有极少的几个孩子。因此并不能说有十个八个孩子就必然与一种原始的状态——更确切地说是自然状态——有关。此外,自17世纪中叶以来(1662年,约翰·格兰特发现生男生女的概率不相等),在18世纪和19世纪的大部分时间里,人口学家们都认为,平均每个婚姻只有4个新生儿。那么,为什么都说过去的家庭生育力很强大呢?库钦斯基认为,是一种类似光学的幻影造成的。他对此这样解释:"假设有五个姐妹结婚了,她们分别有12、6、4、2和0个孩子。虽然五个姐妹中只有一个有6个以上的孩子,但这24个孩子(总数)当中,有一半,即12个,可以理直气壮地说他们的母亲有12个孩子。同时,虽然五个姐妹中只有一个没有孩子,但这24个孩子当中没有一个会说他们的父母没有孩子。"然而,这些是否是事实,在后世该如何考证呢? 兄弟姐妹多的孩子与那些只有少数甚至没有兄弟姐妹的孩子相比,在总数上要多得多。这就是为什么我们经常会遇到有很多兄弟姐妹的男孩或女孩。事实上,这些人口众多的家庭,其数量并不大。库钦斯基还认为,和那些在我们出生前就去世又没有儿女的长辈们相比,家中给我们带来很多表兄妹的父辈亲戚以及带来很多外甥侄子的表兄妹们给我们留下的印象更深刻。

库钦斯基还认为,如果我们现在重新考察那些统计数字的话,就会发现,在西欧、北欧和南欧地区,家庭平均生育率曾一度比我们通常想象的要低得多。有8个以上孩子的女性只是一小部分,而拥有5个以上孩子的女性与拥有5个以下孩子的女性在数量上是相当的。但是,在东欧以及像加拿大境内部分法属殖民地地区,很可能还包括中国以及亚洲的其他几个国家、南非以及中非的一些地区,家庭生育率还是非常高的。

在掌握了婚后新生儿数量的基础上,我们可以得出上述有关人口高产的结论。关于这一点,我们将在下一章进行分析。现在,还是让我们从人口的整体上以及不同地区一定范围内进行研究。先来看一看出生率,即每年全部人口中新生儿的数量。1935年,欧洲国家(也包括其他几个国家)在这方面的情况怎样呢?

这些国家可以分成三种类型(大体上说,在每1000个居民当中,出生婴儿数为10—50个不等)。

第一种,低出生率国家:在欧洲,包括英国、斯堪的纳维亚国家、芬兰、德国、奥地利、比利时、瑞典和法国;现在,新的盎格鲁-撒克逊国家,如澳大利亚、新西兰和美国也加入了这个行列。

第二种，中等出生率国家：包括欧洲的意大利、荷兰、捷克斯洛伐克、波兰、匈牙利、西班牙和葡萄牙；欧洲以外的加拿大、南非以及一些南美的共和国，如乌拉圭和阿根廷。但是，在荷兰、意大利以及加拿大境内法国移民较为集中的地区，这种情况出现了减弱的趋势。

第三种，高出生率国家：这些国家都是东欧的农业国，比如南斯拉夫、罗马尼亚、保加利亚、苏联；还有大部分近东和远东国家以及拉丁美洲国家。对于中国，我们没有足够的统计数字。对于苏联，最近的统计结果来自1928年；但是在苏联最发达地区，出生率确实降低了，比如乌克兰和一些大城市。东方各国，诸如土耳其、埃及以及叙利亚、巴勒斯坦和北非的阿拉伯地区，始终保持着较高的出生率。同样的情况还包括印度支那半岛、暹罗湾和日本。

乍一看，低出生率的国家都属于更发达、城市化程度更高的地区，也就是位于欧洲大陆一片相连的地区。这些地区的影响力波及美国和其他英国附属国。但是，在二三十年前，并不是这样划分的。其中，德国和英国在各自城市化程度已经较高的时期里经历了一次大规模的人口增长，而从19世纪初直到19世纪末，一场出生率的低潮从法国开始一直蔓延到大部分的西方发达国家。并且这种情况在社会较高阶层以及大城市（居住比较集中的地区)中更为明显,但在最近斯德哥尔摩的一项调查中,瑞典的情况恰恰与此相反。

科拉多·吉尼(Corrado Gini)认为,出生率降低是由生物学原因造成的。在这些人群中繁衍意识减弱(老年人群体的出现)也造成了生育能力的降低。吉尼认为,在这些地区,生育的禁忌似乎完全是一种自愿行为,好像人们已经习惯于使自己的本能遵从于理性的控制。按照他的理论,如果人们在这方面遵循理性,内心的本能似乎就会逐渐减弱。总之,从年轻到年老,所有人的能力就如同一个生命的周期一样呈现一条曲线。社会的各个阶层也呈现出同样的趋势,特别是较高阶层,在经历了或长或短的高增长时期后,会逐渐失去身体的活力;如果仅依靠内部人口来更新,而不是不停地接受外来阶层流动人口的补充的话,将会停止自己的再生过程。吉尼又补充说,在那些大城市里,尽管成年人口的比重非常高,但他们可能比农村人口老化得更快;如果在城市的中心地区出生率显著降低,这可以解释为在这些地区生活环境的人工化程度提高,人口的生物活力在降低。

有些人认为女性的生育能力降低了,这是没有任何道理的。不过库钦斯基认为,在1870—1880年,法国的婚育率呈减弱趋势,其程度比世界上任何其他国家都更严重。那么为什么整个阶层以及全部人口的生育意识会如此突然地降低了呢？因为在社会生活的影响下，这种意识从很早以来就开始遵循法律和习俗的约束，而正是这种约束的变化最终导致了以上结果。

库钦斯基还指出，直到1870—1880年，大部分英国人仍然认为最有效的避孕方法是女性的独身。然而，从19世纪初开始，新马尔萨斯主义运动风起云涌（弗朗西斯·普拉西、詹姆斯·穆勒等等）。在很长的一段时间里，马尔萨斯主义者都被认为属于一个人数极少的派别，而这个派别的理论并不符合当时的社会道德规范。库钦斯基还引用了一篇莫欧（Moheau）写于1778年的文章，并且以此推断，在当时的法国避孕知识被广泛普及直至农村。库钦斯基强调说，到19世纪中叶，避孕措施已经被大多数法国妇女所使用，但这一结论有待商榷。不过，有一点是肯定的，即避孕措施已经被或早或晚地传播到几乎所有有白种人居住的地区。这其中有些地区，例如德国，在战后不久才开始推广避孕措施，但推广的速度非常惊人。

避孕措施的广泛使用，很可能是因为一部分人大胆尝试，也可能是因为人与人之间的相互模仿。但新生儿的减少肯定是一种群体现象，所以我们似乎更应该把这种现象解释为大城市的飞速发展所致。

那么，法国在这方面为什么比其他国家超前如此之多？为什么德国没有在战前走上同样的道路？不要忘记，自19世纪初开始，法国的人口就多于英国，人口密度也更高。至于德国，从1880—1890年起，其人口结构就开始发展、演变，一直持续了二三十年：当一定人口结构发生变化时，习俗要想得到相应的转变可能会需要更长的时间。同时，在某些地方，传统和道德信仰也会与控制生育观念产生冲突，对其构成一种并不平衡的抵制作用。

有一件事令人惊奇：这种完全个人化的、出于本能的、在性冲动支配下的行为通常是没有目的性的，对所要求的状况并不十分确定，而这种行为却要受到社会的控制和规划。这是因为，社会有很多方法来把它的控制力深入到社会成员的生活当中，甚至是最隐秘的部分。通过改变社会成员的动机来规范他们的行为。也许，某种形式的个人主义是构成上述这种更为理性行为的主要原因，要求人们控制子孙的数量。

人口在不断增加，人口密度也在不断增大。对此我们深有体会，特别是在最近几十年里，随着人口的增加，城市机构也在相应地扩张。那么，在人类的生活空间受到越来越多限制的情况下，这个群体不断控制自身数量，特别是家庭群体的数量，不是显得很正常吗？这一点也和社会的不同阶层有关，正是在社会的最高阶层首先开始对生育进行严格控制。这是为什么呢？表面看来，为了使他们和自己的孩子都保持在这个阶层中，就必须考虑经济原因。但是，也应注意到，在人类社会里，这个阶层也是人口空间最有限、争夺最激烈的群体。事实上，他们只是全部人口当中很少的一部分，人口的稀少正是这个阶层与其他阶层的主要区别。然而，还有许多其他阶层的成员试图进入他们的行列。拥挤的城市就是个代表，在这些城市里成员位置有限，因此人们挤在大城市的门口，试图进入并定居下来。当这个阶层的人口过快增长时，会表现出比其他阶层更强烈的压迫感。现在，让我们假定社会较高阶层在数量上接近其他阶层的同时，他们之间的道德隔阂也如物质层面的差异一样逐渐减小。那么，对于社会整体中最靠近较高阶层的那部分人来说，这一次，就该轮到他们来体会生活空间受到限制的感觉了。并且在这个空间里，社会也会做出同样的反应，新生人口所带来的压力也会更大。

正是因为如此，才产生了我们所说的作为城市阶层产物的社会个人主义。生育活动状况既是人口的一个基本要素，也是社会形态结构的基本要素，它的运动变化完全可以解释为大城市的形态结构的变化及其通过各种媒介和方法对整个国家人口所产生的影响。通过对死亡率以及这一时期人口演化的研究，我们也得出了同样的结论。

在某个新建国家,例如美国,人口的自然增长长期保持较快速度,并不仅仅是因为这些国家的广大地区只有很少人居住(佃农、开荒者、农民确实习惯于生活在人口密度不高的小型群体中)。从巨大城市机构开始吸引一部分新增人口的时候开始,城市居民就更趋向于定居在城市中。空旷地区失去了原有的吸引力,与分散的生活相比,人们已经对高度集中的人口结构更加适应了。但是,正是从此时开始,在人口高度集中的大城市里,人们彼此间更加频繁地相遇,这使他们认识到要想继续在城市中待下去,就绝对不能增长得太快。这种认识也许涉及了一定的经济因素,但是从它本身来说,也只是人们对新出现的人口结构的一种本能反应。

在研究死亡率之前,我们还是先来简单地看一下婚姻。之所以要研究婚姻,就是因为它是生育的一般性条件。

在一年当中,婚姻的发生率每个月并不相同。其中有高潮期,在法国有两个时期,一个在四月——春天——复活节期间;另一个在十月,在年轻人从军队退伍之后。还有三个低潮期,一个在二到五月(冬季末尾,即封斋期),还有其他几个并不集中的时期,七月、八月(收获的季节),十月(冬季初)。因此,在生育的运动变化中,也应该有两个高峰,即一年的开始和中期,即一月和七月。虽然这两个时期的温度状况达到了全年的两个极端,但其影响却微乎其微。不过刚才已经提到,社会条件决定了结婚数量应该在九月以前更多一些,这就是时间的作用。婚姻的数量也在变化(很久以来人们就已经注意到了这一点),随着经济环境的变化,结婚数量会在萧条时期减少,而在繁荣时期重新回升。与此相应的结果是,生育的数量也会在一定时间以后随之变化,至少第一胎子女的出生率会受到影响(他们的数量几乎占所有新生儿的一半,比例为48∶100)。如果遵循现有条件,是不会理解这种变化的(例如,我们会错误地把生育的增长同紧随一个繁荣年之后的危机年联系在一起)。社会原因能够解释生育运动,而只有考虑到婚姻状况才能更好地理解这种社会原因,这是一个不可分割的整体的两个方面。

从一个国家到另一个国家,结婚率是在什么范围之间变化的呢?对此,最好的研究方法恐怕就是计算达到婚育年龄的人口的婚姻数量了。但在不同国家的统计数字中,各国对可结婚年龄的限制是不同的。因此,就需要从研究全世界年婚姻发生率入手。在不同的国家,在每1000名混合了各年龄段的居民群体当中,这个数字会在95到200之间波动。我们通常会把上述情况解释为不同的生活方式、不同的经济状况以及人口的迁移,还有贫穷和年轻人口的移民（伊朗的婚姻发生率是世界上最低的）造成的。在中欧，人们盛行早婚，那里的妇女尚处于一种从属地位，她们只要一达到结婚年龄就会结婚，成为家庭主妇，忙于家务：在南斯拉夫、保加利亚、罗马尼亚、捷克斯洛伐克、波兰和匈牙利，结婚率是非常高的。而在西欧发达国家，比如法国、德国、比利时、奥地利、意大利、英国、瑞士，婚姻率处于中等，并且上述各国结婚率彼此非常接近；这是相当值得注意的，这也证明了这些国家间的风俗具有明显的相似性。在北欧国家，比如瑞典、挪威、芬兰，婚姻的数量较少。需要指出的是，所有这些结论都是非常笼统的，因为在这样的对比中，还需要考虑到年龄的划分和结婚年龄人口中男女的比例等等，在下一章我们会继续对此进行分析。

结婚时的年龄以及结婚时的平均年龄在各地并不相同。法定的最低结婚年龄通常为：在法国，男性18岁，女性15岁，但在不同的地区也会产生变化，男性可能从14岁到21岁，而女性可能从12岁到18岁。在伊朗、希腊、智利、澳大利亚、新西兰、奥地利和西班牙，盛行早婚（还不包括东方国家），但在北欧盛行晚婚。如果不考虑法定结婚年龄，结婚时的平均年龄又是多少呢？在法国，从战后至今，结婚时的平均年龄一直在降低，这表现为年轻人甚至是更年轻的人的结婚数量增加了。1931年，24岁以下男女之间的婚姻发生率是战前的两倍,同样情况也发生在 20 岁以下男女婚姻关系中,而这时已经是战争结束的 12 年以后了。如果我们追溯到更远的时期,在 1853—1860 年的法国,男子结婚的平均年龄是 30 岁零 5 个月,而在 50—55 年以后的 1913 年,男子结婚的平均年龄为 28 岁零 6 个月,到 1931 年,则为 26 岁零 7 个月。就是说,在 80 年间,降低了大约 4 岁;对男性来说,结婚时的平均年龄在这期间向他的法定结婚年龄靠近了三分之一。对女性来说,虽然她们的年龄变化不及前者,但也十分显著:在 19 世纪中叶为 26 岁零 1 个月,1931 年为 24 岁零 3 个月,现在则是 23 岁零 4 个月。这个过程还在继续,并且在其他国家也发生着同样的情况。

也许,经济是造成这种状况的原因,即社会总财富和总收入在不断增加。在以前,如果许多男人结婚很晚,那是因为在此之前他们的收入并不足以维持一个家庭的生计。后来,人们的平均收入明显提高了,特别是在战后,提高的速度可能更快一些。这只是一个原因,当然还有很多其他的原因。

事实上,这种结果并不是和出生率的降低完全没有关系,比如在法国,特别是 19 世纪中叶以来的法国,还有 1880 年以来的欧洲。所有的一切表明,在一定的人口范围内,每年似乎只能形成固定数量的或者说是固定比率的婚姻。当出生的孩子过多时，如果达到结婚年龄的年轻人太多，他们通常不能立刻过上婚姻生活，其中许多人还需要等待一段时间。而与此相反，当生育数量降低时，达到结婚年龄的人口数量也会降低。那么，他们之间就能够更早地组成家庭，结婚的年龄就会趋于下降。但是，死亡率的下降，这也是我们将要说到的，部分地抵消了生育数量降低的影响。这也是为什么结婚的平均年龄只是非常缓慢下降的原因。也许，在某些年轻的国家情况会有所不同。因为这些地区的人口密度不高，人们生活的组织机构也并不十分集中，所以有很大的空间来组成新的家庭。库钦斯基提到，在路易十四时期的加拿大法属殖民地区，如果女孩子在 16 岁还没有嫁出去，他们的父亲就要被征收一种罚款或是特别税。而在这个时期，有很多加拿大妇女十四五岁就已经成为母亲了。此外，如果在一定人口中，每个家庭只生育数量极少的儿童，那么组成一个家庭也会比较容易，他们给人口结构带来的变化也并不显著。此处同样是个人主义——即所谓的夫妇家庭个人主义——构成了早婚数量增加的原因，如果没有新的因素介入，这种个人主义的结果就是以更快的速度更新人口：死亡率的降低在使人口可支配空间减小的同时，也使得出生率变得更低。

社会所有的作用都指向了生活或者社会本身。这个群体并没有消亡,而是它的成员,即个人,在时不时地被淘汰,但无须有任何担心,因为会有新成员来取代他们。通常我们可以把对神的想象适用于社会,人和神最主要的区别就是,神是永远不会死去的。社会生活需要人们不能长时间困扰在丧失亲友的悲痛之中,但可以使亡者的形象永远地留存在人们的心间。

活着的人们可能会认为个人的死亡对社会没有实际影响,但是社会在尽可能地使人们摆脱这种想法的同时,并没有满足于此。因为从总体上来说,个体的死亡通过各种渠道改造着社会结构。在存在移民的情况下,死亡是减少一定人口数量、保持人口稳定或是缓慢增长的主要原因。另一方面,死亡人口数量的多少也决定着社会人口结构的变化,比如寡妇、鳏夫和孤儿数量的增长,新的家庭的产生,一定年龄阶段人口数量的相对减少,最后,在老年人死亡过多的时候出生率增加,在处于繁殖阶段的男女死亡过多时出生率减少。对于所有这些对社会产生或好或坏影响的结果,社会并不是无动于衷的。为什么在某些原始部落中,老年人会被处死?这是因为要维持一定的死亡率,甚至是使死亡率提高,否则,就会使这个群体承担和传送过多的死亡的压力,加重它的负担甚至使其瘫痪。在一个所有人都活到生命极限的社会里，人类社会内部的老年人会阻塞人口循环，减慢人口运动，占据过多应属于更具活力人口的位置。此外，很久以来，提高人口的平均寿命对所有社会来说并不是个美好的目标，可以说是弊大于利。而且，社会自身并不认为有权这样做。针对死亡的斗争只是最近才出现的现象，至少观察家们只是在最近几十年才开始研究它的。而且这些研究也特别是为人口中最年轻的那部分人的利益服务的。

在某些社会中，流传着这样的宿命论信仰：每个人从一出生，死亡的日期就是固定的。还曾经有一种统计学上的宿命论，即在一定人口中，在相当长的时间里，死亡率几乎是不变的。戈特莱（Quetelet）认为，这种"预算"似乎是由不可抗拒的法则决定的。在一定社会内部，总是需要有一定数量的人口随着时间的流逝而消失，就好像一个看不见的暴君将他们偶然地淘汰出历史的舞台。因此，似乎应该很自然地认为，无论生存下来的是哪一部分人，即使有时纯属偶然和机遇，死亡还是更多地降临在那些身体更羸弱、已经生活很长时间的人身上。在生物宿命的驱使下，社会每年都要付出一定的代价，并且身体的体质或状态，特别是儿童的脆弱和老年人的羸弱等因素都在这里发挥着作用。但是，真的存在着这样一种生物宿命吗？

人寿保险最早出现在 18 世纪。从那时起,人们已经注意到,根据对死亡者的统计,每个年龄阶段(在每个国家)都和一种限定生命长度的可能性相联系,并且可以对此进行计算。事实上,在一个年龄结构丰富的人口群体中,对人们平均年龄进行计算只是一种粗糙的方法。在法国,1850 年的人口平均年龄只有 30 岁,到 1880 年上升为 40 岁,1900 年为 45 岁,现在则接近 55 岁。但是,并不是有很多人恰巧在平均年龄死亡。年龄很小的儿童和年龄较大的老人都保持着很高的死亡率。有很大一部分死亡的儿童会规律性地降低人口平均寿命。约瑟夫·德·迈斯特尔,在为了证明君主制的正确性而寻找一种新的更具科学性和现代性的论据时发现,几个世纪以来,法国统治者们要比普通人面对更多的事故,但法国国王的平均寿命比普通法国人的平均寿命要长得多。他们身上似乎有一种能抵制死亡的神秘信念。但是,这些国王们夭折的子女并没有被计算在内。而人口的平均寿命是在全部人口数量的基础上计算的,这其中当然也包括儿童。

那么,年龄会产生什么影响呢?在法国,1 岁以下儿童的死亡比例,1820 年为 25%,今天减少到低于 10%,即每 100 个男孩中有 8 或 9 例,每 100 个女孩中有 6 或 7 例。在 1—4 岁的儿童中,死亡率(每个年龄分别计算)还是相当高的,为0.7%。低年龄段儿童的死亡被比作滚球游戏中丢失的球,数目是不可减少的。儿童的死亡率居高不下,并没有被减少很多。

从4岁起,死亡率会随着年龄的增长迅速下降,直至最低点:快到15岁时为0.2%;此后,会再次上升直到20—25岁之间的0.4%;然后增长逐渐趋缓,紧接着再次迅速上升,25—34岁为0.6%;35—44岁为0.7%(请注意,这个年龄段父母所生的孩子最多,大约占每年新生人口总数的70%);45—54岁为1.2%,如果这个比率适用于所有年龄阶段,就会导致90岁以下这代人的数量整体下降;55—64岁时比例会成倍增长,为2.4%;而在65—74岁时又会再次加倍(甚至更多),为5.6%,如果这个比率适用于所有年龄阶段,就会有一代人在不到20岁时全部死亡。

现在,我们已经越过了"老年"这一道门槛,越过了70—75岁这个阶段,而统计数字表明,这个年龄是生命的正常寿命,实际上也是人们通常的寿命(这是因为,如果在这个年龄以前死亡的人口很少,而在这个年龄以后死亡的人口过多,那么死亡率就会应用在同一个年龄人口中,也就是原始人口数量中越来越少的一部分)。年龄更大一些,死亡率就迅速增长:到75—84岁时,虽然没有达到三倍,但远远超过了两倍;到85岁以上时,几乎达到了三倍。这些变化是很明显的,并且人们对此已经习以为常了。如果在同一次事故中一个家庭有两个人死亡,并且不能确定死亡的先后顺序,那么法官就会判定(只是一种法律上的假定)年长的人先死亡。

不过社会会通过两种方式对死亡率产生影响。首先,它会直接降低某些年龄段的死亡率。以前,1岁以下儿童的死亡率常常超过300‰。在英国,1838—1904年,不考虑它向一个方向或另一个方向的明显趋势,这个比率在130‰—164‰之间波动。1905年,首次降到130‰以下。而从1915年开始,始终保持在100‰以下。1921年以来,保持在80‰以下,1935年只有57‰。另一方面,出生率的增长(由社会因素决定)可能改变年龄结构状况,这使得受死亡威胁最小的人口占据了上风,例如,在德国,1925—1927年的死亡率(粗略计算)为119‰(因为这时的年轻人口比率很高),而不同于法国的171‰。但是,如果在两个国家的年龄结构不变的情况下,考虑两国各个年龄的死亡人口,那么德国精确的死亡率应为126‰,法国143‰。由于青年人、成年人等所占的比例不同,造成了两国明显的区别。

现在,世界上白色人种的总数已经达到大约7.2亿,而1770年只有大约1.55亿,也就是说在160年间增长了近五倍。那么,对这如此巨大的增长该作何解释呢?

第二章 出生率、结婚率和死亡率

库钦斯基认为,这几乎完全是因为死亡率的下降。因为我们找不到任何统计数据证明出生率在1750—1885年间(此后出生率开始增长)有所增长。

生命的可能长度或者说是平均寿命(即人们达到这个年龄的可能性和达不到这个年龄的可能性相当,据观察,在一万人中大约有一半的人达到并超过这个年龄),1755—1775年间在瑞典为35岁,在当时大部分的欧洲其他国家,这个期望值可能更低。马尔萨斯(Malthus)经过对瑞士雷钦乡村(从那时起成为著名的结核病疗养胜地)死亡登记的调查,得出这样一个结论:在这个"地理位置使人们得以享受最纯净空气的村庄里",平均寿命(1776年)"达到了十分罕见的61岁",而在日内瓦只有27岁。1840年,平均寿命为:挪威,46岁;瑞典,44岁;英国,41岁;法国,40岁;在欧洲的其他国家甚至更低。1890年为:新西兰,58岁;澳大利亚,53岁;瑞典和挪威,52岁;丹麦,50岁;荷兰,48岁;比利时和瑞士,47岁;英国和法国,46岁;芬兰,44岁;德国,42岁;俄国,33岁。在20世纪以前,没有一个国家达到60岁。现在,在丹麦、挪威、瑞典、英国、德国、荷兰、瑞士、美国和新西兰则超过了60岁;法国为64岁;英国为67岁;在新西兰甚至更高。这就解释了我们前述的人口的显著增长。

库钦斯基还指出:"特别是卫生医疗条件的发展使死

亡率降低了。否则，白色人种的人口大概会——至少在欧洲——几乎保持不变。但这并不是造成出生者多于死亡者的唯一原因。饥荒、经济战争、生育控制本应阻止人口的增长，但是在同一时期，一场经济技术革命发生了。这场革命不但使得欧洲人的生存方式惊人地增多，而且使1200多万欧洲人向美国以及其他大陆移民成为可能。"同时，这两个原因也必然相互联系。一方面，医疗卫生条件发展到今天的程度，是得益于整体财富的增加，得益于人们生活水平的提高，得益于人们有更多的资源和精力来针对社会必需品以外的其他目的而付出足够的努力——生存第一，而当我们不再有这些烦恼之时，生命就开始有更高的追求。另一方面，只有在科学技术进步的情况下，社会财富才有可能增加，而医疗卫生正是科学技术的一个侧面。

现在，让我们回到形态学领域。更加精确的知识促进了医疗卫生事业的发展，即医院、诊所还有更加卫生的住房、家庭垃圾处理场，更加干净的垃圾场、阴沟、饮用水，所有这一切都只能在大城市里出现和发展。再加上对这些预防和治疗措施的研究开创了一个新的领域，摆脱了对乡村和小城镇的偏见。在这些地区，医疗卫生等事业可能会在一种更有利的环境下通过媒体、报告会甚至是法律手段得以进行。至于社会财富，如果不是高度集中的社会群体促进了社会分工的加深,又怎能以如此的节奏迅速增长呢?

医疗卫生事业发展,社会财富不断增加,在面对死亡的斗争中,这些都只是方法和工具。还需要有参加、继续和组织这场战斗的意愿。人们应该更重视个体,重视个人生命的存在和延续。可以想象,在人口状况稠密而复杂的城市地区这种想法十分普遍,那里的成员逐渐被造就成各种各样的人,并认为自己属于人类当中更加进步的一部分。大都市经常用强加的压力使都市居民面临艰难的考验,特别是对那些为数众多的所谓的外来人口而言;通过他们的活动、需要以及更快的生活节奏来重塑他们的性格,使其成为新兴人类。所有这些努力,不管是居民的还是城市的,都只有一个目的:在鼓励居民们更好地保养、保护和延长自己生命的同时,让他们协助城市尽可能长地运转下去。在城市阶层中产生和实行的个人主义,正是与此目的相适应的。

此外,大都市在这方面的影响也扩展到了周围相当广泛的地区,深入到那些人口结构状况与它十分接近的社会阶层。在那里,没有其他类型的人口结构,地区关系也不是坚不可摧的。来看看法国的死亡率(为了不受年龄划分的影响,此处为精确比率)。代表最高死亡率的主要的黑点出现在诺曼底和布列塔尼。在塞纳省和塞纳—

瓦兹省死亡率也很高,也包括如罗纳河口省、瓦尔省、上阿尔卑斯省、下阿尔卑斯省和上萨瓦省。其中塞纳省、塞纳—瓦兹省和罗纳河口省是城市化程度非常高的地区。但大多数城市并不能总是也不能立刻找到合适的形式:它们一方面保留着旧的城区、拥挤简陋的街区和狭窄堵塞的街道;另一方面还仓促地建立起工人聚居的郊区,这些郊区既不是乡村,也不是城市,但却集中了这两者的缺点和不足。最高的死亡率主要集中在两个广大的地区,布列塔尼和诺曼底,就是说在西部,这里与东部不同的是,人口不那么集中,比较分散;正如维达尔·德·拉·布拉什(Vidal de la Blache)所说,这里居住的是"农民",而不是"村民"。这些乡村完全和现代的生活方式相隔离,而且比法国的其他地方更完整地保存着从前的社会结构。城市被阻挡在这些乡村之外,如同孤独的城市生活的小岛,毫无光彩。至于瓦尔省、上阿尔卑斯省、下阿尔卑斯省和萨瓦省,这些省与城镇地区形成鲜明的不同,因为在这些地区没有大的都市,人口的密度也非常低。

现在,让我们更深入地研究这样两个明显的事实:死亡率的大幅降低和出生率的有限增加。这两种情况常常同时出现在所有欧洲或源于欧洲的国家中。表面上可以把这两种现象解释为以下原因:城市出现新结构;大都市不断增加和蔓延,对整个国家产生全面影响。以前,社会从不吝惜它的成员,因为可以不费吹灰之力找人来顶替他们,因此死亡发生得很频繁,但出生一样发生得很频繁。因此,世代的更新进行得非常快。今天,社会仍然给予自身更多的关注,但是正因为如此,它越来越关心个体,或者说社会更加关注每个个体所关心的事物,个体生存的价值也越来越受到重视。

在城市的框架内,人类这样一个广泛的群体仅仅是因为彼此生活空间十分接近而相互联系起来,在这种情况下,其他的组织形式都会逐渐失去稳定性。广泛的人类群体在纯粹又简单的城市生活中趋向分散。社会的内容就是个人,个人既是社会的产物也是社会的形象,对社会(至少对于那些竭力使社会一体化的人)来说,个人代表着重要的价值,因为社会花了很长时间,经过不断努力才使人类发展成如今的模样。

另一方面,单单从人类来讲,他们不断在空间上增加着联系和接触。这样做的结果是每个人的个人意识逐渐增强,他们要求行动自由,要求维护以个人身份参加所有活动的能力,这些行为活动使城市生活的内容不停地更新和扩大,通过限制后代数量的方式减轻人们的负担和羁绊,因为作为父母,他们的本能和预见能力尤其要求他们把全部的注意力集中在一小部分的儿童身上。但同时,由于人类最根本的目标是发展自身,如果一个人首要关注的不是生存和维持寿命,就算他参加再多的体育训练,游历名山大川,接受特殊文化熏陶(这些都需要花上很多时间和精力,只要参与其中就能有收获),那又有什么意义呢?

第三章　世代的更替。 人口的繁殖和活力

　　一个方面是婚姻和新生，另一个方面是死亡。根据这两方面的事实，我们假定在一定人口中没有任何使其成员增加或者减少的移民活动，那么，我们能大体掌握人口所遵循的变化趋势吗？长久以来，人们一直相信回答是肯定的，直到不久以前，库钦斯基和洛特卡的作品问世后，向人们展示了一个全新的概念，即人类群体的"繁殖"。在一定的人口中，在一个国家或者一些国家里，随着一代一代的更替繁衍，人口只是在增加、减少或者保持原有水平，即所谓的繁殖，但仅此而已吗？连续的人口普查结果表明，过去的情况确实如此。那么将来呢？还需要考虑哪些因素才能足以做出正确的预测，才能帮助我们了解出生率、死亡率的运动以及二者的相互关系，即我们所说的每年出生人口超过死亡人口的盈余情况（或者相反）呢？

　　库钦斯基说，许多社会学家和生物学家相信，人们可以通过比较出生和死亡的数量来衡量一定人口的活力（这是另一种确定一个人口群体繁殖能力的方法）。现在

举一个离我们很近的例子。1927年,英国有655 000个出生人口和485 000个死亡人口。乍一看,每年170 000个出生"盈余"标志和证明了一种非常强的人口活力。然而,令人难以置信的是,在1927年的英国,655 000个出生人口意味着平均每个妇女在她的整个一生中仅生两个孩子。为了使人口维持在同样水平,必须保证这些孩子在达到(并要超过)做父母的年龄之前一个也不能死亡。因此,如果出生率不再次升高的话,英国的人口将注定会减少(直至消失殆尽),直到人们把死亡率控制在相应的水平。库钦斯基补充说,这种情况并不是只发生在英国。在德国,情况几乎完全一样。在法国,前景似乎好一些,但并不十分明显(这是因为,很长一段时间以来法国人口的增长都慢于前两者,因此,相比之下它更容易维持一种较低的水平)。

在英国,每年的出生人口数量要远远超过死亡人口数量,那么,在这样的情况下,如何解释英国人口正在迅速减少的现象呢?这就需要考虑到年龄结构的状况。事实上,并不是所有年龄的妇女都能怀孕,而只有年龄在15—50岁之间的妇女,特别是(考虑到通常的最低结婚年龄)其中年龄在20—30岁之间的妇女最有可能怀孕。

现在可以做这样一个假设:随着二三十年来出生率的持续降低,年龄结构中处于20岁以下的人口要比

20—30岁之间的人口数量少得多。那么,在现在世界总人口中,新生儿的数量较高可能有两个原因:第一,因为分母,即总人口数量在这二三十年里正逐渐减小;第二,因为女性生育年龄范围不正常,并且生育年龄暂时性提高(因为低于此年龄范围的女性人口减少了)。让我们再向未来跨越一二十年:会发现出生人口数量将明显减少,因为女性生育孩子的年龄范围比以往减小很多,追根溯源,此时的年龄范围是由今天更年轻的年龄阶段构成的,而今天这个年龄阶段的范围本身缩减了很多。那么,为了维持同现在一样的儿童数量,此时的每一位母亲必须比前辈们生更多的孩子,以弥补减少了的母亲数量。"在1934年,英国有 4 710 000 个15岁以下的女孩,4 998 400个15—30岁之间的女孩或女人。很明显,即使所有现在处于15岁以下的女孩都达到生育年龄,也不足以代替现在处于15—30岁之间的女性。""在当今西欧和北欧国家的人口中,达到生育年龄的女性所占的比例特别高,年龄较小的儿童和老年人所占的比例则很小。"这就是新生儿数量较高的原因。如果仅把它和母亲的数量或者达到生育年龄妇女的数量相联系,就会得出不同的结论。

与此相反,基于西欧、北欧国家人口年龄结构计算出的死亡率比按照某个年龄单独计算时(同以前相比较)要小得多。"无论在哪里,年龄很小的儿童和年龄很大的老人都保持着相当高的死亡率,而两三岁到大约 50 岁的人口的死亡率几乎可以忽略不计。那么,既然现在儿童和老人在人口中所占的比例很小,死亡率也必然不会很高。目前没有超过 13‰。"但这种较低的比例也有可能是由人口年龄结构变化造成的。"目前处于 15—50 岁之间的人口数量很多,随着他们年龄的增长,受死亡威胁最大的人口数量也会急剧膨胀。然而,目前的状况是儿童数量过少,这使我们可以很清楚地预见到,他们根本不足以在将来填补不受死亡威胁的年龄范围的人口空缺。"那么,目前为 13‰ 的死亡率只是一种假象。基于以下简单的逻辑思考,这种死亡率是不能长期维持下去的。死亡率真的是 13‰ 吗? 如果是真的,也就是说每年占总人口 13‰,或者说七十七分之一的人要死去。"那么,如果这种死亡率维持几十年,生命的平均寿命将会是 77 岁。但是几乎在西欧以及北欧的所有国家,事实上的平均年龄都远远低于这个数字。即使是在丹麦这样一个死亡率出奇低的国家,1921—1925 年的平均寿命也只有 61 岁。然而,在这一时期,粗略计算的死亡率已经降低到千 11.3‰。"根据人寿统计表所计算出的校正死亡率为 16.4‰。对其他国家的粗死亡率也做同样的校正,会得出以下的结果:1920—1921 年英国校正死亡率为 17.3‰

(粗死亡率为12.4‰);1921年苏格兰为18.3‰(粗死亡率为13.6‰);1921—1923年德国为18.7‰(粗死亡率为14‰)。

在法国,粗死亡率和校正死亡率的差别是十分微弱的。这是因为,在法国,过去40年里新生儿的数量几乎维持在相同水平,人口的年龄结构状况也几乎没有改变。虽然人口的粗死亡率相对较高(1921—1925年为17.2‰,1926年为17.5‰),但这只是因为法国的老年人口(受死亡威胁最大的群体)数量在比例上比其他地区多得多(50岁以上的人口占25%,而其他西欧、北欧国家只有20%)。"然而,同样是在法国,如果现在处于50岁以上的人口,在他们出生时,也保持着同今天一样低的低年龄儿童死亡率的话,那么,老年人口所占的比例会比现在高得多。同样是在法国,校正死亡率比粗死亡率要高得多。"

总之,只有人口的结构状况在半个世纪甚至四分之三个世纪以来都保持不变,这才能使出生人口超过死亡人口这一事实真正反映人口的变化进程。但是,在西欧和北欧的大部分国家,那些能够带来大部分(甚至是全部)新生人口的人——同时也是受死亡威胁最小的人,这群人的数量在总人口数量中所占的比重过大(比过去大得多,而且不会很快降下来)。因此,新生人口数量明显超过死亡人口数量就是非常合理的了。但这并不意味着人口数量会在一个较短的时期内表现出增长的趋势。因为在将来,达到做母亲年龄的人口数量将会减少,而死亡率最高的年龄范围的人口数量可能会比现在要多——这个人口结构的变化会继续下去,甚至不断加深,因为它才刚刚开始。

如果我们关注世代之间的更替,仔细研究所有的事实,如果我们能够发现人类繁衍所必需的世代更替节奏(现在它处于十分重要的地位),那么前述的结果就会更加清楚。下面,我们来看一看库钦斯基是怎样计算出他所说的"人口繁殖率"(人口再生产率)的。

以瑞典为例。正如 1891—1900 年间人们所观察到的那样,各个年龄的生育率表现为以下事实:在达到做母亲年龄的 1000 名妇女中,如果她们没有人在完全经历生育期之前死亡(至少到 50 岁),那么她们在生育期内会生 4134 个孩子(包括出生时是死体的孩子)。再假设如果在 1000 个女孩中,从出生到 50 岁没有一个死亡,那么她们同样会生 4134 个孩子(此处完全不考虑死亡率)。

现在,只考虑女孩,把出生时是死体的排除,1891—1900 年间新生儿的总数是 1 374 118,其中活体 1 338 726 例,女婴活体 650 732 例。那么在 650 732 ∶ 1 374 118 这个比例中,生育力应该是在下降的。我们得出新的结果是：

$$\frac{4134 \times 650\,732}{1\,374\,118} = 1957.8。$$

这代表着1000名妇女在生育期所生的女孩的总数。这就是库钦斯基所计算的粗繁殖率,但其前提是假设1000个女孩从出生直到50岁没有一人死亡。英国1921年为1312,1925年为1079；德国1881—1890年为2459,1901—1912年为2126；法国1925年只有1132,1892—1897年为1447,1908—1913年为1232,1922—1925年为1159。但是这些比率还在下降：英国和奥地利自1926年起就低于1000,德国和瑞典的下降趋势始自1928年,挪威自1931年,法国自1933年。因此,即使1000名女孩从出生到50岁无一人死亡,这一代人也不可能在任何一个国家再生1000个女孩。同样的粗繁殖率在以下国家略高于1000：丹麦、捷克斯洛伐克、匈牙利、芬兰、美国、澳大利亚和新西兰。而加拿大为1400,意大利为1500,波兰和立陶宛为1600,保加利亚为1800。但即使是这样的比率,仍然低于大部分西欧和北欧国家在本世纪初所达到的水平。

如果现在来看死亡率,情况似乎会更糟。首先,要在现有的死亡率基础上,确定以下内容：在1000名女孩当中,从她们出生时起,有多少人达到了做母亲的年龄,即

15岁,有多少人达到16岁,有多少人达到50岁,等等(如果我们查阅人寿登记表,我们就可以得出这些结论);然后,把各个年龄的生育率应用在以上得出的数字上。

还是来看瑞典。在1891—1900年间,每1000名出生时是活体的女婴中,分娩的数量是2987。正是这个结果揭示了50岁以前的女孩和妇女的死亡率。既然在这个年龄期间的1 354 225例分娩产生了650 732例活体女孩,那么1000名女孩出生时的原始储备将会带来:

$$\frac{2987 \times 650\ 732}{1\ 354\ 225} = 1435 \text{ 个女孩}。$$

那么,要使人口数量保持在同样的水平,其比例就必须保持在43.5%以上。库钦斯基把1435称作"纯繁殖率"。因此,我们所发现的1958这个粗繁殖率(不考虑死亡的个体)实际就应该为1435。"如果生育率和死亡率相同,那么1435个活着的女孩就会生1435×1958个孩子,其中1435/1958个会存活下来,即1435×1.435=2060个,以此类推。那么在两个世代之后人口就会增加一倍。"

各国的纯繁殖率如下:英国,1921年为1087,1926年只有880(1000个女孩只生育880个女孩);德国,1890—1900年间为1512(在两个世代之间增加了一倍),1927年为830;法国,1898—1903年为979,1922—1925

年为937,1927年为910。从总体上来看,在1880—1890年间,大部分西欧和北欧国家的女孩从出生直到50岁为止,她们所生育的、在将来也成为父母的孩子(包括男孩和女孩)的数量平均为3个,这使得在两个世代之间,人口增加了一倍;在法国,这个数字仅为2个,这恰好使得人口总数维持在同样水平。而1926年的情况则完全不同。此时的纯繁殖率为:丹麦和芬兰为1.1,但在法国、瑞典、英国和德国则少于1。也就是说,在大部分的西欧、北欧国家,人口数量不能维持在同样的水平,甚至正在进入一个无休止的减少过程。因为,如果1000个女孩在这个世代只生育800个女孩,那么后者在她们的世代结束时只生育650个女孩(大约数字,并且其他情况不变下),而下一代只有525个,也就是说,在三个世代之后,总数就减少了一半。那么只需要五到六个世代,最初的1000个女孩就只能生育100多个女孩。

确实,生育率和死亡率是可以改变的。埃尼德·查尔斯(Enid Charles)认为,在英国,生育率(自1934年起)将重新回到1931年的水平,也就是说比1933年的结果高10%;而在未来的15年里,低年龄儿童的死亡率将下降大约四分之三,从1到70岁的各个年龄的死亡率则会下降大约50%,这样,在15年后,死亡率仍然不会改变。在这个假设中,人口会继续增加,直到1962年。到那时,出生率和死亡率将同为 12.7‰。从这时起，死亡者开始多于出生者。最后，出生率将为 12.1‰，死亡率将为 16.5‰。库钦斯基说："随着生育率增加 10%，死亡率在 70 年内下降一半，最终的出生率仅比生育率和死亡率都保持不变时多 9%，这样一个事实是令人感到十分意外的。因为随着死亡率的大幅下降，老年人口的数量剧增，而达到做母亲年龄的女性比例大幅降低。"

那么，为了使某个特定人口的纯繁殖率得到增长，除了使死亡率重新降低，也没有更多值得期待的了。首先，在西欧和北欧国家，大多数的死亡者是 50 岁以上的老人。此外，这个年龄段的妇女几乎不会再生育。但另一方面，同样是在这些国家，50 岁以下的女性死亡率在最近几十年已经达到了很难再降低的程度。在英国，根据 1933 年的死亡率数据，从出生时起计算，每 1000 名女孩中有 907 个活到 15 岁，788 个活到 50 岁。同样的数据统计在新西兰为 956 和 863。如果这 1000 名女孩都能活到 50 岁以上，那么她们在达到 15 岁后，平均还应该有 35 年的寿命，比 1933 年新西兰的 32 年稍多一点，而同年，英国的这个数字为 30 年。对 50 岁以下的女性死亡率还很高的国家来说，有可能在减低死亡率的同时提高人口的纯繁殖率，但这种情况已经不再适用于西欧和北欧国家了。

那么，作为促进人口增长的可能因素，就只有出生人口增长了。首先，需要婚姻数量增加。但是，婚姻的数量真的能够如此增加吗？来看看 40—45 岁之间女性中未婚者的比例：保加利亚为 1.3％，北爱尔兰为 26.2％（1926 年），美国为 9.3％（1930 年），德国（1925 年）和法国（1926 年）为 11.4％，英国为 17.5％（1931 年），瑞典为 23.9％（1931 年）。在所有的西欧、北欧国家，大概占女性的七分之一。假如所有女性都结婚的话。那么，粗繁殖率同女性结婚数量会成同比增长吗（即从 0.9％ 增长到 1.05％）？答案是否定的。因为，在已婚女性生育婚生子女的同时，也有同样数量的女性生育数量相当的非婚生子女死去。在像法国和德国这样有很多非婚生子女的国家，人口的繁殖率在总体上并没有增加。那么，再假设结婚年龄下降的情况。但下降的空间已经很小了，因为五六十年以来，结婚的平均年龄已经大幅降低。然而，还是有降低的可能的。问题是要搞清楚早婚是否真的会使儿童的数量增加。一个很年轻或许从 15 岁起就有孩子的女性，难道不会避免更早地生下一个孩子吗？库钦斯基认为："同样是两个都没有采取任何避孕措施的怀孕女性，一个在 17 岁时，另一个在 25 岁时，分别与有生育能力的男性发生性关系，那么，第一个女性拥有孩子的时间将会比第二个女性长很多，但这个时间差不一定就是 8

年:第一个女性可能在42岁才生最后一个孩子,而第二个可能在47岁。"因此,对于一个人口群体来说,无论是婚姻数量的增加,还是结婚平均年龄的下降,都不足以使粗繁殖率或纯繁殖率得到明显提高。

那么,对于西欧和北欧国家人口来说,要想在一个相当长的时间里保持或增加其数量,唯一的方式就是提高生育能力。而且,必须认识到,鉴于这些国家的年龄结构状况(当然,根据最近几十年的观察,这一结构也是出生率和死亡率下降的结果),生育能力的增长可能是十分重要的,因为在以后的几十年里,达到母亲年龄的女性所占的比例还会继续下降。

以上这些分析的价值在于,它把人口问题用纯粹的形态学术语表述出来,把人口的年龄结构放在首要地位,这种年龄结构可能是由出生率和死亡率决定的,但同时也制约着出生率和死亡率,并因此而确定了一些不同类型的人口结构。

事实上,正如洛特卡所说,可以根据"更趋向于哪一种特定的年龄结构"原则来对这些人口结构进行划分。这种特定的年龄结构就是一定人口中年龄的有限分配。即把每一年、每一个年龄的人口以及总人口增加或减少的比例表示为:$1+r$(r为年增加率)。对出生和死亡数量也做同样的表示。在1000名居民当中,年龄结构总是向着相同方向变化(或保持稳定),出生率、死亡率和繁殖率亦是如此。但 r 为 0 时,人口在年龄结构和数量上都保持不变。此时,年龄结构就同人寿登记表显示的一样(对现在的计算)。因此,一个保持平衡状态(r 为 0)的人口就趋向于接近它的人寿登记表。如果 r 为负数,人口的年龄结构就会与人寿统计表不同;一定年龄以上的人口数量会很大,一定年龄以下的人口数量则会很小。这种情况就如同在年轻人口中挖一个空洞,好像他们部分地集体死亡了,而老年人的情况恰恰与此相反。当 r 是正数时,就会出现相反的现象。在第一种情况下,人口会出现减少,并且向着老年人口比例界限发展。在第二种情况下,人口会增加,并且向着年轻人口比例界限发展。事实上,无论是在当前的现实中,还是追溯到半个世纪甚至一个世纪以来的历史里,我们都会发现,不止一个国家都在使用这个公式,或者在使用一些相似的公式。应该说,对出生率及死亡率与人口年龄结构相互作用的阐述是人口学上的一个进步。

然而,我们还是认为这个观点过于抽象化。所有的人类群体都必须被放在社会化的、物质化的环境当中。即使仅从人口学的角度来讲,如果生育率是繁殖的基本因素,也还需要考虑使出生率增加、保持不变或者减少的各种力量。一个国家由许多不同的基本单位组成,城市、乡村、社会阶层等等，它们在不同程度上接受着人口变化的影响。在前面的章节中，我们已经陈述了性别、年龄、死亡率、出生率不仅是简单的生物事实。对这些领域，如同在许多其他方面一样，人类群体在生物组织的基础上，确定了一个共同反应规则，必须从整体上理解和把握该规则，从它与其他规则的关系上去理解。以人口结构的狭义概念为基础，强调"人口结构取决于年龄划分"原则，我们需要把研究提高到人口形态的高度，因为人口通过自己的方式表现社会条件和经济条件，这些条件既是引起人口增长的因素，也很有可能构成阻止人口增长的障碍。

第四章　人口与资源

如果不是在土壤里找到足够的食物以及其他东西,社会组织将和动物组织一样,无法生存,更无法发展。为了完成对人口的研究,我们将从这个新的也是最后一个方面入手。早在一个世纪以前,马尔萨斯就曾深入地探讨过人口与资源的关系问题。但他所使用的是过于单一的物理和生物词汇。我们将试图超越这种观点,用经济学以及形态学的词汇来分析马尔萨斯所强调的矛盾和局限。

马尔萨斯认为,如果人口的增长没有受到任何阻碍,那么人口将每25年增加一倍,并且由一个时期到另一个时期以几何速度增长。如果没有任何其他植物,而我们在某个地方种植小茴香,那么,很快整个地球都会被小茴香覆盖。同样,如果地球上除了英国之外无人居住,那么很快整个地球都会被英国人覆盖。25年这个数字的例子还被马尔萨斯暗示为北美洲的一些国家,在那里,人们发现(在当时)一个半世纪以来,每25年人口就增加一倍(在一个国家纯农业化的时期,成倍增长的年限甚至将为

15年)。至于资源增长的方式,让我们来看看当前有人居住的土地的状态:"在一种对工业最有利的环境下",资源最快也只能以算术速度增长,也就是说,在每一个等量的新的时间段内,所增加的数量总是固定不变的。

如果仔细观察这两个比例,我们会立刻发现它们所导致的结果。即有 11 000 000 人口的英国,农产品足以自给自足。25 年后,人口增加了一倍,为 22 000 000。假设在这个时期人们成功地使资源增加了原来的一倍,仍足以养活所有的人口。那么再经过 25 年,人口数量再次翻了一番,达到 44 000 000,但是,在资源方面,人们从土地上得到的只能是同上个 25 年一样数量的增长。那么,人口从 11 000 000 增加到 22 000 000,再到 44 000 000,而资源只是从 1(足以养活 11 000 000 居民)增加到 2,再到 3,也就是说只能养活 33 000 000 居民。剩下的 11 000 000 居民该怎么办呢?这种不协调在人口增长的第一个世纪末将更加严重:176 000 000 居民,而只有足以养活 55 000 000 居民的产品,121 000 000 居民将会因饥饿而死亡。

确实,并不是所有这些剩余人口都能生存下来,他们是影子人口,没有生存的权利。然而,马尔萨斯承认他们曾经出生,但后来被淘汰;或者说如果按照自然本身的意愿发展,他们是本应该出生。出现这种情况,是因为存在着阻止人口增长的障碍。一部分障碍阻止人口继续增长（因为资源相对不足），还有一部分障碍在人口形成过程中就使其数量不断减少。这就是否定性障碍（或预防性障碍）和毁灭性障碍。前者是有意识的、人类特有的：如果一个男人知道他无法养活自己的孩子和家庭，他要么不会结婚，要么很年轻就结婚。再加上生活的放荡、嫖娼以及婚外性关系，这些行为使他要么生育很少的孩子，要么生育一些很难生存下来的孩子。而毁灭性障碍则包括所有使人类寿命缩短的因素：有害健康的职业、繁重艰苦的工作、极度贫穷，特别是疾病、时疫、鼠疫、战争和饥荒——总之是两个词，贫穷和死亡。

因此，不管怎样，人口是与食品相适应的。更准确地说，这是一种先见之明，以使人们不必承受所有的不幸和痛苦。不幸的是，从过去的几个世纪直到现在，是战争与饥荒使人口与匮乏的资源维持在相应的水平。另外，人口总是围绕着可支配食物的极限上下波动。这是因为人口总是试图超过这个极限，而在毁灭性力量的作用下，人口又总是被拉回到这个极限以下。

然而，马尔萨斯宣称这些因素并不是人口的敌人。如果造物主的意图是使人类布满整个地球，那么，他就必须使人口的增长速度大大超过食物的增长速度。否则，由于人们总是本能地倾向于懒惰和休息，如果拥有了比必需品多的东西,他们就不会为了农业和其他产业的增长做任何努力,地球上也就不会布满人类的足迹了。但是,既然人口总是试图超过资源所能维系的水平,还应该任其自由发展吗？而最好的解决办法就是使食物也随之增长吗？完全不是。事实上,虽然有些人觉得人们创造美好生活的愿望都因此而落空,总是达不到生活的目标,并且最终将坠入无望的厄运之中,但是阻止人口增长(在这种情况下有时会发生这样的事)仍然是没有必要的。只要稍做努力,就可以使人口保持在极限水平以下,他们所担心的情况就永远不会发生。因为此时,人类将有所警觉,他们会认识到,如果不努力工作,资源就会匮乏。但是,人类永远不会失去希望,他们会鼓起勇气,因为他们感觉到从现在起就可以摆脱厄运。因此马尔萨斯宣称,以英国为例,人类完全可以做出这样的设想:在以后的几个世纪之中,英国人口可能会增加到目前的两到三倍,然而那时的每个人都将比现在的人们吃得更饱,穿得更暖。事实上,从马尔萨斯时代开始,只用了不到一个世纪,人类就增加了三倍。但他并没有说错,一切都在顺利地发展,就好像可支配的食物总是略微多于维持目前人口所必需的数量,而人们通过努力总会产生一部分剩余食物,随着这些过剩资源的增长,人口的增长也在有序地进行着。

这个有关全人类的理论既简单又惊人。对此,我们只能做出如下反驳:这种理论只从人口的物理性质或者说生理性质去考虑,完全建立在两种因素的联系之上,即人类的繁殖力和土地的产量。事实真的只限于此吗?而且,我们能够在完全忽略其中一个因素的情况下来确定另一个因素的意义和概念吗?

"当一定的障碍阻止人口增长时……"这里所说的障碍,就是资源的有限性。因此,不能把人类完全放入自然状态之中。马尔萨斯亲口说过,红色人种使用着落后的工具,为了生存,他们仍必须狩猎,并因此过着非常艰苦的生活。其中妇女们担负着十分繁重的工作,夫妻间的性生活也因此而相当有限,所以,红色人种没有任何程度的增长。但在资源方面,我们可以设想一个最有力的资源环境,一个能够使土地上的产品无限增长的社会,那么,在这种环境下,就不会出现其他的障碍吗?例如土地制度、婚姻的习俗和制度或者是社会所确立的谨慎的行为范式和思维方式?也许,在人类社会中本身就存在着这样一对矛盾:人类繁殖的本能和社会本身所产生的阻止这种本能发展的障碍。

谈到资源,即土地上的产品,也就是动物和植物,同人类一样,它们是有生命的有机体。它们为什么没有和人类一样呈几何速度增长呢?因为空间的限制?这一点对人类也一样。在自然界,对所有的物种来说都一样,它们要为了生存而斗争,为了争夺空间进行激烈的斗争。马尔萨斯的理论确实脱离了自然环境。农业、耕地和牧场必须以一定人口为前提,需要有人来料理土地、挑选植物和动物。而我们将从人类与土地上的产品已经达成的适应状态出发。产品的增加只能是人类劳动的结果,是人类运用技术从已开发土地上得到的。马尔萨斯时代的经济学家做出了这样的论证:事实上,在这种情况下,如果人们在一块土地上付出更多努力,土地的产量并不能随之成比例增加。但那个时代所耕种的土地仅占全世界可耕种土地的一小部分。另外,随着人口的增加,机器、肥料方面的技术难道不会逐步提高吗?再加上马尔萨斯时代交通事业刚刚开始发展,人们只能从他们所占有的土地上获得产品。当人口多的地区可以从人口少的地区获得食物供应时,情况就不同了。在19世纪和20世纪,都肯定存在着这样的时期:由于相隔甚远的地区之间的紧密联系,土地产品的数量几乎以几何速度增长。

但是,更为重要的一点是,马尔萨斯置身于这样一种假设之中:每个人都可以直接从土地上获得他所需要的产品。而人类社会的现实状况却并非如此,人类群体还有另外两种获得食物的方式。首先,他们会使用暴力强占,从生产者手中抢夺食物。对于那些以征服和掠夺为生存方式的部落来说,人口和土地产品之间的关系有什么意义呢?对于这种群体来说,这常常是一个关乎生死的问题,是试图使人口超过他们所占据土地界限的容载量的问题。无论是游牧还是定居,这就是能够比周围的其他部落更加强大的方法,是获得谷物和牲畜的方法。在这样的情况下,繁殖的本能并不受限于土地的产量,而是受制于一定群体获得食物的能力:最重要的是社会结构,是不同群体之间的关系。

第二种获取他人生产食物的方式,就是通过交换。工业产品同农业产品之间的交换。此处同样存在着这样的问题:在交换盛行的工业社会,人口与土地产品之间的关系有什么意义呢?对于这些工业社会来说,占有大量劳动力是非常重要的,这些工业社会的农业基础也因此而相对薄弱。所以,这些社会可能在经济上受制于越来越广泛的农业地区,这些农业地区总是不停地增加对食品的供给,就好像工业社会通过征服的方式获得发展一样。

因此,人口不仅仅是一个简单的物理数量和一定数量有机体的集合,也不是遵从纯生物力量而自我增殖、同产量有限的土地产品相对应的概念。人口是不同社会群体所组成的整体,这些社会群体按照他们获得资源的可能性(比如武力上的或经济上的等等)不平等地分享着资源。这就是产品市场上需求所代表的内容。需求不是决定于人口数量,而是决定于有能力获取、征服或购买产品的人口数量。同样,在供给方面,或者说可支配财富方面,不应该看土地有什么或可能有什么产品,而应该看哪些土地产品能够找到买主,即愿意为这些产品付钱的消费者。

至于资源,马尔萨斯所阐述的狭义概念为:食品,首先是小麦。确实,由于气候的原因(洪涝、干旱等),有一些年份的粮食收成可能不足以养活所有地球上的居民。此时小麦由谁来支配呢?当然是由那些能付得起钱的人。或者,在像英国这样人口繁多且稠密的国家,工业的发展可能使工人的购买力也足以为小麦付账。但工人在这方面的优势将以自身数量为基础。小麦生产国的人口可能受到限制,并且更多地受到饥荒的折磨。他们的数量也许很少,但却没有足够的购买力。与此相反,在一些自然条件更好的年份,农业群体由于不能确定小麦是否能卖出去,是否有市场,或是担心过高的交通费用,因此,即便他们有增产的能力,他们也可能不增加农产品产量。这使得供给数量有限,使土地产量受限,使产品在生产价格以上进行交换成为可能。

由此,我们进入了经济领域。相互联系的两个因素不再是人口的增长和土地的产量,而是需求和供给。现在，假设市场上的产品超过了可能完成交易的数量，既供大于求。那么，价格就会降低，工资的购买力就会增加。这是因为土地产量增加了吗？不，而是农业、工业等经济组织没能达到他们的目标，即没能把产量控制在合适的范围内，没能使价格保持在超过生产价格的较高水平。假设这时市场上的买者增多，结果很快需求就超过了供给。价格就会上涨，工资的购买力将会减小。这是因为人口过多增长、繁殖的本能没有受到足够的控制吗？不，也不是。而是购买者，至少是其中的一部分购买者没有达到他们的目标，即没有使价格维持在不超过他们的收入水平上。

也许情况比这还要复杂。如果供过于求，还要考虑对劳动力需求的减少，工资会降低；如果供小于求，对劳动力的需求就会增加，工资也会增加。总之，如果大多数人的生活条件改善了，工人们供养家庭的能力就更强，出生率也将会增加，随着生活水平的提高，死亡率又会下降。与此相反，如果贫困增加，死亡率就会上升，出生率则会降低。此时，出生率、死亡率、结婚率的运动就可以用价格和工资的运动来解释。那么关于人口的科学就不会与动物学或植物学混淆了，但是它与经济学紧密相连，而经济学也不再仅仅是人口学的一个分支了。

然而，正是从以往所做的研究中，我们得出了这样的结论:人口现象有其自身的性质,应该把它和其他因素分割开来,对其进行独立研究。它并不是如马尔萨斯所认为的自然和生物力量作用的结果,而是一种社会现象。但它又不仅仅是由经济组织决定的,恰恰相反,经济组织是建立在人口的基础之上,并且只有在人口为其准备了充足条件的土地上才能够产生和成形的。

一个半世纪以来,我们在欧洲能观察到什么?首先是英国,然后是德国,接着是以稍慢的速度演变的法国,他们都从一种农业文明迅速地过渡到工商业占统治地位的文明。另一方面,从工业本身来讲,其形式特点也在发生着变化,从小型工业、中小型的工厂,发展为大量开发和工业生产。但如果没有以下两个条件的实现,所有这一切都是不可能的。

首先,是我们所看到的20世纪人口的大幅度增长,特别是在欧洲大陆西部的国家。既然工业是在这个基础上形成的,又怎么成为它的原因了呢?难道是随着产量的增长,工业逐渐吸引了更多消费者,雇用了更多工人,并且鼓励他们较早结婚,总是生更多的孩子吗?别忘了库钦斯基所强调的一个显而易见的人口学事实:如果从1770年至今欧洲的人口增加了250%,即今天的人口数量是165年前的三倍半,这并不是因为出生率的增加——在表面的波动之下,出生率总体上保持在同样水平,甚至自 1880 年以来出现了降低。这种显著的增长几乎完全是由于 19 世纪死亡率的大幅持续降低造成的。人口增长的主要阻碍因此而急剧减弱。

这应归因于工业,归因于大工业的发展吗？参照 19 世纪上半叶英国和法国所做的工业调查就可以搞清这一点。你会惊奇地发现,工作条件非常艰苦,儿童、妇女忍受着繁重的剥削,工人们被强迫进行超负荷劳作,工厂条件极不卫生等等。如果说人们逐渐成功地节省和保护了这些人力资源,那也是因为外界对工业的控制和管理,而且这种控制和管理通常是强制性的。此处的外界,意味着城市。根据我们前述的原因,只有在城市中,医疗卫生条件才会取得巨大进步,社会才会对保护和延长个人生命给予同样的关注。另一方面,如果社会财富增加了,一定会使人口的平均寿命提高,难道这不是得益于大工业产品的急剧增加和工人工资水平的提高吗？是的,但应该搞清楚,在这种影响之下,科学技术和经济组织到底起着什么样的作用。

这就是工业发展所需的第二个条件。人口数量大幅增加后,还必须聚集在以城市为中心的地区。亚当·斯密(Adam Smith)在 1770 年曾经做过以下对比,结果令人震惊:以前,英国人生活得十分分散,因此城镇数量很少,而在斯密生活的那个年代,人口正以越来越明显的趋势进入城市的围墙（对当时来说是大城市，人们还没有意识到它们随后可能经历的飞速发展）。以往，生活在自己土地上的地主们从来不关心耕种问题，而是把这些问题都交给了他们的佃农们。地主们也从来不关心土地的产量：在一个交通困难、运输很不发达的时代关心这些有什么用呢？他们慷慨地把产品当作对于那些依靠他们生活的人的某种形式的赠予，或是放弃，而只限于征收很少的地租。个人，也可能是贵族，这些人不从事工商业，也不拥有能够带来很多收入的工作。因此，在那时，只有很少的交易，零售市场上的产品种类也很少，生活也因此而显得单调。当一部分佃农，即土地工人，成为手工业者时，当奢侈品的数量大量增加时，一切都改变了。此时，地主们开始关心和管理自己的土地，向佃户们征收越来越繁重的地租，并将收入所得消费在家具、油画、服饰以及其他土地产品上。他们还一直养活着父辈们佃农的子孙们，不过是以一种间接的方式：每个手工业者都以出卖劳动产品为生，他们的顾客包括许多地主、房产所有者、富人，还包括一些逐渐摆脱了贫苦命运的人。同时，富裕的手工业者和消费者开始离开乡村。他们迁移到城市里生活，在这里，二者汇集到同一个地方，一系列的交换开始增加，工业因此而得到发展，大型企业也应运而生。

因此，如果说城市是生产者和消费者相会的地方，这似乎是因为城市是以工业为中心不断形成和发展起来的。地主、领主离开他们的庄园,贵族、房产所有者习惯于远离他们土地和产业的生活,就是因为这些人都认为在城市里可以找到品种更多的奢侈品,来满足自己的需求。而如果不是首先生产并销售了这些产品,他们也根本不会有这些需求。乡村的居民们,佃农、农夫、平民、土地工人,总之是他们中的一大部分人放弃乡村而来到这些中心城市,一旦他们定居而成为工人、手工业者,就会试图找到消费者,工商业不正是因此而产生的吗?此后所出现的大工厂、大商店,又将吸引更多的人更加集中地聚居在它们周围。商业和工厂的增加,工业的巨大推动力将需要大量的生产者、消费者和劳动力,以及充满活力并且不断更新的顾客和消费者,但工商业本身的特性就具有产生所有这些群体的能力。

以上就是我们所能支持的观点。但是,为了继续分析斯密所强调的演化,就需要考虑为什么地主及其依附者没有待在原来的土地上,保持原有的关系,而是变换了居住地,以崭新的角色面貌出现在世界面前,好像这完全是一个已有的约定。是不是因为二者同时预见到这种新的组织或者说新的结合,会对双方都更有利可图呢?但在他们亲身体验和参与之前,是如何知道这一点的呢?人们完全不必担心,这其中根本没有什么摸索过程,有些人做了榜样,其他人就渐渐模仿之。演化是迅速的,一个国家的许多地区、一个大陆的许多国家通常在同一个时期完成演变。这就意味着人口在运动,即群体在运动,而这种运动只有在社会力量的推动之下才会发生。此处最明显的现象是人口增加,对于人口增加以及人口增加的性质和原因,我们刚刚不是解释过了吗?同一块土地上,人口在增加,并且居民们更多地集中在人口密度很大的地区,这不正是人类社会结构变化所作用的两个方面吗?

此处,我们与第一章所提到的涂尔干的最深刻的论据之一不谋而合。他认为,工业中劳动的分工并不是出于经济利益的考虑。否则,人们为什么没有更早地进行分工,并且把它推进到最终的结果呢?另外,在没有组织起分工之前,人们怎么会预见到它的效果呢?对集体劳动形式的设想,即对人群的设想是社会分工在目前已有基础上得到了延伸和丰富。但这需要拥有一种对未来的远见卓识。这也是为什么某些孤立的人群,虽然在几个世纪甚至几千年以前就已存在,却始终没有产生过这种想法,虽然这对他们来说非常简单而且唾手可得。事实上,社会分工取决于人类群体的延伸和人口密度的增加。这两个因素是实现以下目标所必需的:为了在一个广阔又集中的群体里显现和发展不同的才能和需求,为了在一个群体间联系更紧密,接触更频繁,为了使社会才能和需求相互作用，相互刺激，为了使一种不断精确化的适应能力建立在产品技术（越来越专业化）和消费者需求（越来越多样化）之间。但是，如果说社会群体首先在数量和密度上获得发展，这是因为人口通过自身的运动而增加，是独立于经济动机之外的原因。

还有另外一种观点，即现代工业只有在人口大量集中、密度极高的社会里才能形成。这种社会的生活水平有了很大的提高，特别是在人数最多的阶层中；从需求方面看，特别是新的需求最终决定着产品和服务的供给。这里，我们需要回到资源的概念问题上来，在马尔萨斯的理论中，它起着十分重要的作用，但马尔萨斯对此的理解似乎太过狭隘。在原始的社会里，在一种封闭的经济系统下，家庭仅仅以他们所占有的土地上生产的食物为生，资源这一概念事实上只限于食物和营养物质，比如人们直接从土地上得到的植物或是饲养的动物。还有房屋，通常是简单的茅屋，具备初步农业技术的工具，还有农民们轻易就可得到的衣服和家具，这些东西或者是由他们亲手制作的，或者是由村庄里手工业者来完成的。在非常古老的时期，大部分人类都是如此生活。

而在现代社会里，完全是另一种景象。即使在最贫穷的阶层中，人们也需要很多其他的产品和服务，这些产品来自非常专业的工作，也可能是从很远的地方而来，总之是家庭以外的或远离他们的地区,并且只能通过交换来得到。所有这些产品和服务都可以纳入资源的范畴,因为人们会把在许多社会里仍然被看作奢侈或多余的东西看得比那些还被认为是必需品的东西更重,并且会毫不犹豫地为了前者而放弃后者。同时,所有这些相对新颖的产品以及私人企业或社会组织提供的服务都与狭义的资源概念,即通常所指的食物资源相区别。首先,它包含着人类劳动;其次,原来处于首要地位的物质材料的作用已经让位于它所遵从的制作工艺。

从与此紧密相连的另一个性质来讲,资源的概念甚至会更明显地区别于马尔萨斯所理解的意义。我们已经说过,土地产品的范畴要比他所说的大得多。事实也确实如此,这既是因为可耕种土地的广阔性,也因为在同一块土地上,人们只能在有限的范围内增加产量。事实上,这些都是生物力量的结果——动物、植物,对此,我们人类所起的作用是十分有限的。与此相反,工业产品却能够——事实上已经——被以很快的速度大量生产出来,因为生产无生命物质材料的技术方法发展得越来越先进。在这方面,完全可以说是没有界限的。如同马尔萨斯所说,两种因素的对立翻转了过来:不再是人口趋向于无限的发展而资源有必然的界限,而是产品数量趋向于无限的增长,人口却显现出增长速度减慢的迹象,并且可能很快陷入负增长。

因此,人们转身开始寻求工业,即经济组织,向它索取产品。工业可不像一块被开发到极限的土地,在某个特定的时间,工业会试图摆脱经营者,表现出贫瘠无力;工业也会迎合人们的需求,甚至激起人们的需求。工业再也不仅仅是存货、储备,不仅仅是有时从远道而来的材料和自然产生的技术灵感。我们从它那得到的越多,它准备生产的就越多,好像我们对产品的使用远远不是将它消耗殆尽,而是在推动和刺激着它,并使它产生无限新的力量、新的激情。

但是,工业如此地满足需求,甚至常常达到超过需求的程度,不正是因为需求建立在供给之上,由供给来刺激、指挥和限制吗?不正是因为有了工业才产生了需求吗?这一点可以通过大量的事实和例子来证明。

小商贩、流动商人们走过乡村,来到村庄广场或是农庄门口,在露天市场的舞台上,在手里拿着的篮子里,在肩上挎着的背包里或者在骡子拉着的小车里(现在用的是小卡车和汽车),展示色彩鲜艳的织物、花哨的木梳和头巾、项链、假珠宝(18世纪人们称之为不值钱的小东西)、所有的小玩意和小商品。如果这些物品激起了村民的好奇心,或者有时使他们产生了购买的欲望,不正是因为这些产品对他们来说很新鲜,并且被送到他们身边么?

如果小商贩们不这么做,村民们会产生这些想法吗?会对以往没有这些东西而感到遗憾吗?如果村民们醉心于这些服装、饰品、家庭用品和装饰用品,不也是因为这些东西来自城市吗?不正是因为这些东西使他们想起那些来过和遇到的人吗?这些人可能是在他们居住地的附近遇到的,也可能是某个节日他们在集市上遇到的。

还有豪华的大厦、简陋的旅馆、各种级别的设施,它们提供不同的服务,保证满足各种等级消费。这些建筑可能处在风景如画的地点,也可能位于高山上、大海边、疗养胜地,或者是在满是博物馆、纪念碑和各种珍奇物品的城市里。如果到了旅游旺季,人们会拥挤在这些地方,好像一个人口数量多、密度大的流动社会聚集、定居在这些地区及其周围。这一切难道不也是因为在此之前就有人想到选址建房,好吸引旅游者和居民来光顾吗?这样的顾客总是为数不少,因为越来越多的人喜欢到风景优美的地方去度假,他们会选择美丽的风景区、异国他乡或者运动胜地。他们已经习惯于在有益健康、贴近自然资源的地区疗养。这一切是出自好奇,因为对艺术和自然的热爱,因为"深夜到一个荒蛮地区的快感",还是因为对旅游的痴迷?但不管怎样,所有这些习惯、需求并不是在任何时候都能够这么强烈。应该指明的是,这些习惯、需求的出现需要一定的时机。因为有人强力促进或是推广、强加,有时还带有赶时髦的色彩,但同时,也在很大程度上因为它们与多数人内心真实的欲望和冲动相关,不过这种冲动需要被刺激,否则人们就永远不会意识到它的存在:总之,习惯和需求不会自己显露出来。让我们向以下部门或个人表示感谢吧:旅馆业、旅游业、交通运输业(火车、轮船、汽车)、宣传广告业(也属于工业的一种)、传媒工业、印刷各种指南以及旅游简介的商人们,制造独木舟、滑雪用具及所有体育用品的商人们,以及所有大型温泉疗养地的开发者们。他们不仅为我们提供了满足这些需求的可能,更重要的是促成了所有这些需求的产生。

但为什么不是与此相反的情况呢?如果在某个山区,原始客栈、谷仓、农场还没有出现饱和的征兆,人们还会认为商人、工业家、代理人会在那里创立企业吗?比如说在那里花巨资修建宾馆。很久以来,就有众多远方过客或定居者来到这样的地区,他们的兴趣、喜好、需求、愿望早已勉勉强强地得到满足。或者更确切地说,这些人早已习惯了随遇而安,在生活于工商业地区的人们计划着寻找办法开发这些山区之前,他们早就习惯了那里的生活。今天,人们定居在海滨、冰川附近,他们跋山涉水,远足东方,游遍佛罗伦萨和威尼斯,他们可以大胆地嘲笑自己的先人,嘲笑他们先前就满足于原始初级困苦的境遇,愿意承担诸多风险,忍受诸多不便。但是,需求正是这样在或分散或独居的群体中逐渐坚实起来,而这些群体的先行者,并将披荆斩棘、开辟道路作为自己的使命。直到觉察到这些群体时,工业才干预进来;也是在工业发现这些群体之时,工业才明白人们追寻着、开始追寻这些群体;也只有在这时,工业才向这些群体示意,前去与之见面,并吸引其注意力。

有一个问题,仍然使我们蒙在鼓里,让我们无法觉察到非但不是由工业自己创造出全部的需求,恰恰相反,工业总是在它需要满足的要求出现之后才到来。这个问题就是,在众多需求最突然、最反复无常的运动变化中,工业总是陪伴着它们,看上去似乎紧紧地尾随着它们。我们只注意到那些成功的工商业企业。我们观察到,消费者在这些商店中、柜台前、橱窗前穿梭,他们抢购这些商家出售的商品。这是商人与顾客之间预见到的最完美的和谐。由于到目前为止,消费者对商品的喜好没有做任何表示,难道不是商人把他们从麻木和冷漠的状态中唤醒,把他们吸引到柜台前来?但是,还有那么多家企业都失败了,它们之所以失败,是因为它们没有搞清楚大众的需求和喜好!这些失败的企业本来可以生产一些消费者长时间以来一直需要的产品,并从中得到利益,当然,为了生产这些产品,企业需要花费大量的时间和金钱。对于这些企业来说,不管它们再付出多大努力,广告宣传、降价、最好的产品介绍、完善的质量保障、完美的外形……它们都不能再创造一个需求,使它们如日中天。其他的企业则动作迅速,甚至提前销售那些公众们目前尚不需要的但终将需要的商品,比如,机械仪器、罐装食物、进口水果等。我们是不是至少可以断言,工业已经确立了标杆,如果这些需求过些时候果真出现了,那是因为工业从现在起就已埋下了种子的缘故?一切都是有可能的。人们很快就会忘却自己曾经如此疏远这些东西。相反,还存在着另一种可能,那就是,久而久之,人们开始喜欢上了曾经拒绝的东西,因为是一股新思潮、集体思潮(它的界线不是由工业或者商业确定的)把我们引向了同一个事物。生活的实际构成发生了变化。人们更加关心可以方便家务劳动的产品。或者说,人们对变化的兴趣、人们的好奇心增长了。但是,我们追随的是自己生活圈中的思维方式和感受方式,我们的生活圈不会像乐队遵从乐队指挥那样听从商家的摆布,它有它自己的冲动和喜好,而这一点只能用它的存在加以解释。

需求的演变,即工业发展条件,在城市结构和生活方式的影响下完成了。需求的演变强加给工业一些形态和发展方向,或许演变本身也没有自发地获得上述这些形态和发展方向。在回顾今天出现在我们眼前的产品和服务的一般特征的同时,我们可以将上述情况揭示出来。

这是不是意味着一体化、标准化在不断加强,这种趋势将逐渐缩小地区间、城市间、社会间(阶级、行业之间)的差异,拉近人们饮食习惯、着装习惯以及居住房屋的内部格局、娱乐方式甚至日常生活的所有领域?让我们想一想先前的生产条件,想一想早已适应了的小型手工业作坊,再想一想国家间、地区间的巨大差异和变化,以及生活在同一座城市中林林总总的顾客、宫廷贵族、有身份有地位的人、资产阶级议员、中产阶级、商人、百姓、手工业者、农民,再想想多种多样的外部环境、生存方式、生存框架以及生活习俗等。难道人们认为这种以它在某种新制度建立之初呈现的状态发展着的老工业,没有绝对地适应这些道德风尚,还认为这种老工业在一切都照旧的情况下,在一个更广大的层面上不会收取利益、占据优势,甚至销售额会直线上升(当然,它要生产和出售琳琅满目的商品,以满足不同质量要求、不同类型顾客的需要)?根据他们的旧有态度和传统生活方式,老工业具有生产上的优势,当然,生产商彼此也要互相区别,各具特色,它还有优势继续生产象征身份地位的奢侈品,因为奢侈品仍有它们固定的消费群体。只有在社会(这里是指在城市尤其是大城市框架内)本身也趋于同一化的压力下,一个有如此趋势和活力的工业才能逐步走向生产系列产品、大批销售的道路上。

这是否涉及消费领域的变化或者说迅猛的变化、持久的变更？变化不仅仅来自方式、潮流的多样化，同时也因为人们对舒适的要求在不断增长，人们越来越感到生活中以及对个人要求的满足上有诸多的空白和不完美。这里的情况与前面所讲的一样，不管人们怎样想，工业对之表示抵触。这是因为，生产上任何一点稍有分量的变化都要求工业付出努力，来完善自己的技术，重新进行经济适应。这需要改变原材料采购方向，部分地更新劳动力，在新的条件下，新的市场上，以新的价格进行销售，等等。诚然，在工业领域，有一些启蒙者、先行者，但不管怎样，这些人只是个特例。工业领域中的大多数仍在抵制着，只要没有一个来自外界的、不可抗拒的压力作用在自己身上，他们就比较惰性，拒绝努力和革新。这个来自外界的压力就是新需求，事实上，这些新需求不断地在进行着更新。城市人口的本身特质以及他们的流动性就可以解释这种压力的存在。城市人口是流动着的，他们首先在空间中流动。我们只需要看看交通方式的演变过程，就可以大致了解工业（除了最新出现的城市中的工业）是在怎样程度上落后于需求的，因为新的运输方式迅速被采用，但它们勉强满足需要，人们似乎已经等了它们好长时间。在许多其他领域中，情况是一样的。比如说住房，一些古老但仍然很大的城市，它们的变化是很缓慢的；但是长久以来,那里的人们仍然由于住房短缺而备受煎熬。再比如家具、衣装,在这两方面,需求同样存在着,很久以来,人们就要求更新、简约、轻便,但制造这些商品的工业部门一旦朝着这个方向努力,人们又开始追逐新的款式,并且这种潮流发展得如此迅速,以至于让人觉得这些潮流似乎是人们很久以来向往的。城市人口牵引着工业,迫使它以更快的速度发展。

最后,这还涉及现代文明中十分突出的趋势,这种趋势表现为人们试图共享最先进的社会物质成果,共享现实生活中最新式机构提供的各种便利服务,这些机构如大商场、豪华饭店、廉价奢侈品,以及交通运输、娱乐、旅行、运动休闲、社会保障、合作机构等等。这一切要不是在广大、密集的人类群体中,要不是在大规模人口聚集区中进行的话,怎么能成为可能呢?总体说来,既然人类被召唤着(以这些看上去有点儿松散的形式)加入到较浅层的但终归是十分宏大的社会生活中,这一切难道不是朝着城市化的方向发展?在这个问题上,无论是工业家、商人、行政官员还是代理商,他们都加入进来,以满足那些并非由他们自己创造的需求。这样,我们可以证实,只有当城市不断地将自己的物质形态和生活方式强加给人类文明,只有在这个文明的摇篮中,工业才能突飞猛进地发展。

然而,我们会说,在人口以一个减缓速度增长的同时,产品的数量也在不断增加。没错,但我们也知道,由于大部分企业会逐渐缩小规模或者是破产,工业就度过了生产过剩的危机——生产障碍,我们可以将其比作马尔萨斯所说的人口障碍。然而,我们还要明白,无论工业自身具有多强大甚至是无限的扩张力量,工业的发展总会遇到限制。

当产品的供过于求时,就是生产过剩。但是需求还是不能与人口相混淆。首先,在城市地区内部存在着各种社会群体类型,面对消费,他们的收入总是不足以支付。如果他们有足够的支付能力,那么不仅是工业,还有农业,都在为他们提供源源不断的商品;如果他们的收入不够支付,难道不是因为他们还没有全身心地融入城市中去,难道不是因为他们还徘徊在真正的城市生活、真正的城市氛围之外吗?但是,还有一些非城市化或未完全城市化的地区,譬如包括所有的村庄、市镇一类的地区,在那里,还不具备城市,或者是大城市发展所必需的人口条件。尤其是,或者更准确地说,是因为那些地区拥有另一种结构,无论如何我们在那里找不到与城市中相同水平的需求,然而恰恰是这些需求促使了工业的发展,维持了与供相呼应的求。在城市土壤上发展壮大的工业与人口相对较少、不很集中的群体所适应的风俗习惯、某种老式的经济结构形成了对立。这样,也就很好地解释了危机周期性到来,它们提醒工业,群居人口的需求是有限度的。但同时,也让我们更清楚地看到从整体上所说的生产,尤其是工业生产是建立在某种人口结构的基础之上的,并且,只有当这种人口结构扩展到新的地区并加强自己在那里的控制时,工业生产才能扩大规模,继续发展。

结论

现在我们有必要重申一下在新时代仍会出现在我们面前的两大问题：就社会学而言，何谓社会形态学？在何种意义上社会形态学与人口科学混同？

设想一个社会现实，诸如一个家庭。人们可以将家庭制度观念以及与之相关的法规、风俗与家庭情感、家庭道德分门别类；另一方面，家庭又只是它们自己，是它们呈现在空间中的状态，是人们可以从外部加以描绘和计算的。我们可以说社会形态学就是研究空间里的家庭，至于其他现象则属于社会学的其他分支吗？然而，如果这两个层面的问题被割裂，那么它们哪一个都不能自足，都不能表现真正的现实。想象一下，一个在时空中没有任何明显形态的家庭，那会是怎样的？从另一个角度看，如果在一个群体组成单位背后，我们没有抓住可以凝聚这些单位的思想、情感和观念，那么这个群体的纯粹意义上的社会生活又会是怎样的呢？如果对我们来说社会只是由动物的、机械的因子组成，那么我们所说的难道是蚂蚁社会（或许我们错了）？

这只是一个相对区分,只是把那些被看见、被触及以及我们知道其存在但没有感知的东西两相对照。如果我们不从空间上想象生灵的存在,不考虑家庭成员的数量,我们怎能对诸如父权、嫡亲、父系关系、母系关系等形成概念呢?相反,如果群体本身呈现在我们眼前,问题不仅仅在于他们是可见的生命,在空间上彼此紧密地联系着。他们是人,不是堕怠的东西或是动物。莱布尼茨(Leibniz)曾说过,如果一些人面兽身的东西从月球来到地球,我们会非常困惑它们是否是人类。如果他们每一个都是独特的样本,那么我们的回答将是肯定的。但如果我们看到它们彼此通过手势交谈,它们使用同一种语言,那么在我们的洞察中怎能不认为它们也是可群居的生灵,换句话说,也同属人类,或者说来自月球的人类?如此说来,一个群体中表面的、显著的因素都向我们揭示了它的心理和道德生活。可以说,在戏剧表演上则不然。当一个人出现在舞台上,我们所看到的是:她是一个女性、她的特征和身形,但我们只能通过她的动作和声音体会她对费德尔的嫉妒和爱慕之情。

形态、结构等等用语把我们引向了生活空间。然而,奥古斯特·孔德(Auguste Comte)正是以生物学为样板,建议将社会学分成社会解剖学和社会心理学,主要研究各器官及其功能。形态学难道就是对社会组成器官的研究？在生物学上，从结构的角度看，器官是有机体中最持久、变化最小也最慢的象征体。从这个意义上说，功能也是个常量，通常它会周期性地进行同样的程序。但是，这是一个过程，换句话说，是指一系列的状态、同样阶段的反反复复，以及由它们带来的不间断的变化。当然，这些器官会有磨损，但它们同时也在不断地更新和演变。生命的物质在不断流淌，但其形态仍保持不变，我们正是把机体中这个稳固的方面称为结构。

如果我们尝试着把同样的区分引入社会生活中，我们大概会更加感到困惑。比如说，一个组织决定哪些是政治生活的器官，有国民议会、最高法院、上议院等等，这个组织还要确定这些器官的分工、权力、职责等。然而，政治社会决定的一切，该组织都可以加以改变，包括数量、形态、器官分布、功能的范围以及性质等。在这里，又该如何区分恒量和变量，如何将它们对立起来？有时，功能可能要比器官更稳定，持续的时间更长，反之亦然。

但是，还要承认，在各式社会组织中，总有一些分布和格局趋于以原来的方式存在，它们抵制所有的变化。只要组织机制一发生变化，这种抵制力就会表现出来并发挥作用。这些机制需要适应一个先前的结构，适应群体中与该结构相关的习俗（而这个群体则是或应该是组织机制的载体）。当一个世界性的宗教，比如基督教，替代了城市宗教、部落宗教、地方宗教礼拜时，基督教自身就该重视先前存在的宗教本位主义了。基督教内部之所以尚有非宗教因素的存在，就是由它所吸收的群体特有的习惯决定的。罗马行政区划模仿教区、堂区的划分，也是同样的道理。在法国，王权很早就控制了一定数量和结构的人口，为了适合这种人口结构，17世纪以来，政治方面的所有制度都保持着同样的中央集权。尽管经济体制深刻地改变了人们的习俗，没有什么比它们更成功地在短时间内摧毁了传统活动方式，并且创造了全新的生活样式，但是这些经济体制仍要适应先前的群体分布。尤其在农业生产中，就像大、中、小地主属地的分布显示的那样，农业体制也要适应于群体分布。在工业中，不同分支和职业不断地变化，在某些地区和城市，小企业有多大几率生存下来，大工业如何建立和扩展……所有这一切在很大程度上反映了曾经构成地区特色的经济条件的持久影响力。

人类群体持久分布所特有的，往往又是惰性的，但时常还促成演变的力量是从哪里来的呢？尽管人类群体执行着同样的功能，遵循着同样的体制，但他们仍有能力根据获得的形态不断改变自己的形态。施加于所有人类群体的两个条件，促成了这一形态的形成。尽管一个社会首先是由思想和意图创造的，但只有当它在空间上具有一定的位置,并且定居下来、不断扩展下去时,它的存在以及其功能的实施才能成为可能。这个社会要与它的整体,与占有一定空间的组成部分联系起来——即有一定的位置、大小和形态。另一方面,这个社会是由并置的人类单元组成,每个单元都是活生生的有机体,因此,这个社会本身也是一个有机体,具有自己的体积、可计算的组成部分;它还可以不断地增长、缩小、划分、繁衍。换言之,就如同一个有生命的机体部分地服从内部物质条件一样,因为从它自身整体上看,它就是一个物质、社会、心理现实、思维和集体意向的整合,然而,它拥有一个有机体,同时也分享着物质世界的性质。这就是为什么在某种程度上它会自我封闭起来,强加给组成自己的群体一些形态和分布方式,并将自己固定于这些形态和物质分布上的原因。在某种程度上,是社会如此地将自己的习惯放置在从属人口中。

如此说来,社会的物质条件使它们自身的抵抗力与社会功能的实施、社会器官的蜕化、社会生命及其演变相对立。我们的研究主要集中在集体生活这个层面,即处在机体世界中的、生物生命流向中的群体,这些群体尤其表现为(因为在这种情况下,我们仍停留在社会和集体思维的层面上)它们自己,就像空间中的事物和有机现实一样,而这就是社会形态学研究的对象。与通常所说的社会学研究对象——即所有层面上的社会——相比,这个研究对象显得足够确定。

因为没有一个社会不具有自己的物质形态,社会形态将这一切包容进来,并且我们可以在审查社会学各主要分支的同时,着手我们的社会形态学研究。这就是我们广义上所说的形态学,它是由众多具体的形态学组成的,有多少群体组织类型就有多少具体形态学研究,更确切地说,有多少种社会生活类型就有多少具体形态学研究。

然而,这些领域里进行的研究让我们意识到区别对待的重要性。比如说,我们分别对宗教、政治、国家、经济等领域的现象特点进行审视和研究,这尤其有助于我们更好地理解在特定的领域、不同的集体事实层面上它们各自形态学上的特点。

信徒的数量,教派组织控制的空间范围,该组织在独立的小群体中的划分或者大面积的聚集,宗教组织结构(诸如它为教会核心、修道院、圣地等指定的位置等),这一切怎么不能大大影响信仰的强烈程度,关乎哪种虔敬形式占主导地位,涉及教义的统一性、宗教礼仪的同一性呢?如此这些发生在空间环境中的变化难道不是纯宗教意义上的变革的起点,诸如宗教观念和意图、教义的确定、教派分立、教派形成、教规严谨或是松懈等等?

结论

同样的，政治机构以及与之相对应的机体表象都和群体形态、范围有紧密的关系。亚洲的一些专制国家，由于他们控制的疆域不明确，统治者不得不折服于众多散居民族的巨大压力下，但一些规模很大的群体，尽管他们还尚不成形，却建立了希腊城市，拥有一定数量的土地和人口，后者的情况则与前面的构成鲜明对比：他们掌握了诸多有利条件，这些条件会促进政治生活更有生气、行政官员任免、政体频繁更替以及革命、党派之争等等。在罗马帝国，在它疆域最广阔的时候（除非有外族入侵，会使其统治地位动摇），人们看到更为复杂的非常规律的外省或市镇组织，看到众多大法学家共同制定统一的法典，按照等级划分行政官员，看到有专业人士和真正的法律相继出现等等。日耳曼部落则与上面所述的情况不同：这些日耳曼部落疆域不很广阔，人口善迁移，还没有越出村落组织；部落人民之间的内聚力往往是建立在对首领的个人忠贞之上的；他们的风俗习惯还没有被记录下来。在稍晚一些的法国，在立法者们为建立君主专制政体而制定一部新的法律之前，人们就预想到，即将形成的省区与相对应的地方群体之间关系会更加密切，居民之间的往来交流会更加频繁。自那时起发生的一切政治变革，我们难道不将它们与地区的人口增长、面积增大等现象（诸如新的国家团体的形成、大型聚居群的增长）联系起来？在政治学说、政治派别斗争的背后，我们觉察到，一些群体彼此是对立的，因为他们空间组织的建立形式不同，并且，从物质角度看，他们也没有共同的内聚力和稳定性。

同样，我们会很容易认识到，工业组织、人口数量、供求程度等都最终取决于企业的规模、工人聚居区的人口以及社会各阶级数量上的分布等条件。

如此说来，多种多样的社会活动都对应着由它们自己产生的特殊的、具体的结构，同时，这些结构还会反作用于它们，并且会改变它们的宗教、政治等层面的性质特点。这也是为什么相应的机构史往往不很明朗的原因。5—7世纪，居住在高卢地区的人口中，基督教徒占多少比例？18世纪下半叶，在法国，特别是在法国城市中，人口增长的情况是怎样的？工业革命前夜那里的企业一般规模是怎样的？倘若我们可以回答这些问题，并且能对诸如此类的问题——作答，那么我们就有可能更好地理解不同层面上的信仰和机构的演变。

从这个意义上讲，群体的规模和密度、其形态的变化以及人口迁移与社会现象的某个层面相结合，并且彼此密不可分，它们用自己的方式表达着这种关系。比如说，一个宗教领地就不同于经济领地，一幅边框装饰与背景主题相协调的画不同于世俗画、历史场面画、肖像画或是景物画,就好似主体创造它个性的氛围,并按照自己的形象改变了它所投射的部分空间。这样,社会生活的每一项功能都可以通过与之相关联的空间形态进行表达。

但是,同样是组成各种集体活动物质状态和生命结构的事实,为什么我们不能唯独从它们作为形态学事实的角度加以审视呢?在我们把那些可以分别考察的因素联系起来的同时(譬如,宗教群体的外部形态、政治组织的物质领域、经济范畴的空间结构),我们没有建立或者没有发现一个独立于(其统一体已经被人为地破坏了的)人口现象之外的同质的整体?因为从不同层面上看,这往往涉及同样的人、同样的群体,就像戏剧中的群众演员,他们时而作为欢腾的人群,时而扮作鱼贯而行的士兵,时而装作从教堂出来的信徒;然而,这都是同样的人、同一个群体。

如此说来,这些形态学现象为了自身需要,应被单独观察和区别对待,作为有别于其他社会事实的存在,它首先从与其他现象的相似点中突出出来,并存在于某个特殊领域中,而上面所说的形态学现象也正是在这个特殊的领域中得到不断发展的。实际上,当人们的注意力集中在形态学现象上时,这个事实因子就远离了每种活动形式和集体功效的特殊层面,而指向了空间形态和空间运动,这里的空间是指(无论关联着各种社会现象的机构体制如何)物质的、对于所有现象都表现相同的空间。换言之,所有集体功效都具有空间条件。但是,尽管功能有差异,经它们假设的、遵从同样的普遍真理的物质安排之间,无论怎样都具有明显的相似性。正是在这个意义上,所有致力于研究社会物质形态及运动的具体形态学,都与我们所说的严格意义上的、与人口学相混同的形态学相汇合。

或许,我们的研究应该走得更远些。不要设想把人口状态及运动自身作为最初观察到的社会学不同层面现象的组合结果来审视和解释,其中社会学的不同层面是指,比如宗教群体、政治组织、工业或农业机构等等。当人们想要分析这些狭义形态学的一种现象,譬如,某群体人口扩展、城市形成、人口迁移,当人们只把这些现象与某些特有的影响联系起来,并且认定这些特有的影响只属于此领域而非彼领域,这种做法事实上是非常困难的,往往是不可行的。比如说,人类群体的迁移,就像十字军东征一样,它取决于来自包括宗教、政治、国家以及经济等方面的动因。人口出生率的涨幅,可能与物价的涨幅、社会福利的增长或减少相联系,同样也会受到政治条件、道德观念、宗教信仰、家庭结构变更等因素的影响。如此种种现象来自处在不同层面的、纵横交错的原因,就好像顺着一条江的主流我们可以发现它有那么多的源头和支流,我们可以这样说吗?但是,对每个个体在某些运动中的状态加以审视,我们或者该个体自身是否了解它是遵从这些动因中的一个或是几个?这意味着我们错误地将区分推得太远、太高,作为纯粹意义上的人口现象,在其表现程度上,我们应该抓住那些最为基础、最为底层的、在某种程度上更靠近人口根本的社会现象,难道不是吗?人口,以它自身的状态存在,它是特殊的、独立的社会现实,从这个意义上讲,应该在人口现象内部找到解释某些人口现象的答案,换句话说,用人口此现象解释人口彼现象。

还有更有甚者。在历史的长河中,社会组织的不同形态不断地形成、发生变化,与此同时,这些组织形态往往要适应于人口的状态和运动。它们总能在人口状态和运动中既找到阻碍发展的绊脚石,又找到自己演变的支撑点、限度存在的理由以及扩展的方式。对于基督教的发展而言,要是没有畅通无阻的陆路、海路交通,没有人口流动,要是没有早已存在的大城市,它的进步也不会如此之迅速,基督教正是首先在这些大城市站稳脚跟,之后再由城市到农村传教布道。基督教首先在罗马人口密集的聚居区,之后在法兰克人的机构里找到了发展的支撑点,然后又在它先前渗入的群体中确立了自己的界限。伊斯兰教之所以可以迅速而广泛地传播开来,是因为它曾被迁移民族、游牧民族、远征者们所信奉。

下面我们再列举一些其他例子。希腊罗马时期的政治组织都是建立在对人口众多、生殖力强的野蛮民族征讨俘虏的基础之上。再比如说，最有决定性的历史变革，如发生在国家相对权力、内部结构、对外影响等方面的历史变革，都可以用战争来解释。然而，我们还应观照到马尔萨斯关于战争的解释，他认为战争往往会在这里促成人口大量的出生，而在那儿使人口短期地或是长期地减少。最后，有关工业。大工业或许在很大程度上改变了人们在空间上的分布。只有在密集的人群中最大量地攫取劳动力，它才能在该地区扎根，继续发展；大工业不会生长在人口稀少、稳定且极为疏散的地区，它也不会生长在缺少便利的交通环境的地区，因为畅通无阻的大路可以确保充足的销售市场。

此外，众多新兴企业、组织很早就已经零星出现在各地。难道这些企业、组织不能更早地在它们驻扎不久的地区建立起来，如果它们自己有能力创造和组建所必需的人口条件，难道它们不能遍布到更广阔的地区？

人口都拥有属于自己的趋势和运动。它抵制一切人们强加于它的、突然的、急剧的形态变化和扩张。有时，人口还会超越它的目标，超出一段时期以来包容它的机构框架，导致新的条件产生，这些条件迫使社会改变其法规、风俗,修正其组织结构。人口,远非其他社会层面现象的结果或是必然延续,但往往正是人口,正是它的规模、它的分布(人口的规模和分布就像由一次自发的发展产生的)使其他社会层面上的现象成为可能。

但是,我们就仿佛像触及古生地层一样触及了人口的结构层,这些结构可能是全体社会生活的底层结构,难道我们没有发现已经深入到了的最底层,过于接近土壤和物质,过于接近作为生命机体的社会单位的生物功能了吗? 如果我们只能在这个底层层面上谈及社会,谈及我们遇到了集体表象,如果整个社会形成都要表达一种思想内容,这个思想或是隐晦的、半懵懂的,或是成熟的、现实态的,带着纯粹意义上的人口现象,难道我们还没有走出这个现实的底层层面,难道我们还没有触及机械的、完全无意识的反映层面,或者更严格地说,难道我们还没有触及本能活动的层面(但这种活动完全被囚禁在生命物质混沌的流体中)?

事实上,我们要遵循占领土地(包括高山、峡谷、河流、自然形成或是人工修建的道路、房屋以及工厂、商店、原材料仓库的聚集区等等)的性质、结构、幅员;如果人类只是像沙丘上怠惰的沙粒一样,只是一颗怠惰的尘埃,按照地面的高低不平四处分布,避开障碍物,在广阔的空地上遍及开来，就像一些有磁性的机体，时而被这群人吸住，时而又被另一群人驱赶。那么按照这个逻辑，人类形态学恐怕就要被归结为惰性机体的某种机械学，其中还会包含有关动物生理学的章节，以便解释人口自然运动，这种运动表面看起来是服从于控制生殖和死亡的纯有机力量的。

但是，我们已经看到，尽管人口现象存在其物质的或是生命的一面，但这些现象自身具有另一个性质，即它们是社会现象。它们的空间物质形态——扩展和增长的频率、迁移的规模与外形等等——无不假想了思维、情感状态以及冲动进程，然而我们有时勉强意识到这一点。是的，运动中的、代代繁衍的人类群体、聚居人群都以他们自己的方式回想着他们在空间上占据的位置，他们的体积、增长、各组成部分的安置顺序、每个部分运动的方向。为了这些群体能够迁移、增大或缩小其体积，改变其结构（他们的这些举动就像一次经过商讨的活动一样），这种做法是非常必要的。

就像物质世界中的事物和特点一样，这样的状态和变化为测量、计算、数量上的比较准备了条件。然而，这些状态和变化丝毫不与纯物质数据相混淆，我们从我们成员以及自身运动中意识到的只是在空间内的器官与运动的整体。

以上就是我们随着对人口主要特点的逐步深入分析所看到的；当然，起初的时候，在我们眼中，不止一个主要特点表现得很神秘。为了找到谜底，怎么不启用一个可能的常规，一种想象，或者是群体共同的幻想，有时候则与此相反，需要一种直觉，一种集体本能，它等同于超凡的睿智，是面对平衡条件出现的感觉，只有人口（立足于人口本身的视角，沿着人口自身的发展道路）可以从它自身获取这种飘忽不定的感觉？

由此，我们可以看出，地球上的人口，其规模的增大、在各大洲的扩展并非遵从自然力、机械的分布，并非表现出怠惰、变化无常抑或是黏着性等特征，也不只服从于繁衍本能的生理驱动，而是遵从集体分布，尤其遵从半自觉的抵制力，这种抵制力表现为一个人类群体很长时间以来占据着空间中的同一个位置，他们反对形态上的任何变化，尤其反对一切迅猛的变化。这也就是我们所称的习惯和传统，是从在人类物质序列中的应用角度讲的习惯和传统。

至于人口迁移，尤其是具有现代形式的人口迁移，它们与惰性机体、植物、动物以及它们的胚芽一起，盲目地在空中四散运动，它们与后者只是在表面上具有相似性。具有现代形式的人口迁移是由移民群体内部形成的意向趋势产生的，这种趋势的强度随着迁出国或者迁入国人口密度的不同而不同,同时也会在国家意志和分布情况的作用下发生改变。

下面要说的是其他事实,其实也是其他层面上的问题,主要根据是性别的分布情况和年龄人口的分布情况。这两种分布情况难道只取决于生理因素?性别在数量上表现平衡看上去是由于男女新生儿数量上接近平等造成的,而这种平衡本身看上去是有机原因造成的结果。在那些仍在杀害婴儿、虐待妇女、将她们看作役畜奴隶的民族中,上述的平衡还能存在吗?那些有利于性别平衡的规定、习俗难道不与我们社会中一个很显著的结构特点相联系,要知道一夫一妻家庭的增加趋于将两性置于平等的位置上?一系列年龄问题也可以通过纯有机条件得到解释。然而,在这个问题上,为了使年龄间的平衡保持下去,同样需要社会的干预,需要社会监督并调节儿童与老龄人之间的竞争。希腊神话中,人们想象了一个死后灵魂的向导;那么社会就是生者队伍的组织者,社会时而要放慢队伍前进的脚步,时而要加快队伍前进的速度。

最后,人们所说的人口自然运动的情况也是相同的:出生和死亡。乍一看,有什么会比生殖本能更具生理性、更具盲目性呢?马尔萨斯对此表示焦灼不安。他说,这种本能会阻止人种消失,但同时,也会促使人口迅猛地增长,这种本能创造了悲惨的人,他们在群体的压力下支持不住,就像森林中的树木、灌木、植物会由于过于茂盛、植被过于繁茂而感到压抑。是的,如果社会对此不做出反应,人们就会感到不堪重负。马尔萨斯还认为,社会可以通过限制或推迟婚姻进行调解。当然,社会本身还具有其他更行之有效的能力,马尔萨斯没有做进一步的猜想。很长时间以来(差不多半个世纪),出生率一直居高不下,最后终于通过限制婚后生育而大幅度下降。这也是新环境(尤其是新的城市结构)带来的结果,新环境有利于个人主义发展。通过这种方式,社会成功地控制了出生率。自此,也可以解释死亡率的大幅下降等现象。这不再是因为人类生理本质的作用,而是人类生活环境发生了变化:人们更加重视个人的存在。那么,我们就透过所有人口现象,观察到了一个集体行为,它在某种程度上制定了生理数据,同时也指导着这些数据的变化走势。

在尊重人口现实的同时,意识到了这样一种行为的存在,这是很重要的。那么该如何定义这种行为呢?前面我们已经说过,从外部看,人类群体就如或大或小的机体,由众多物质单位组成。但是这些群体如何在一段时间内保持它们的形态以及结构?如果它们没有以某种方式意识到自己的组成数量、成员分布、迁移运动的话,它们又是如何整体性迁移的呢?这种意识往往是模糊的、不确定的,但它确确实实地存在着,并且表现得很活跃。

下面我们假设一群人,他们在一个广场上,或是街道上,抑或是聚集在一个狭小的空间里。这群人中的每个个体都会觉察到自己的身体,同时也能觉察到站在自己附近的人的身体;他甚至模糊地感觉到整个群体。我们暂且撇开他思维中的其他事物不谈。增加这些人之间的交流,交流的范围将不断变大。然而,对于他们中的每个个体而言,这个表象只是整个群体觉察到的一个方面,我们甚至可以说这个表象强加于外面的个体,力量来自它存在于整个群体中的事实,这群人与居住在城市中的人流一起,回到自己的家,走向工厂商店,抑或是仍停留在马路上,但是他们会出于同样的原因,以同一种方式意识到在空间中形成了一个或面积广阔或较为分散的整体。至少在大体上他们对这个整体的形态、物质形象、密度以及内部运动是有所了解的。在这里,我们仍然可以对其他的因素忽略不计,只需牢记这种关注人口,关注其大小、位置等问题的思维方式。现在,假设同样的一群人不在城市中,而是四散到乡村中、某一有限的地区、外省或是某个国家里;这群人周围的人口在他们眼里也是一个物质群体,这个物质群体也拥有地域、居住地、道路的方向,但是在他们这些群体之间的关系上,则呈现出既物质的又人性化的框架,他们都被包容在这个框架之中。

如果还涉及休憩或是运动中的人口,情况将大抵相同。城市中穿梭的人流、移民人流、迁移人流——人类因此就总是把自己看作这样一个整体单位或是组成部分,并且积极投身到这些整体的共同活动中去。我们可以将这个活动概括为人类群体在空间中定居不动或是迁移不定。

我们还要观照人口的增长或缩减、稳定的或是易变的人口结构。要是不通过计算和统计,想触及和分析这些运动似乎显得很复杂。然而,人类群体、群体中的成员却模糊地意识到了这些状态和变化。比如说,在一次战争中,人口中的成年男子都上了战场,那些留下来的人们,仅仅根据他们遇见、交错而过的青年男子变少了这一事实,就可以清楚地意识到性别和年龄的分布不再同以前一样了。一般地说来,新生、死亡的情况相对罕见些,换句话说,如果变化进行得很缓慢,人们会觉察出来吗?在一个地区,在一个频繁有人出生、有人死亡的年代,人的生命显得不如那些更为特殊的事件珍贵。随着人口的飞速增长、停止增长甚至衰退,整个群体一定会普遍感觉到机体在膨胀或是收缩,这种感觉与人们在经济领域中当经济繁荣或是萧条时感受到的相似:如果我们没有经过任何过渡,从一个状态转到另一状态,我们更应注意不同的人口征候或者经济征候。一个良好的有机功能就这样运作着，尽管在它持续时我们没有太在意，但与之相伴的是一种满足感。

因此，以上都属于集体表现层面，这些表现只是来自社会对包括物质机体形态、结构、空间中的位置和移动以及机体要服从的生物力量的直接意识。

现在，在上述表现形式上可以叠加一些其他表现形式，后叠加上去的表现形式与空间、社会机体的生理层面没有直接关联。然而，它们却在社会群体中发展壮大，并想对这些群体发挥影响。当然，这些表现所塑造和确定的活动形式归根结底被用于空间环境中，因为它们确定形式的目的就是要简化其行动，战胜那些与纯粹意义上的集体生活相对立的障碍。事实上，这涉及将统一的宗教信仰强加给散居的人们，尽管这之中会遇到世代繁衍、继承、不连续等因素，还是要尽量在遥远的群体中传播这种信仰，确保这些信仰永世长存；涉及整片辽阔的疆域都遵守同一个行政制度的管理，同一部法律的制约（尽管地区间的风俗传统多种多样），也涉及在一个民族中建立足够强大的政治生活中心，增强人们对公共利益的关心（尽管当地人们的思维往往停留在很低的水平，还有乡土观念、小店主思想的存在）；涉及组织交换，包括城市与乡村之间、城市与城市之间、国家与国家之间商品和服务等的交换（尽管彼此间的距离会造成一定的障碍）；从更普遍

结论　349

的意义上讲,这还涉及发展社会分工,可以通过迁移、接近、促进某些劳动群体之间的融合、工人群体的聚居、不同经济形式间逐渐地扩大往来等形式实现。所有这一切都要有一个存在于空间中的人类群体,社会对其物质结构要不断修正。换句话说,人口现象的方方面面都渗入了具体社会学的框架中,并且,也正是在这个意义上我们才说存在着一个广义上的形态学,它致力于研究人口以及人口形态与各种社会活动间的关系。

那么,难道不会出现下面这种情况,即狭义形态学表现或者说社会在空间和物质上的表现会在具体活动的作用下(从某种意义上说),同时也根据它们具体的目的而发生改变吗?在一些群体中宗教信仰是足够强大的,足可以集中、移动。为什么宗教信仰没有对这些群体发挥激励作用,为什么它不会在与之相连的家庭繁殖力方面起到作用呢?在现代国家的形成以及大工业的发展过程中,难道它们没有经历过人们越来越集中在大型聚居区的情况吗?如果各式活动,包括经济的、政治的等方面的活动,可以改变人们在空间上的分布、他们所组成群体的规模,我们再也没有权利将人口现象从其他现象中分离开来,再也没有理由只是从人口现象本身出发加以研究。

然而,问题的关键在于,从不同集体(比如在宗教中、国家中,或是工业中等等)、不同角度审视人口问题,人口遵守的法规是不变的。发生变化的，或者说可以用来解释人口独具特点、可以反映不同阶层趋势的，是这些法规发挥作用的条件以及事实上彼此不同，但都可归结为形态学特点和结构现象的条件。在教会中，占主导地位的是传统的人口类型，或者更确切地说是农民构成占主导地位。国与国之间的人口类型也不尽相同，但每一种类型都因国土内频繁的交流而趋于统一化。在工业中，人口类型同样表现为聚居、集中。其他领域的情况相仿。根据群体在形态学上的结构和分布的不同，这种社会活动抓住时机以最佳状态呈现出来，自那时起，这些结构和分布就倾向于保持和发展最有利于自己的一面，它们的影响加大了特属于人口本身的、人口本质层面的趋势力量，这一切都是自然的吗？但是，往往就是那些最有利的结构和分布占了上风，它们要么促使某种社会生活方式和体制逐渐形成，该方式和体制最适于维持和壮大自身力量，要么进行抵抗，这时，人们以某种集体利益为名义，试图改变或使用那些早已过时或尚未成熟的替代者替换它们。

不管怎样，社会的所有机构和重要功能都在逐渐适应相对稳定的、拥有一个确定的物质结构的人类群体，并渐渐与之同化，与此同时，这些机构和功能不仅获得了机体，而且还稳固地附着、固定在空间之中。

现在，我们就能更好地理解社会的物质形态如何作用于社会本身，但这并不是如同一个机体作用于另一个机体那样，局限于某个物质范围；而是借助我们（作为一个集体的成员）从中获取的意识，通过我们意识到的该集体的大小、物质结构、空间移动等。这里，涉及一种集体思维或者集体察觉的方式，人们称之为社会意识的直接前提条件，它在其他条件中显得很突出，但由于各种原因，还没有得到社会学家足够的认识。

首先，社会意识的直接前提条件的研究对象是机体本身，即群体的物质机体，它似乎与机体相混淆。这样，个人心理没有立即关注我们每个人对自己机体的内心感受，因为这既不是一个观念，也不是以区分主客体为基础的清晰的知觉。再者，既然人们相信集体表象只是个体思维的集合，既然每个个体似乎只能感知他自己的以及自己周围有直接接触的人的机体，那么人们又怎能将感知自己机体的能力赋予社会呢？整体视角并不是各部分视角的并置。应该承认，个体在他参与的更广泛、更真实的社会思考的范围内，有能力感知更多。最后，由于每个个体借助视觉、触觉等非常清楚地感知自己的以及周围人的机体，他们就会将自己清晰的感知与自己作为群体中一员思维和行动时体验到的模糊感觉相对立。事实上，作为浩大群体的一个小小的因子，在这个问题上我们所做的一切都是不甚敏感的,甚至是无意识的。这就是为什么存在一些力量,是这些力量让我们定居在一个国家或是一个城市里,让我们尽量少生育孩子、延长生命、迁移等等;透过其社会形态,我们觉察到这些力量的存在,但是我们更愿意从个人动机出发解释我们的行动,因为在我们看来,个人动机显得更清晰。然而,这些力量确实存在着,因为是它们最终决定着个人没有预计的,也是个人所不希望的社会效应。而对个人来说,他们要通过某种方式很好地意识到这些力量的存在。否则,个人如何在群体中发挥自己的作用?

譬如说,一个城市,其人口不断增加,并且越来越密集;一个国家,其人口出生率在下降。那么,作为城市和国家中的居民,他会从中意识到什么?从这些人口运动、人口新的分布形式(由于城市空间有限,人口不断增加,采取新的安置人口的方法)、新生儿出生率减缓、婴幼儿数量微弱的减少中,他能感觉出什么?人们会说,由于他以一种片面的、模糊的方式观察,所以他感觉出的东西很少。这个表象存在于社会空间,代表了社会体积的增大或减小,然而,这个表象就是应该存在,因为它在这之中发挥作用:大型聚居区的缩影,它挽留住了来到这个地区的人们,并远远地召唤新的因子前来;一段时间内,出生率持续降低,结婚年龄持续减小。既然这一切都不能用纯粹的机械或物理力量做解释,那么就需要群体自身通过观念、习俗、形态和结构的变化,对自己进行规范和指导。如果这个群体在每个时刻都不了解空间环境和周围事物的分布情况,如果它没有连续地感知自身,了解自己的体积以及运动,那么它还能对自己进行规范和指导吗?但是,在一个由众多个体组成的社会中,了解和感知除了是个体成员意识中形成的、部分的形态学影像的添加之外,还能是什么呢?是的,在这些了解和感知的东西彼此补充且明晰的范围内,在它们如此坚实地集结在一起的范围内,它们只是出于更高层次的集体表现的一部分。

假设一群知识分子集合在一起,解决某个问题。大多数人采取主动,有些人甚至走得更远;最后,他们中的一个人解决了问题。当他们知道真正的方法时,他们明白了,原来他们近似的解决方法都效法于正确的方法,并且他们都曾隐约预见到了这个正确方法;他们还意识到,这个正确方法在某种程度上已经存在于他们的方法中。然而,正确方法要多于,甚至不同于近似方法的总和,因为正是它解释了这些方法中确切的部分以及超越这些之处。这样,我们就对集体现象如何在个体思维中部分地实现形成了概念。

我们如此看待群体与空间的关系,那么,从群体特有生活的角度,从其生活是有积极的表象组成的角度看,群体是如何满足于此的呢?清晨,当我们醒来时,我们的第一感觉就是,相对于房间中的家具、墙、窗子等事物,我们感觉到自己的身体、自己的四肢有一定的位置。而这一点正是我们精神生活的基础,其余的一切都建立在此基础上,这种感觉无需其他条件便可呈现出来。对于群体,道理是一样的:群体对自己的结构状况和运动情形的了解构成了整个社会生活的基础。我们不要撇开个体。在某种程度上,个体需要再次立足于空间中。空间,机体的世界,它是稳定的。形态在空间中延续,没有变化,如果它发生了变化,那也是根据固定法则具有规律性和反复性,其中的法则不断地在我们头脑中维持和建立一种处于平衡状态环境的观念。但是,正是在这种意识中,我们了解了我们的机体、机体的形态、周围的事物以及何谓精神平衡条件。这种意识在变化着,人们将看到不同的心理障碍、心理疾病不断出现,从精神恍惚一直到精神错乱。在集体世界中,情况也一样。群体中的共同思想,如果它不以一种连续的方式回顾群体的体积、稳定的形象以及它在物质世界中有规律的运动的话,那么,它容易变成支离破碎的躁狂思想,它将被社会上流行的其他胡思乱想所淹没,在最迷幻的梦想中消散。或许,正是在集体共同思想身上我们时常看到死亡的负重,因为面对着这些形态,集体共同思想所采取的态度会趋于停滞不动;同时,这一点也是必不可少的压载物,有时就好似一种动能,在各种形态中蕴藏着所有社会经验,甚至是激情。

参考书目

请那些有兴趣研究现代人口学的读者,参阅《有关人种学的现代文集目录:第三部分,数字、统计、人口的观点》,作为我们相应研究的附件,我们已与索维合作将这部分出版在了《法国大百科全书》(巴黎:1936年版)的第7卷("人种")上。读者还可以参阅《社会学编年史》(第5分册,社会形态学 I, II,巴黎:阿尔康出版社 1935、1937年版)、《社会学年代》("社会形态学"一章)及其续篇〔12卷,1896—1912年版,及新版(套),1卷,1925年版,同上〕。读者们还可以在《统计学国际学院院刊》(海牙:第一年度,1933年版)找到最广泛、最新的参考书目。

下面是一些重要著作:

勒古瓦(Legoyt):《法国与外国:比较统计学研究》第2卷,巴黎:出版者不详1864年版。

E. 勒瓦瑟尔(E. Levassseur):《法国人口》、《1789年人口史记及法国人口》第3卷,巴黎:卢梭出版社1889—1892年版。

涂尔干(E. Durkheim):《社会分工论》,巴黎:阿尔康出版社 1893 年版。

涂尔干(E.Durkheim):《社会学研究方法论》,巴黎:阿尔康出版社 1894 年版。

D. 拉策尔(D.Ratzel):《人口地理学》,斯图加特:出版者不详 1899 年版。

L. 费夫尔(L.Febvre):《地球与人类演变》,巴黎:书籍复兴出版社 1922 年版。

维达尔·德·拉·布拉什(Vidal de la Blache):《人口地理总论》,巴黎:科兰出版社 1922 年版。

科拉多·吉尼(Corrado Gini):《人口学》,卡塔尼亚:出版者不详 1931 年版。

国家经济研究办公室:《国际人口迁移》第 2 卷,纽约:出版者不详 1931 年版。

库利斯歇兄弟(A.et E.Kulischer):《战争与迁移者》,柏林—莱比锡:出版者不详 1932 年版。

A. J. 洛特卡(A. J. Lotka):《人口增长结构》第 3—4 卷,巴尔的摩:出版者不详 1931 年版。

A.朗德里(A. Landry):《人口革命》,巴黎:西雷出版社 1934 年版。

A.朗德里(A. Landry):《人口问题研究与实验》,巴黎:西雷出版社 1934 年版。

R. 库钦斯基(R. Kuczynski):《生死平衡》,纽约:出版者不详1928年版。

R. 库钦斯基(R. Kuczynski):《人口运动》,牛津:出版者不详1936年版。

V. A. 科斯季岑(V. A. Kostitzin):《数学生物学》,巴黎:科兰出版社1937年版。

人名对照表

Adam Smith 亚当·斯密

A. et E. Kulischer 库利斯歇兄弟

Apert 阿佩尔

Auguste Comte 奥古斯特·孔德

Balzac 巴尔扎克

Beloch 贝洛赫

Corrado Gini 科拉多·吉尼

Davy 达维

Durkheim 涂尔干

Enid Charles 埃尼德·查尔斯

Febvre 费夫尔

Francis Place 弗朗西斯·普拉西

Graunt 格兰特

Grenard 格勒纳尔

Hérodote 希罗多德

James Mill 詹姆斯·穆勒

Jules Romains 于勒·罗曼

Karl Bücher 卡尔·比歇尔

Kostitzin 科斯季岑

Kuczynski 库钦斯基

Le Bras 勒布拉斯

Leibniz 莱布尼茨

Lotka 洛特卡

Maistre 迈斯特尔

Malthus 马尔萨斯

Martini 马丁尼

Mauss 莫斯

Michelet 米舍莱

Moheau 莫欧

Montagne 蒙塔古

Montesquieu 孟德斯鸠

Moret 莫雷

Pascal 帕斯卡

Plato 柏拉图

Ratzel 拉策尔

Rousseau 卢梭

Samuel Johnson 塞缪尔·约翰逊

Siegfried 西格弗里德

Simiand 西米安

Simmel 齐美尔

Süssmilch 聚斯米利希

Swift 斯韦福特

Vidal de la Blache 维达尔·德·拉·布拉什

Voltaire 伏尔泰

Willcox 威尔科克斯

图书在版编目(CIP)数据

社会形态学 / (法) 莫里斯·哈布瓦赫著；王迪译.
—北京：商务印书馆，2021
（通识社会经典丛书）
ISBN 978-7-100-18154-9

Ⅰ.①社… Ⅱ.①莫… ②王… Ⅲ.①社会形态学—研究 Ⅳ.①C912

中国版本图书馆 CIP 数据核字（2020）第 033032 号

权利保留，侵权必究。

通识社会经典丛书
社会形态学
〔法〕莫里斯·哈布瓦赫　著
王　迪　译

商　务　印　书　馆　出　版
（北京王府井大街36号　邮政编码100710）
商　务　印　书　馆　发　行
南京鸿图印务有限公司印刷
ISBN　978-7-100-18154-9

2021年12月第1版	开本 787×1092　1/32
2021年12月第1次印刷	印张 11¼

定价：49.00元